LA

VIE ARABE

PAR

FÉLIX MORNAND

PARIS

MICHEL LÉVY FRÈRES, LIBRAIRES-ÉDITEURS

RUE VIVIENNE, 2 BIS

1856

LA

VIE ARABE

PARIS. — TYP. DE Mme Ve DONDEY-DUPRÉ, RUE SAINT-LOUIS, 46.

LA

VIE ARABE

I

L'hospitalité sous la tente.

Quand on voyage dans l'intérieur de l'Algérie, ce qui frappe avant tout, c'est l'absence de l'homme. Le désert est partout, et plus encore dans le pays labourable, désigné sous le nom de *Tell* et réputé le plus peuplé, que dans les régions sahariennes, c'est-à-dire dans le *Désert* proprement dit. Bien souvent s'écoule un jour de chevauchée lente, mais ininterrompue, à travers les lentisques, les asphodèles et les chardons à haute tige, sans que l'œil de l'Européen, habitué de trouver partout dans le vieux monde des scènes vivantes sur sa route, puisse se reposer sur une trace humaine. Le plaisir si ardent de la locomotion en reçoit une rude atteinte : même en pays barbare et encore ennemi, l'homme a besoin de son semblable. Quelquefois cependant, et de fort loin, grâce à l'extraordinaire transparence de l'atmosphère, on aperçoit le sol moucheté de quelques petites taches noires que l'on serait porté à prendre pour des amas de fumier, si l'on ne savait que les Arabes ne reconnaissent d'autre engrais que l'incinération de la terre au moyen de la combustion des arbustes touffus qui y croissent spontanément. Ces taches prétendues sont des tentes, et une courte expérience amène à distinguer un *douar* dans cette réunion de plaques noirâtres, fort semblables à ces larges déjections que laissent dans les pâturages les troupeaux de bêtes à cornes.

Je m'attends que les amateurs de poésie quand même vont se récrier fort à cette désolante similitude. Je n'y puis que faire, et je demande la permission d'imiter la méthode, excellente selon moi, de l'un des plus spirituels voyageurs du siècle dernier, — le président de Brosses, parcourant un pays bien autrement famé dans les cervelles poétiques, — l'Italie, — que notre libyque et demi-sauvage conquête : « Messieurs les voyageurs, dit-il, rarement quittent le ton emphatique en décrivant ce qu'ils ont vu, quand même les choses seraient médiocres ; je crois qu'ils pensent qu'il n'est pas de la bienséance pour eux d'avoir vu autre chose que du beau. Aussi, non contents d'exalter *des gredineries*, ils passent sous silence tout ce qu'il leur en a coûté pour jouir des choses vraiment curieuses ; de sorte qu'un pauvre lecteur, n'imaginant que roses et que fleurs dans le voyage qu'il va entreprendre, trouve souvent à décompter, et se trouve précisément dans le cas d'un homme *qui serait devenu amoureux d'une femme borgne sur son portrait peint de profil.* »

Pour emprunter au président sa locution pittoresque, je dirai donc que, s'il m'arrive chemin faisant de rencontrer *des gredineries*, chose peu rare, je les signalerai bravement au lecteur, et ne me croirai pas déchu dans son estime, ni dans la mienne, pour avoir vu parfois *autre chose que du beau.*

Si peu flatteur que soit de loin l'aspect du campement arabe, l'approche n'en est pas moins la bienvenue, car elle annonce la conclusion d'une journée laborieuse, à travers vaux et monts, dont la configuration pittoresque ne compense pas toujours à un suffisant degré l'ennui et les fatigues du touriste.

Le douar, en Algérie, c'est l'auberge fumeuse et hospitalière qui réjouit le voyageur à la sortie de la pesante diligence, ou au bout de l'étape poudreuse accomplie par la seule force des jambes.

Pour en finir avec cette désignation et éviter toute équivoque, disons tout de suite au lecteur que le *douar*, chez les Arabes, correspond chez nous au hameau ou fragment de commune rurale. La commune est la *dacherah*, ou agglomération de douars, et les dacherahs à leur tour forment la *tribu*, qui, tant par le chiffre de sa population que par son périmètre, équivaut pour nous au *canton*.

Il y a, en poursuivant l'échelle, des arrondissements

(*kaïdats*), lesquels se groupent, sous un commandant supérieur, fonctionnaire à la fois civil et militaire, en départements (*khalifats*). Mais il est inutile de nous appesantir sur cette hiérarchie territoriale, qui offre de si frappantes analogies avec la nôtre. Restons donc, ou pour mieux dire, entrons au hameau ou douar.

Tout a été dit sur la vertu hospitalière de l'Arabe, et c'est un sujet que l'on a ressassé jusqu'à la nausée. Sur ce point, les voyageurs n'ont point menti; mais il est plus d'un genre d'hospitalité, même chez les fils d'Ismaël. On se tromperait fort, si l'on voyait en eux, sur la foi des traditions, une race d'aubergistes nés, voués par principe à l'hébergement de quiconque vient leur demander un abri. Je laisse de côté ceux qui détroussent l'hôte par manière d'écot, en ayant soin toutefois d'attendre, par respect pour l'*hospitalité*, qu'il ait déguerpi des lieux où la sainte vertu s'exerce. Il y a des bandits partout : je ne ferais qu'aborder là le chapitre des exceptions; mais je les crois assez fréquentes. Ce n'est pas seulement d'Arabes à chrétiens qu'elles se pratiquent. Je lisais récemment, dans les savants mémoires de M. Prax sur l'intérieur de l'Algérie, qu'un pauvre piéton musulman, s'en allant en commission du littoral à la frontière du désert, sans autre protection qu'un dénûment écrit dans ses traits et sur son costume, entre, à la première station, dans une tente où on lui offre le kouskous. Le régal était détestable. Tout en dînant, son hôte remarque qu'il a un turban bien blanc, et insinue qu'il devrait bien le donner au petit dernier, pour lui en faire une chemise. Le voyageur prévoit où ce propos l'engage; il comprend qu'après le turban on lui demandera le burnous, trop heureux si le pantalon, les babouches et la ceinture ne suivent pas la même pente. Il prétexte un besoin, sort de la tente, et, à la faveur de l'obscurité, au risque d'être dévoré par des chiens pires que des hyènes, prend ses jambes et court encore. On pourrait citer mille exemples de cette douteuse manière d'exercer la vertu musulmane par excellence.

Le plus honnête des Arabes se dispenserait volontiers du trouble et du surcroît de dépense apportés dans son modeste intérieur par un survenant inconnu. C'est un bon bourgeois qui a ses habitudes aussi réglées, aussi paisibles que les nôtres, et lorsqu'il nous reçoit avec cordialité, quand il s'exécute de bonne grâce, nous devons lui savoir d'autant plus de gré de sa libérale hospitalité, qu'en raison de ses préjugés, de sa parcimonie native et du voisinage des femmes, elle lui est plus importune.

Comme, malgré l'énorme progrès de la sécurité publique en Algérie, il serait plus que téméraire de la parcourir isolé, les malheureux douars placés sur les grandes lignes de communication interne ont, plus souvent qu'ils ne le souhaitent, la désagréable surprise de voir tout à coup déboucher devant eux un peloton de cavaliers, assez respectables en nombre pour ne point souffrir un rebut, qu'il faut loger, désaltérer et panser, montures et gens. Le sourire forcé et le front soucieux des pauvres gens, formant un contraste comique, disent assez jusqu'à quel point ils sont charmés de l'aventure. Toutefois, le premier émoi dissipé, ils prennent leur parti en braves, ou se résignent en fatalistes à la volonté du Très-Haut, qui paraît être ce jour-là, comme beaucoup qui ont précédé et beaucoup qui succéderont, de les faire ronger jusqu'aux os par d'impertinents promeneurs. La plus belle tente est vidée en un clin d'œil et mise au service des étrangers. Quelquefois ceux-ci, ayant des provisions, ont la délicatesse de refuser les vivres qu'on s'empresse de leur offrir. Sinon les ménagères se ruent en cuisine, et deux heures après (le temps indispensable pour la confection du kouskous), les voyageurs charmés voient apparaître le festin, dressé dans une coupe de bois du modèle le plus antique. J'aurai occasion plus tard de revenir sur ce festin, et d'en dire, avec mon avis comme gastronome, l'ordonnance et le menu détaillés.

Cette hospitalité *fortuite* n'est pas la pire, bien que soumise aux variations de lieux, d'heures, de circonstances, et bien qu'ordinairement fournie par d'assez pauvres laboureurs. Si pauvres qu'ils soient, ils ne consentent jamais à se laisser indemniser. Leur offrir même une rétribution quelconque est une grave offense qu'il convient de leur épargner. Les bienséances arabes ne permettent pas non plus, ni que l'amphitryon prenne part au festin qu'il a préparé, ni même de l'y convier. Son devoir est de servir l'hôte, de l'encourager au repas, et de veiller lui-même, si élevé qu'il soit en dignité ou en richesses, à ce qu'il trouve sous son toit de poil toute l'abondance et toutes les aises compatibles avec la situation de l'homme qui reçoit et les ressources du logis.

S'il s'assied auprès de son hôte sur la fin du repas, c'est toujours et nécessairement sur l'invitation expresse et répétée de celui-ci. Comme on ne voyage guère en Afrique sans porter la cafetière et le café, indispensable élément d'une bonne hygiène, la tasse et le cigare, offerts et acceptés avec empressement, deviennent le lien de sociabilité qui unit au dessert les hébergés et le traitant. Les cigares et le café sont pour les campagnards arabes une aussi grande rareté que pour nos paysans de France. Ce n'est que chez les *grands* que la divine fève est le complément obligé d'un festin. Partout ailleurs, l'hôte reçu l'offre lui-même, quand il a quelque savoir-vivre, à l'amphitryon où l'on dîne, et rien ne saurait mieux faire oublier à ce dernier le dérangement et les frais que lui inflige une visite peu désirée et imprévue. La moindre bagatelle, quelques morceaux de sucre, une friandise quelconque aux petits enfants du logis, achève de le dérider; si l'on y peut joindre une babiole pour la dame de la maison, que l'on n'a point vue, mais qui vous lorgne par les défauts de la tenture qui sépare la tente en deux, dérobant aux regards le gynécée et la cuisine, la bonne humeur du chef de la *maison de poil* est à son comble, et vous avez la satisfaction, en remontant à cheval, de vous assurer, par vos yeux, par la cordialité de ses poignées de main, qu'il ne lui reste plus rien de l'impression désagréable qu'avait visiblement fait naître en lui d'abord votre arrivée inopinée.

J'ai reçu plusieurs fois en Afrique ce genre d'hospitalité rustique et improvisée. Presque toujours, j'ai été accueilli à peu près dans les circonstances que je viens de dire, avec beaucoup de convenance, d'empressement même, bien que mon habit, dépourvu de tout insigne militaire (infaillible porte-respect) et l'effectif de mon escorte, composée de deux gendarmes indigènes, ne fissent pas de moi un personnage bien imposant ni bien terrible. Je me souviens pourtant des véritables cris de désespoir que suscita un beau matin, dans un petit douar du Hodna, notre apparition imprévue; mais c'est que nous étions nombreux, ayant *fusionné* avec plusieurs officiers et leurs escortes respectives, en sorte que les pauvres gens, se voyant déjà mangés vifs, nous reçurent comme une nuée de sauterelles. Il fallut se fâcher pour obtenir les tentes dont nous avions besoin; heureusement, nous avions avec nous plusieurs burnous rouges qui n'entendaient pas raillerie; mais les malheureuses femmes, tout en déménageant à la hâte leurs ustensiles et en nous cédant à regret l'asile temporaire que nous avions choisi, poussaient des cris lamentables. Pour être d'une humeur moins lacrymale, les hommes ne paraissaient pas plus joyeux. Il y avait *malentendu*. Nous déjeunâmes à nos frais, et la vue de nos provisions, tirées du bissac de voyage, dissipant les inquiétudes, fit taire comme par prodige ce débordement de clameurs. Je n'oublierai jamais, en revanche, la courtoisie ni l'abnégation empressées que nous trouvâmes un jour, dans les horribles solitudes qui forment la lisière du Sahara et du Tell, chez une pauvre émigration de Saharis nomades, qui, nous voyant venir de loin, je ne dis pas bien avant l'expression de notre désir, mais malgré nous en quelque sorte, nous abandonna l'unique tente dont elle était propriétaire pour s'en aller camper humblement à distance, sous un soleil ardent, jusqu'à ce qu'il nous plût de lui restituer son gîte.

J'arrive à l'hospitalité *officielle*. J'entends par là celle qui est non pas seulement demandée, mais commandée pour ainsi dire par les *bureaux arabes* aux khalifahs, kaïds, scheickhs des localités parcourues. Les lettres d'introduction ou d'avis des bureaux arabes équivalent, en cas pareil, aux firmans que délivrent les pachas ottomans aux privilégiés qu'ils honorent d'une protection spéciale. Grâce à la parfaite bienveillance de l'autorité militaire, et notamment à l'obligeance de M. le colonel de Neveu, aujourd'hui directeur des affaires arabes de toute l'Algérie, j'ai eu la bonne fortune de recevoir souvent cette hospitalité choisie. Les choses se passent alors de la manière suivante : Vous êtes porteur de lettres que vous faites tenir, à l'arrivée au gîte que vous avez élu, au chef du campement arabe. Aussitôt celui-ci d'accourir et, qu'il soit gai ou consterné de l'aventure, de mettre à votre dévotion discrétionnaire tout ce dont il dispose en vivres, kouskous, œufs, poules, etc., nourriture pour les chevaux, tente, nattes et ce qui s'ensuit. L'institution des bureaux arabes (l'une des plus utiles qu'ait reçues l'Algérie, bien qu'elle soit loin d'avoir encore l'extension qu'elle comporte), cette institution, dis-je, planant sur toute cette hiérarchie complexe de fonctionnaires indigènes qui administrent le pays, exerce sur tous un prestige et une influence magiques. Deux spahis rouges et quelques lettres données par le bureau arabe sont un talisman qui permet de parcourir en aussi grande sécurité que possible, et avec toute la somme de commodité conciliable avec l'état de la contrée, les diverses tribus arabes, à moins d'hostilités flagrantes sur un point, exception de plus en plus rare.

Il entre du reste dans les charges prévues des dignités conférées au nom de la France de fournir, sous le nom de *diffa* et d'*alpha* (nourriture des hommes et fourrage des bêtes), une large hospitalité aux hôtes qu'elle recommande. Qui veut exercer le pouvoir sur les Arabes doit s'attendre à loger, quand il en est requis, *à pied et à cheval*. Il va sans dire que les administrés concourent, pour une large part, à ce tribut éventuel : c'est l'affaire du chef de l'obtenir et de la répartir entre eux. De leur côté, les bureaux arabes entretiennent, dans chaque place de quelque importance, un *dar-diaf* (maison des hôtes), caravansérail destiné à recevoir les voyageurs indigènes, qui y sont nourris gratuitement. Ainsi nous n'exigeons rien des Arabes que nous ne leur rendions, peut-être même avec usure, et cette réciprocité de bons traitements et de bons offices, en facilitant les voyages et multipliant les rapports entre chrétiens et musulmans, leur apprend à se mieux connaître, efface les haines et prépare leur union définitive.

On fait mieux encore : quand le temps accordé et la distance le permettent, on envoie prévenir par courriers tous les chefs de l'itinéraire projeté. C'est ainsi que j'ai parcouru en bonne et grosse compagnie une grande partie des Ziben au printemps de 1849. Partout, grâce aux instructions du brillant et si regrettable commandant Saint-Germain, tué peu de mois après, nous trouvions un accueil splendide, tentes dressées, rafraîchissements prêts et cuisinières à leur poste. Les fonctionnaires venaient au-devant de nous à cheval, à demi-quart de lieue de leur capitale ou de leur smala. A la rencontre, nous mettions tous courtoisement pied à terre pour nous serrer la main réciproquement et nous répéter vingt fois de suite ces compliments interminables de bienvenue dont les Orientaux se bombardent au préalable, et quelquefois à l'exclusion de tout discours. Puis nous remontions sur nos bêtes et faisions dans le village en émoi une entrée tout à fait martiale. C'était une belle vie, — que je ne conseillerai pourtant qu'avec une certaine réserve, — malgré toutes nos régalades, — aux voyageurs qui aiment à être *confortables* et aux habitués de Véry. Au départ, même cérémonie. Mais d'abord un mot du séjour. En arrivant, nous commencions par nous vautrer sur de grandes nattes et des tapis de Lichana, qu'on nous avait tendus exprès. Nous débarquions nos matelas, nos cantines, puis on nous servait le lait de brebis et les dattes : c'était l'absinthe. Peu après, on nous apportait, pour nous faire prendre patience, des galettes rondes toutes chaudes, espèce de crêpes très-compactes, parfaitement beurrées du reste et fort agréables au goût. Venait enfin, sur le soir, et après quelques promenades sous les dattiers, la *diffa*, le vrai festin plus ou moins varié, suivant la magnificence de l'hôte et le savoir-faire de la négresse cordon-bleu, mais dont le kouskous au mouton, aux œufs, au sucre ou aux épices formait l'inévitable base. On nous servait au préalable un inexprimable potage : c'était la fameuse *cherba* à la purée d'abricots mêlée d'oignons et saupoudrée d'une quantité non petite de piment et de poivre rouge. Vous n'aviez pas ingéré deux cuillerées de cette mixture, qu'il vous semblait que les cinq cents diables d'enfer vous fussent sautés à la gorge. Cette sensation... bizarre un peu dissipée, vous étiez tout surpris de faire grand honneur l'instant d'après à tous les mets plus ou moins extraordinaires dont se composait le menu. Il fallait manger ou périr. Il n'y a point de répugnance qui tienne devant ce mode infaillible, mais un peu vif, d'ouvrir le tube digestif. Nous n'avions pas de vin; mais des outres de chèvre, décorées extérieurement de leur pelage naturel, nous fournissaient une eau opaque et sentant le cuir de Cordoue, pour apaiser un peu la conflagration qui se faisait dans nos entrailles. Nous terminions par le café de rigueur. Nous ne tardions pas à nous coucher sur ces exploits, et le lendemain, à l'aurore, nous nous remettions en route.

L'hospitalité d'*apparat*, celle qu'on doit, en dehors de toute convenance ou obligation officielle, à la politesse personnelle et à l'invitation expresse des grands dignitaires du pays, laisse bien loin derrière toutes ces magnificences aux abricots et au piment. J'ai entendu parler de festins homériques où cent variétés de mets étaient offertes aux convives et suffisaient à peine à remplir l'estomac sans fond de l'invité arabe, le plus sobre des hommes ou le plus insatiable, suivant l'occurrence du jour. Sans avoir vu de telles fêtes, j'ai pu apprécier l'élégance, le goût et la gastronomie arabes en petit comité, et en prenant ma part de délicates collations d'où le grossier kouskous est banni, à la grande satisfaction des conviés européens. Le khalifah Ben-Gannah, commandant militaire de tout le Sahara, m'avait fait promettre d'aller, durant mon séjour à

Biskra, le voir à sa smala, campée à une petite lieue hors l'oasis. Nous lui fîmes dire un jour, M. le capitaine d'artillerie de L... et moi, que nous irions le lendemain. Nous comptions simplement lui rendre une visite de politesse, voir sa smala et revenir; mais Ben-Gannah ne l'entendait point ainsi. Dès le matin, les négresses s'étaient mises en exercice, et un déjeuner de gourmet nous attendait vers les onze heures. Nous n'arrivâmes qu'à trois heures de l'après-midi, ignorants que nous étions des apprêts faits en notre honneur. Le khalifah était mortifié du retard, moins à cause du déjeuner que parce qu'il le peinait, aux yeux de sa suite, d'avoir paru attendre et d'attendre en effet. Mais de trop bonne maison et trop bien élevé pour nous laisser voir son humeur, il parut nous dire au contraire :

Mais, puisque je vous vois, je me tiens trop content,

et nous conduisit aussitôt à sa belle tente-*marabout* (tente circulaire avec lambrequins au sommet, affectant à peu près la forme d'un moule à pâté de Strasbourg). Dans cette habitation de campagne nous trouvâmes réuni tout ce qui peut rendre confortable et voluptueuse la vie d'un chef oriental : tapis épais et moelleux, tentures de soie, montagnes de carreaux douillets, table, siéges, et jusqu'à un lit à la française dressé avec courtines et flots de gaze pour l'usage du seigneur et maître. Une longue rangée de coffres, constellés de clous à tête de diamant et cerclés de fer ou de cuivre, régnait en guise de consoles sur le pourtour intérieur de la tente. Elle fixa notre attention. Dieu sait les richesses mobilières enfouies là en armes, bijoux, numéraire, passementeries, butin de toutes les espèces. Comme nous supputions ces trésors mystérieux, le déjeuner qu'on avait fait réchauffer en fort grande hâte parut sur une table basse. Notre spahis-interprète fut convié, suivant l'usage, à en prendre sa part, et Ben-Gannah, qui s'abstint de manger, ne lui fit pas moins d'accueil et de provocations hospitalières qu'à nous-mêmes. L'égalité avait commencé et cessa avec la réfection commune. Je n'ai pas très-présents à la mémoire les mets en petit nombre, mais délicats et recherchés, que nous fit servir Ben-Gannah ; je me souviens seulement d'un certain apprêt de filets de mouton à une farce aux œufs qui enleva tous les suffrages. Nous bûmes de cette eau maroquinée extraite de leurs outres en peau de bique. Des conserves exquises à l'essence de rose et du café délicieux terminèrent notre repas.

Le frère puîné de Ben-Gannah, Mohammed S'rhir, qui est kaïd de Biskra, voulut aussi, au retour d'une excursion commune dans les oasis de l'Ouest, nous traiter en cérémonie dans sa maison de Biskra. La chère, moitié arabe et moitié française, fut splendide. On nous fit asseoir autour d'un vraie table, et pour comble de sybaritisme nous eûmes chacun son assiette. On nous servit bordeaux, bourgogne et même champagne ; mais nos commensaux musulmans nous regardèrent boire, et montrèrent la réserve dont ils ne se départent jamais — quand leurs serviteurs les regardent.

A ces festins, il manque un élément sans lequel tout bon repas est incomplet : le poisson. Les rivières d'Algérie sont trop torrentueuses et trop facilement dessèchables en été pour être très-poissonneuses. Jusqu'ici on n'y a constaté qu'une seule variété ichthyologique : notre vulgaire *barbillon*. Les Arabes, qui dédaignent le gibier, ne savent pas prendre le poisson. Leur maladresse n'a d'égale que leur superbe nonchalance; en sorte qu'ils endurent la privation parmi l'abondance de toutes choses. Un jour pourtant, chez le kaïd et marabout Si-Mokhtar, de Ras-el-Aïoun, l'un des hommes les plus intelligents et les meilleurs que j'aie connus en Algérie, nous fûmes tout surpris à l'heure du dîner de voir paraître sur la table la rareté par excellence, les fameux barbillons frits. Comme nous nous exclamions sur cette nouveauté inouïe, il nous dit que, grand amateur de poisson, il utilisait les talents spéciaux d'un sous-officier de la légion étrangère qu'on lui avait adjoint pour conduire les travaux de sa *maison de commandement*, alors en voie d'achèvement, et que cet ingénieur s'occupait nuit et jour à pêcher dans les rivulets, dont le sol de Ras-el-Aïoun (*tête de sources*) est admirablement coupé. Si la maison n'avançait guère, la friture allait grand train. Si-Mokhtar riait tout le premier, avec bonhomie, du singulier essor donné aux talents de son architecte. — « C'est que, disait-il en imitant d'un geste comiquement expressif le mouvement du poisson qui file dans l'eau, il court trop vite, et nous n'avons que nos mains pour l'attraper! »

Un trait bien touchant d'hospitalité est celui-ci. Une caravane traversant le Désert arrive dans une oasis; elle y est reçue à merveille par le chef de la localité. La veille du départ, les voyageurs demandent à voir le fils de leur hôte, jeune homme plein d'ingénuité et de grâces : « Mon fils dort d'un profond sommeil, » répond simplement l'hôte qui continue de leur faire libéralement et gracieusement les honneurs d'un festin splendide. Mais le lendemain, ils apprennent, au moment de se mettre en route, que le jeune enfant s'est tué en tombant du haut d'une terrasse. Le père avait eu l'énergie de contenir son désespoir pour ne point attrister ses hôtes.

II

Campement et douar. — Pastorale. — Chasse. — Smala.

La première fois qu'il m'est arrivé de passer une véritable nuit dans un véritable camp arabe, c'est au sortir de Batna et bien avant déjà dans l'intérieur des terres, à un endroit nommé Csour, qui est la première étape entre la ville que j'ai dite et Biskra, la capitale des oasis algériennes.

Le douar où je devais trouver asile est installé dans le site le plus splendide, à l'entrée de la belle plaine de Csour, au bord d'une petite rivière et parmi les débris d'un poste romain qui dut être considérable et abriter un municipe, à en juger par l'importance des ruines et l'ample surface de terrain qu'elles embrassent. Le douar s'abrite derrière une colline rocheuse, toute parsemée encore de fragments de colonnes, de piliers debout et de ces pierres de taille largement équarries qui attestent partout l'infatigable bras des anciens maîtres du monde. La ville romaine formait comme un promontoire sur l'onduleuse plaine de Csour. C'est un horizon admirable : de ce point le ciel se partage en deux zones, l'une brumeuse encore et grisâtre, celle qui s'étend sur nos têtes ; l'autre devant nous, colorée, lumineuse, resplendissante : c'est le ciel du Sud, le ciel du Désert, où les pluies cessent, d'où le froid est à jamais banni.

Une vaste tente est dressée au centre du douar, c'est celle de l'hospitalité qui m'attend depuis le matin. Les étrangers y sont reçus au compte des bureaux arabes, et, grâce au cavalier dépêché dès la veille par celui de Batna, je trouve en arrivant toutes choses disposées pour me recevoir dignement. On allume un grand feu de bois vert (mais je suis à l'épreuve de la fumée), puis immédiatement on me sert le dîner, c'est-à-dire le kouskous, dans une grande coupe de bois, d'un modèle tout à fait théâtral, et tel qu'on en retrouve probablement dans les ménages d'Herculanum et de Pompéie. Je n'oublierai jamais l'air de soumission ni la profonde humilité du pauvre diable de *garçon* (nom que lui donnaient mes spahis) chargé de déposer à mes pieds ce régal, ce qu'il fit en baissant la tête jusqu'à terre et en rampant respectueusement sur ses genoux et sur ses coudes. Par l'intermédiaire d'Ahmed (celui de mes trois burnous rouges qui faisait l'office d'interprète), il me demanda, du ton et du visage d'un homme à qui un signe de ma main pouvait faire tomber la tête, si je voulais qu'un autre kouskous fût dressé pour les trois spahis. Je répondis magnanimement que cela n'était pas utile, et que, au reste, selon l'usage reçu en route, j'admettrais *ma suite* à l'honneur de dîner avec ma personne. Jamais aide, en effet, ne fut plus nécessaire. J'étais pour la première fois aux prises avec le vrai kouskous. Je n'en avais pas ingéré deux cuillerées, qu'il me sembla très-littéralement que j'avais avalé un demi-million d'épingles. Ce n'était que l'effet du poivre et du piment jetés à poignées dans ce ragoût national : on en avait, je crois, forcé la dose pour fêter convenablement ma venue. Mes spahis même, fort friands de ce régal vitriolique, ne pouvaient s'empêcher de témoigner leur joie par de grosses larmes qui coulaient le long de leurs joues, je ne dis pas dans leurs assiettes, mais dans leurs cuillers de bois. Je me dédommageai sur les tranches d'œufs durs et un peu de mouton bouilli qui décoraient le haut du plat.

Le kouskous est, comme l'on sait, une espèce de semoule ou de pâte granulée, de la grosseur d'un très-petit grain de riz, soigneusement cuite à la vapeur. Quand il est à point, on l'égoutte minutieusement et on le dresse en pyramide dans une de ces coupes romaines dont j'ai parlé, ou, à défaut, dans un plat creux. Dans les bonnes maisons, on le pare de gros pois, de quartiers d'œufs durs et autres friandises, et, brochant sur le tout, d'un morceau de mouton bouilli à l'étouffée, art dans lequel les femmes arabes, il faut leur rendre cette justice, sont absolument sans rivales.

Le plat étant posé au milieu des convives, on découronne le kouskous de son quartier de mouton, afin de verser la *margah* : c'est ce bouillon spécial, si relevé d'épices, qui donne au régal la saveur d'une pelote d'aiguilles. Chaque convive s'arme alors d'une cuiller en bois, assez semblable à ces spatules qui servent, en papeterie, à saupoudrer le papier, et creuse devant soi son trou particulier, à l'effet de puiser cette bienheureuse *margah* qui donne l'appétit aux morts. Il est de mauvais goût d'empiéter mutuellement sur ses trous respectifs ou puits artésiens gastronomiques, de même que sur les pois chiches et quartiers d'œufs circonvoisins. Le communisme a ses capitulations, même en matière de gamelle. Le kouskous dépêché, chacun tire à soi un membre ou une bribe du quartier de mouton, par le pouce aidé de l'index. Les os demi-rongés sont remis soigneusement sur ce qui reste du kouskous, et le tout est passé avec cérémonie à la canaille faméli-que, qui dévore tout, moins les os, qu'attend la meute pantelante.

Il y a de nombreuses variétés de kouskous. Quelquefois il est sucré, et on y intercale alors des raisins de Corinthe et des clous de girofle. Mais c'est un grand luxe ; il y a des Arabes qui n'ont mangé ni vu un morceau de sucre de leur vie.

L'usage des Arabes n'est pas de mélanger les aliments, quels qu'ils soient. Ainsi ils mangent séparément la viande, le pain ou les galettes. Il nous est arrivé souvent de refuser les crêpes ou les pâtisseries qu'on nous apportait tout d'abord, attendant pour y faire honneur et les utiliser en guise de pain que la pièce de résistance eût paru ; mais nous subissions le désappointement, quand on apportait l'un, de voir emporter l'autre, et l'expérience nous apprit par la suite à nous affranchir de nos préjugés d'homme du nord et à prendre de toute main.

Je reviens à mon campement. Abrégeant le repas et laissant mes spahis en absorber le résidu, j'allai faire une promenade aux ruines de la ville antique, sous la protection certes fort nécessaire de trois Arabes armés de gaules, pour me défendre des chiens hargneux et affamés qui pullulent dans tout douar, et m'eussent en moins d'un clin d'œil fait essuyer le sort de l'impure Jézabel, sans les clameurs et le bâton menaçant de mes cicérone. Ceux-ci me suivent pas à pas, en silence, et s'étonnant fort qu'un étranger ait pu quitter son pays, sa maison, les siens, pour s'en venir de si loin examiner de vieilles pierres.

La soirée était admirable : j'errai longtemps dans les ruines, d'où, après y avoir en vain cherché une inscription, un vestige d'art, je suivis lentement deux larges voies romaines, parallèles et très-distinctes, jusqu'à la petite rivière qui avoisine le douar. Elle est profondément encaissée, et, dans le pli que forment ses bords escarpés, deux ou trois jeunes Rébeccas de la tribu lavaient des hardes, en babillant et en chantant. Je m'assis un instant pour les regarder faire sur un énorme tronc de cèdre qui gisait au bord du ruisseau. Je fus assez heureux pour n'être point vu, sans quoi j'eusse à l'instant brouillé et mis en fuite, avec de grands cris d'effroi, ce petit tableau biblique.

Je rentre sous ma tente à nuit close : c'est pour goûter à un nouveau rafraîchissement que vient de m'apporter le même esclave craintif, une vraie boisson de satrape, le lait de *cinquante brebis*, si j'en dois croire M. Ahmed (mon jeune drogman), lequel sans doute les a comptées et vu traire; le tout dans un vase d'étain de la capacité d'un litre. Je me contente de boire la part d'une vingtaine d'agneaux, et passe le reste aux spahis. On leur apporte un peu plus tard un second repas qu'ils engloutissent résolûment, comme si le premier était non avenu. Puis on fait les dispositions pour la nuit, et bientôt tous trois s'endorment, tandis que je ne puis résister au désir d'errer un peu dans le douar, au risque de me faire dévorer par ces chiens sauvages, à l'œil sanglant, au poil fauve, cent fois plus dangereux pour l'homme, *leur ami*, que l'hyène ou le chakal. Mais la nuit fort noire me protége, et le long burnous noir aussi dont je suis encapuchonné contribue à ma sûreté. La veillée arabe se prolonge d'autant plus tard qu'un étranger est censé reposer sous la tente d'honneur; ce qui n'est pas un mince événement et fait travailler toutes les cervelles. Les hommes sont assis en rond autour des feux; les chevaux paissent avec délices de grands amas de thym, dont ils sont plus friands que de fourrage ou même d'orge; les chameaux accroupis semblent des sphinx difformes assis à l'entrée des demeures; à travers le tissu des tentes brille jusqu'à une heure avancée de la nuit la lumière de l'âtre ou des torches. Les rires et le parler strident des femmes se mêlent aux hennissements des chevaux, aux aboiements, c'est trop peu dire, aux frénétiques hurlements de ces abominables cerbères qui gardent le douar, et aux bêlements des troupeaux. Ce n'est pas un camp, c'est une arche: demain, au point du jour, quand les chiens épuisés baisseront enfin la voix, le coq et toute la section des volailles leur donneront la réplique.

Comment l'homme s'endort au milieu d'un tel bruit, c'est ce qu'on aura de la peine à expliquer et à comprendre. Le sommeil vient pourtant; ce qu'on doit, j'imagine, à l'énormité du vacarme. A force d'ébranlements, de secousses douloureuses, le nerf auditif finit, je pense, par s'émousser et s'engourdir. L'excès du mal produit l'insensibilité. Quant aux Arabes, ils n'ont seulement pas conscience du bruit qu'ils font, bêtes et gens, et vous les étonneriez fort si vous vous en plaigniez à eux. S'il leur arrive de converser au milieu de la nuit, c'est toujours à tue-tête, quel que soit le voisin ou l'hôte endormi, et j'ajoute, pour en avoir subi l'expérience fréquente, qu'ils ont un infernal penchant pour les entretiens nocturnes.

Au nombre des péripéties de cette première nuit sous le toit de poil, je dois compter la visite d'une espèce de monstre blanc, qui s'est introduit près de moi avec des grognements sinistres. Je me suis rappelé l'histoire et la bravoure de madame Deshoulières; j'ai allumé le bout de bougie de mon chandelier de campagne, et j'ai reconnu l'un de ces effroyables chiens du douar, affamé comme ils le sont tous, qui, attiré par de savoureux os de mouton, reliefs de notre festin épars sur le sol de la tente, s'en est repu deux heures durant avec grand bruit de mandibules, et nous a fait toutefois la grâce insigne de ne nous point manger personnellement. Ces animaux sont peu nourris par leurs possesseurs respectifs : tout à la pointe de l'épée, comme messire loup. Ils ne reçoivent de l'homme que des coups de bâton qu'ils lui rendent en coups de dents. Ce sont des chiens de proie plus encore que de garde. De là le naturel bilieux et acariâtre, pour ne pas dire sanguinaire, qui distingue ce quadrupède et oblitère les bons sentiments, les instincts si perfectibles qu'on le voit déployer dans un milieu plus doux, sous l'influence moralisante des caresses de l'homme et de repas réglés. Le chien, comme son maître, est encore sauvage : il affectionne les lieux comme le chat, mais n'a point de dévouement ni d'amitié pour l'image du Créateur, et c'est justice.

La tente arabe, *beit el char*, c'est-à-dire maison de poil, est formée, comme le nom l'indique, d'un tissu de poils de chèvre ou de chameau. L'aspect de cette demeure est à peu près celui d'un navire échoué ou plutôt chaviré. Cette forme est bien ancienne, car Salluste raconte que les Perses, arrivant en Afrique, se firent des cabanes avec les coques de leurs vaisseaux renversés. « Et encore aujourd'hui, dit-il, les habitations des paysans de Numidie (*mapalia*), allongées et surmontées d'une couverture cintrée, ressemblent à la carène d'un vaisseau. »

Ce domicile portatif est le plus souvent divisé en deux parties égales par une cloison de pieux entre lesquels se placent les provisions de la famille, enveloppées dans quelques peaux d'animaux, les hardes qu'elle possède, les instruments aratoires, les selles, brides et armes du maître. Le compartiment situé à la droite de l'entrée est affecté aux hommes ; à gauche est le gynécée, divisé lui-même souvent en deux pièces distinctes, l'une tout à la fois salon, chambre à coucher, et l'autre servant de cuisine. Ces différents appartements sont tendus de tapis, de nattes ou de peaux de mouton, suivant le degré d'aisance dont jouit le maître de la tente. Des métiers à tisser la laine, quelques vases de terre cuite, dont la forme rappelle celle des amphores romaines, et un moulin à moudre le grain, composé de deux pierres engrenées l'une dans l'autre et que l'on fait mouvoir à bras, composent l'ameublement, confus bien que sommaire, de cette habitation rustique. A l'entrée de la tente sont suspendues des outres pleines d'eau et de lait aigre, les deux seules boissons de l'Arabe pasteur.

Les tentes d'un grand douar, embrassant une certaine étendue de terrain, y sont disséminées sans symétrie et au hasard comme les maisons de nos hameaux ; mais dans les petits douars elles se groupent en rond, apparemment pour le besoin de la défense commune, en cas d'alerte à prévoir. Les chevaux entravés et les troupeaux occupent la nuit le centre de ce petit campement ; les chiens rôdent à l'extérieur ; les poules et les jeunes animaux sont admis pêle-mêle avec les humains aux honneurs et aux délices de la tente.

Le bois et l'eau, tels sont les deux pôles vers où gravitent les campements arabes, infiniment moins capricieux et mobiles qu'on ne suppose. L'eau, quoique rare, coule toujours à proximité du douar. On n'en peut dire autant du bois qui manque souvent et qu'on remplace tant bien que mal par des débris d'arbrisseaux, des tiges de chardons, des touffes d'herbes sèches que les malheureuses femmes vont quêter, à la sueur de leur corps bronzé et musculeux, dans la campagne.

Sur les coteaux voisins paissent des troupeaux de moutons et de bœufs rabougris, la grande richesse de l'Arabe. Tityre et Mélibée revivent en Afrique; leurs hymnes pastorales et leurs chants érotiques se marient à la flûte agreste de quelque harmonieux Ménalque, pâtre comme eux, tandis que la chèvre lascive grimpe le roc ardu, se suspend aux ruines et broute le cytise amer. Ce ne sont point là des fictions à la d'Urfé. Combien de fois n'ai-je pas contemplé de vivantes idylles, en ce pittoresque lieu où les deux rivières Bou-Merzoug et Oued-Rummel se réunissent, à six cents pas de Constantine, sous les arceaux demi-détruits, mais encore imposants, d'un aqueduc romain qui réunissait deux montagnes, et qui dut égaler, s'il ne l'éclipsait pas, notre célèbre pont du Gard! Là, j'entendais journellement résonner la flûte à six trous et la double flûte d'Euterpe. Tout prêtait à l'illusion : le costume, le chant, la solitude, les ruines. C'était un tableau de Corot; mieux encore, c'était Virgile et Théocrite en action. — Non loin de là, un joli groupe de lavandières juives ou arabes se dessinait dans l'onde sonore et précipitée du Rúmmel. J'admirais leur beauté, leur grâce, leur joyeux concert de chansons et de rires ; puis je les voyais une à une quitter le bord et prendre le chemin du logis, portant comme la nymphe antique et retenant, d'un bras arrondi sur l'épaule, l'amphore romaine au col svelte, à la panse longue et elliptique.

— Un plaisir tout arabe est la chasse au *matraque* (bâton). C'est un divertissement rustique qui consiste à poursuivre un malheureux quadrupède du genre lièvre, à le cerner et à l'expédier en lui lançant à tour de bras, non une balle, mais force projectiles ligneux. Courre un lièvre à coups de bâton, ce ne sont point là jeux de princes. Mais les princes (en Algérie) dédaignent ce passe-temps de pâtre ; ils chassent au lion comme leurs pères numides, ou au faucon, dans le Hodna, dans les montagnes et dans les régions sahariennes, comme nos hauts barons du moyen âge, avec lesquels au reste ils ont beaucoup d'autres rapports. La chair du lièvre barbaresque, qui ne vaut pas celui d'Europe, est peu estimée des Arabes : en chassant au *matraque*, ce n'est pas un régal qu'ils se proposent ; ce n'est qu'un divertissement ou un profit. Je me rappelle, à ce sujet un récit de chasse dans les steppes moldo-valaques où, à ce qu'il paraît, on prend le lièvre à coups de fouet. Voici comment : l'agile et peureux quadrupède, sachant par mainte déplorable expérience qu'il ne peut déjouer la poursuite du lévrier aux longues jambes, aux poumons d'airain, le paysan moldo-valaque, qui vient à en dépister un, fait claquer son fouet aux oreilles du timide vainqueur des grenouilles. Ce dernier, qui a de l'instinct, bien qu'on en dise, se figure, à ce bruit néfaste, que la meute n'est pas loin. Il n'aurait donc garde de détaler quand tous les fouets de l'univers retentiraient à son tympan effarouché, car il sait bien qu'il serait pris. Il n'a plus qu'une chance : celle de n'avoir point été aperçu. En conséquence de ce raisonnement subtil, il demeure pelotonné et accroupi sur son lit d'herbe, jusqu'à ce que le manant roumain le saisisse par les oreilles, à fin de rôt et de civet, ce qui est triste, mais logique. Qu'on vienne nous soutenir, avec les cartésiens, que les lièvres n'ont point d'esprit ! Ils en ont trop, ceci le prouve, et s'ils succombent, c'est avec la consolation de périr selon les règles d'Aristote. J'ignore si le lièvre arabe est capable de syllogisme ; je crois que non ; mais c'est un lièvre encore sauvage et qui n'a point pris ses degrés.

Dois-je énumérer ici les différentes *smalas* où j'ai eu l'honneur d'être l'hôte de quelques-uns des grands dignitaires indigènes de nos possessions d'Afrique, celles entre autres de Ben-Gannah, de Ben-Chennouf, de Si-Mokhran ? C'est là qu'éclate dans toute sa pompe et dans toute sa poétique bigarrure le campement arabe. Mais comme du douar à la smala il n'y a guère de différence que celle de la partie au tout, que le lecteur se représente le douar avec plus de chameaux, plus de chevaux, plus d'hommes armés, plus de tentes, plus de tumulte, et il aura une impression suffisamment fidèle et approximative de ces ambulantes cités, de ces caravanes seigneuriales, de ce mouvement pittoresque et incessant, véritable image de la vie, qui peut se définir au propre un voyage pour l'Africain *numide* ou *nomade*, — deux mots dont l'un provient de l'autre, et dont la signification est précisément identique.

III

Émigrations. — Agriculture. — Marchés. — Fous et illuminés. — Après-dînée sous la tente.

Dans notre précédent chapitre, nous avons, sur la foi de Salluste, avancé que *numides*, *nomades* ou *émigrants*, étaient trois termes identiques. Nous tenons à justifier notre dire : voici le passage du nerveux et brillant historien de la *Guerre d'Afrique;* il est des plus précis et des plus concluants : « Les Perses, dit-il, se réunirent par des mariages aux Gétules, et comme dans leurs fréquentes excursions ils avaient parcouru différents pays, ils se donnèrent eux-mêmes le nom de *numides.* » Et plus loin : « Il arriva un temps où l'excès de la population contraignit les jeunes Perses à abandonner le séjour de leurs pères. Les *émigrants*, se qualifiant de *numides*, allèrent occuper un pays du même nom aux environs de Carthage. » Il résulte de ces passages plusieurs faits curieux, à savoir : Que les Perses ont eu l'initiative de ces habitudes errantes, endémiques au nord de l'Afrique ; que, d'autre part, ils ont été des premiers colonisateurs de ce sol privilégié, si attractif aux grandes migrations d'hommes, et qu'enfin, *numide*, à n'en pouvoir douter, est l'origine et la racine, à peine altérée, de *nomade*, pris génériquement pour exprimer aujourd'hui des mœurs voyageuses, à tort attribuées, comme caractère de race, aux descendants du Prophète.

Ce petit hors-d'œuvre ou préambule ethnographique n'est pas sans lien avec le sujet qui d'abord se rencontre sous notre plume. L'Arabe pasteur ou *nomade* est infiniment moins vagabond qu'on ne l'imagine communément. Les migrations qu'il accomplit roulent dans un fort petit cercle. Les tribus sont en général fort attachées au sol qu'elles cultivent et habitent de temps presque immémorial, et les déplacements de douars ne s'accomplissent, sauf les cas de guerre, d'enlèvement, de transportation violente, que dans un rayon circonscrit par quelques lieues de périmètre. Les Sahariens sont, comme nous aurons plusieurs fois l'occasion de le constater, les seuls habitants de l'Afrique dont les évolutions périodiques embrassent des espaces considérables. L'approche de l'été les chasse du Sahara, leur établissement principal, où la torréfaction générale des rares plantes que produit la région des sables menace leurs troupeaux de famine. Ils passent dans le Tell, à quarante, cinquante, soixante lieues de leur résidence, apportant les plantes tinctoriales, les épices, les tissus, les dattes du désert, qu'ils échangent contre du blé et des denrées européennes. Puis, la mauvaise saison venue, ils retournent en caravanes reprendre leurs quartiers d'hiver aux confins de ces oasis où ils sont tous ou presque tous propriétaires. C'est comme une nation, une famille à part dans la population musulmane dont le flot s'est épandu sur l'Algérie, et plusieurs voyageurs ont même prétendu que ce n'étaient point des Arabes. Nous ne voudrions point, sur la foi de Salluste, affirmer que ce sont des Perses. Toujours est-il qu'ils se distinguent de leurs coreligionnaires d'au delà des chaînes de montagnes improprement nommées *Atlas*, et par une plus haute civilisation, et par des mœurs plus poétiques, et par une plus grande dignité personnelle, et enfin, par ces habitudes de migration régulière qui leur ont fait attribuer ce nom de nomades, qu'en effet eux seuls entre tous les Arabes justifient par ce va-et-vient séculaire, ce flux et ce reflux bisannuel réglés par le calendrier, à peu près comme les équinoxes, qui les précèdent de très-peu.

Ces marches périodiques et en masse se font dans un désordre pittoresque. On y trouve comme un raccourci, une esquisse de ces nombreuses caravanes qui accomplissent la pénible traversée du grand Désert, en butte à tant de privations, de fatigues et de dangers. C'est un tableau mouvementé que j'eus constamment sous les yeux à l'époque où je visitai une portion du Sahara (en mars 1849). Je demande la permission d'extraire de mon carnet de voyage quelques-unes des notes prises sur le fait à la rencontre de ces ambulantes peuplades :

« Nous nous croisons dans la vallée (de Batna) avec de nombreuses bandes de Sahariens nomades qui vont, selon l'usage immémorial, passer la saison d'été dans le Tell, y faire paître leurs troupeaux, y porter les dattes, les haïks, les parfums, et, en retour, s'approvisionner pour l'hiver des grains qui manquent, faute d'eau, à la région des palmiers. Ils devancent quelque peu, cette saison, le moment de leurs émigrations annuelles, une chaleur exceptionnelle régnant déjà au Sahara. Ainsi, tandis qu'ils vont chercher les pluies et la fraîcheur au nord, je m'achemine, moi, vers leurs zones brûlantes et m'avance vers ce soleil qui déjà les met en fuite.

» Ces caravanes partielles sont animées et pittoresques. Les hommes, à pied ou à cheval, et armés de leurs longs fusils, s'avancent, d'une marche grave, poussant devant eux leurs bestiaux et conduisant les dromadaires. De ces derniers animaux, les uns portent les tentes tissues de leur poil, les ustensiles de ménage et les *tellis*, grands sacs à raies brunes et blanches, qui contiennent les marchandises et tout l'avoir mobilier de ces familles de Bias. Les autres sont chargés de palanquins d'une étoffe brune et opaque contenant femmes et enfants. N'était la longue pointe qui les surmonte et donne un certain cachet oriental à ces gynécées ambulants, on trouverait que ces palanquins, par la forme, rappellent prodigieusement nos cabriolets de campagne. Ils sont fermés sur le devant, mais assez mal, d'un tablier ou rideau noir que les filles d'Ève *ci-incluses* entre-bâillent très-fréquemment et ouvrent tout à fait, au plus léger prétexte, au moindre incident de la route, c'est-à-dire précisément lorsqu'il y aurait le plus de motifs pour que le palanquin fût clos. La rencontre d'un étranger, d'un Européen voyageant avec trois cavaliers rouges, est, cela va sans dire, un de ces épisodes qui instantanément ont le don d'écarter tous les voiles et d'attirer tous les minois à la fenêtre. Ces dames ne sont point sauvages : mon aspect paraît les mettre en belle humeur. Elles rient beaucoup et redoublent de loquacité et de gestes en procédant à l'inspection de ma personne, et particulièrement à la vue du lorgnon dont j'aide ma myopie, pour rendre à ces belles la politesse de leur curiosité excessive et mieux apprécier leurs charmes. Elles en valent bien la peine ! — Beaucoup d'entre elles sont jolies, fort jolies même, beaucoup moins basanées qu'on ne le suppose ; plusieurs même sont fort blanches. Leur type général ne répond pas non plus à l'idée qu'on peut se former, d'après les modèles connus, de la physionomie arabe. Leur visage, surtout chez les très-jeunes femmes, est plutôt rond et enfantin que majestueux et ovale. Je parlais tout à l'heure de minois : c'est le mot qui peint le mieux les grâces mignardes et agaçantes de ces belles Sahariennes. Je dirais même que le minois est *chiffonné*, si les grands yeux étincelants et les dents — un peu trop longues, mais bien plus blanches que l'ivoire, — de ces dames ne protestaient contre l'épithète. — Je croyais trouver des Junons ou des Minerves de Le Brun, et ce sont plutôt des pastels de Latour, voire des figures de Gavarni qui me sourient câlinement du sommet de leurs dromadaires. Leur costume, où l'emploi du nu est fort savamment calculé pour le plaisir des yeux, ne consiste guère qu'en une tunique de laine blanche ou brune, agrafée à l'épaule, serrée à la ceinture et relevée sur l'une des hanches, tout à fait dans le goût antique. A chaque mouvement, elles font cliqueter une multitude de bracelets, d'amulettes, d'énormes boucles en or, assez bas de titre, ou au moins en argent, dont elles ont les bras, le cou et les oreilles surchargés. Leur coiffure, qu'il m'est difficile de peindre, est une sorte de bonnet volumineux ou de turban en poil de chameau fort coquettement ajusté et s'enlaçant à leurs cheveux noirs, qui s'enroulent et retombent gracieusement le long des joues, en larges nattes d'un noir bleu fort minutieusement tressées. »

Voici une autre esquisse de migration arabe prise sous un jour bien différent, que j'emprunte à la même source :

« Plus lamentables encore peut-être que les combats sont ces longues marches où, à la suite de razias, des populations entières, dépaysées ou emmenées comme otages, sont poussées, hommes, femmes, enfants, pêle-mêle avec les troupeaux, par nos cavaliers, sous un ciel de feu, dans d'interminables étapes. Les hommes sont résignés et farouches ; mais les femmes et les enfants, épuisés, haletants, crient et se désespèrent. Ils ont les pieds meurtris ; ils plient sous le fardeau de leur misérable bagage ; ils regrettent amèrement la liberté et le douar : c'est un concert de sanglots à toucher des âmes de bronze. — Beaucoup de ces malheureuses femmes pressent un enfant contre leur sein, d'autres le portent dans leurs flancs. Très-souvent il arrive que, l'extrême fatigue hâtant pour l'une d'elles le terme, des cris perçants se font entendre. — Qu'est-ce ? dit l'officier. — Mon lieutenant, dit un cavalier s'avançant, c'est une femme qui demande la permission d'accoucher. — Halte ! crie l'officier. — La malheureuse se jette dans quelque hallier, s'il s'en trouve, fait *son petit*, se délivre elle-même, ramasse le nouveau-né, l'enveloppe de ses haillons, se relève et reprend sa marche. Le tout a duré un quart d'heure. »

Pour que l'on ne croie pas que ce tableau de genre est un tableau de fantaisie, je déclare que je l'ai tracé littéralement sous la dictée du capitaine L..., du 3e chasseurs, l'un des plus braves et des meilleurs officiers de la cavalerie d'Afrique, qui m'en a conté bien d'autres.

— L'agriculture arabe est barbare, mais non pas sans rapport avec les lois et les exigences du climat, les conditions géologiques et l'expérience de douze siècles. Ce n'est jamais impunément que les Européens tentent de rejeter les données de la tradition, ou, si l'on aime mieux, de la routine locale, et d'innover brusquement, sans tenir compte des circonstances nombreuses qui différencient la culture des plaines algériennes de celle des guérets normands et beaucerons. Il y a sans doute beaucoup à perfectionner dans les méthodes arabes, surtout en ce qui touche les procédés matériels et les systèmes d'engrais; mais il est nécessaire d'étudier ces méthodes, de s'y conformer tout d'abord, pour les améliorer peu à peu, suivant les observations de chaque jour. Qui voudrait les refaire de toutes pièces suivant les idées recues en Europe, courrait grandes chances de n'être que l'ouvrier de sa ruine.

Avec une charrue qui diffère peu du soc rudimentaire de Triptolème, sorte d'éperon ou de rostre sans mancherons et sans versoirs, remorqué par deux petits bœufs, les Arabes déchirent si superficiellement la couche supérieure du sol, que, la moisson levée en herbe, on a peine à distinguer les sillons sous le tapis vert qui les couvre. Les tiges croissent peu épaisses, mêlées à toutes sortes de plantes parasites et d'arbustes envahisseurs. L'Arabe, manquant de la patience et des instruments nécessaires pour défricher et sarcler le sol profondément, s'est habitué à respecter tous ces obstacles, et au lieu de les extirper il les contourne. On conçoit combien une forte charrue, remuant jusqu'au fond la couche cultivable et la désobstruant de toute cette végétation dévorante, obtiendrait de plus beaux et plus grands résultats entre des mains exercées. C'est un genre de progrès que les Arabes du reste apprécient et se montrent prêts à accepter. Il y a des exemples d'araires à la Dombasle, manœuvrés par des indigènes et conduits à deux paires de bœufs. C'est dans l'emploi des bras arabes, guidés par l'œil et le génie européens, qu'est l'avenir de l'agriculture algérienne.

Les Arabes ne cultivent guère que le froment (blé dur) et l'orge. On a remarqué qu'ils semaient beaucoup trop abondamment, eu égard à l'imperfection de leurs labours. Semer moins dru, labourer plus profondément, tels sont les grands points sur lesquels doit porter la réforme de leur culture.

Malgré tant d'imperfections, la culture indigène (en céréales) rapporte généralement au propriétaire du domaine de vingt-cinq à trente pour cent du capital engagé, et il est impossible qu'aucun Européen, s'il n'emploie le système arabe, les bras arabes, puisse soutenir la concurrence. La raison en est simple : les bras européens sont hors de prix, prompts à déserter le travail en vue d'un plus ample salaire, tandis que le manœuvre arabe ou kabyle, habitué à vivre de peu, attaché au sol, se contente aisément d'une mince paye, si on le traite avec douceur ou seulement avec justice.

Il n'a point été gâté par les Turcs, maîtres avides et oppressifs, et il ne l'est pas davantage aujourd'hui encore par les grands propriétaires indigènes.

Voici quels sont à cet égard les rapports d'ouvrier à maître. La terre est donnée à loyer au premier, sous la condition que les produits seront répartis, à savoir : quatre cinquièmes pour le maître, le reste pour le métayer, nommé *khammas* (du mot arabe *khamsé*, cinq), ou cultivateur au cinquième. Une *sarmià*, ou avance d'argent, faite au fermier par le maître, constitue leur engagement réciproque, et fournit au dernier les moyens de vivre et de se vêtir lui et sa famille jusqu'au moment de la récolte. Elle varie de trente à soixante-dix francs; elle est accompagnée de quelques avances ou prestations en nature. Le khammas reçoit aussi la paire de bœufs de travail nécessaire pour la culture des terres qui lui sont confiées. On nomme *zouidja* l'espace de terre que peut labourer dans l'année une paire de bœufs, et cet espace varie de six à huit hectares. La terre doit être labourée deux fois au moins, et trois fois si, l'année qui a précédé, elle est demeurée en jachère. La semaille se fait avant le dernier labour. L'Arabe travaille toute la journée sans dételer. Il doit son labour *par corps*, c'est-à-dire que, s'il est malade, il doit se faire remplacer par un ouvrier à sa charge. L'humanité de quelques maîtres mitige la rigueur de cette obligation ; mais, en cas de contestation, la justice locale se montre peu clémente, et elle sévit sur le khammas. Il est tenu de se construire un *gourbi* (chaumière), qui appartient au maître, et doit être placé au lieu que celui-ci a désigné. La moisson est à la charge du maître ; elle est généralement faite par des Kabyles ou habitants de la montagne, suivant un prix réglé chaque année en conseil des principaux propriétaires délibérant avec le kaïd (sorte de conseil communal). Au partage de la récolte, le maître commence par prélever les avances faites en grains par lui pour nourriture des moissonneurs; il prend ensuite les quatre cinquièmes du surplus, et perçoit enfin sur le cinquième appartenant au khammas tout le montant des prestations faites à celui-ci en nature.

Comme on le voit, le sort du laborieux khammas est assez peu digne d'envie, et cependant il s'en contente, car il n'en connaît point d'autre. Avec bien peu d'efforts et peu de sacrifices joints à des traitements humains, on le rattacherait à l'exploitation des concessions européennes. C'est ce qu'ont au reste déjà commencé de faire avec grand fruit la plupart des colons en grand, qui ont jeté sur la constitution agricole du pays un coup d'œil sage et perspicace. Mais il ne faut, nous l'avons dit, heurter de front pour réussir ni les usages de la terre, ni les habitudes et les susceptibilités des khammas. Ainsi, nous apprenons, par les intéressantes études de feu M. Fortin d'Ivry sur l'agriculture indigène, qu'il y a de certaines traditions campagnardes qu'il faut connaître et auxquelles on doit se plier. Par exemple, si, la moisson faite et les gerbes liées, vous omettiez de donner un mouton à vos moissonneurs pour le repas sacramentel qui marque la fin des travaux, vous passeriez pour un avare, une âme dure, et risqueriez l'année d'après de ne plus trouver qu'à haut prix des bras pour le même service. Ainsi encore, si vous passez un marché quelconque avec des ouvriers arabes ou kabyles, il faut leur faire servir le café, puis causer longuement avec eux, plusieurs heures quelquefois, sans paraître aucunement pressé. C'est alors, selon notre dicton, « comme si le notaire y avait passé. » On voit, par cet exemple, que l'étude attentive des mœurs arabes a quelquefois un tout autre intérêt, une tout autre importance que ceux de la curiosité. Ces coutumes rappellent au reste celles qui subsistent encore dans la plupart de nos campagnes, cette habitude bien connue de sceller la vente d'un bœuf, un marché de grains, un embauchage, par un grand coup et une longue dissertation au cabaret, les coudes posés sur la table. En y regardant d'un peu près, on trouve que les hommes, sous quelque soleil pâle ou vif que le destin les ait jetés, quel que soit le Dieu qu'ils adorent, ont plus de consanguinité qu'on ne le pourrait croire sur la vue de l'écorce et de maintes dissemblances plus apparentes que réelles. Et pour en revenir au khammas, il représente aujourd'hui, dans ses rapports avec le maître, ce qu'était le serf chez nous dans la société féodale. Il bénira la main, chrétienne ou non, qui, le relevant de cette condition misérable, l'élèvera graduellement au rang de libre tenancier, dans des conditions acceptables, justes, humaines, et non plus léonines et abusives.

— Les marchés arabes méritent une mention spéciale. C'est un coup d'œil très-animé et quelquefois très-amusant que celui de tous ces maraîchers bibliques, les uns pompeusement accroupis devant une vieille poule, une demi-douzaine d'œufs, une botte d'oignons, trois navets, un demi-quarteron d'oranges, le tout quelquefois et le plus souvent même apporté de plusieurs lieues ; les autres, plus démonstratifs et invitant du geste, de la voix et de l'œil, la montagne paresseuse, c'est-à-dire la pratique, à venir à eux sans retard et, avec de grands cris assourdissants : *Sordi ! sordi !* (Un sou ! un sou !), offrant à l'acheteur pour cette somme modeste, qui ses pains-galettes sans levain, qui ses choux, qui ses tubercules. Ceci est pour les villes. Il est dans les campagnes des marchés d'une beaucoup plus haute importance pour les bestiaux, les céréales ; ils correspondent à nos foires. La plupart se tiennent une fois par semaine. On y vient en armes dans les pays en dehors de notre domination. Les kaïds et kadis y rendent la justice à la façon de saint Louis, sous l'ombrage de quelque grand arbre. On y agite aussi les intérêts locaux et quelquefois les transactions, les questions municipales y dégénèrent en parlottes et en tumultes politiques. Un fanatique y fait ses prédications ; un agitateur y ameute ses *Beni-am* (frères de tribu) contre une autorité pesante, et nombre de coups de main insurrectionnels, beaucoup d'assassinats sur les personnes des scheïkhs dévoués ou soumis à la France n'ont pas eu d'autre point de départ, d'autre occasion, d'autre signal, que la fermentation inopinée issue de ces grandes réunions d'hommes. C'est pourquoi les marchés arabes, qui sont un grand moyen tant de gouvernement que de civilisation, ont besoin d'être surveillés attentivement par l'autorité française, en même temps qu'il lui convient de les encourager, de les protéger, de les développer par l'introduction de l'élément européen.

— Personne n'ignore qu'en Orient les fous sont autant d'êtres sacrés. Mais, depuis notre conquête surtout, ils ont en Algérie une terre promise. Je ne sache pas de contrée où les visionnaires, les maniaques, les extatiques, les inspirés, les convulsionnaires et tous les hypocondriaques pullulent davantage et en même temps jouissent de plus flatteuses immunités. — *Ada mahboul!* (cet homme est fou!) est un passe-port sous lequel un citoyen *touché et visité par Dieu*, c'est-à-dire privé de l'usage subversif et fatigant de la raison, peut se livrer impunément à toutes les excentricités et édifier le monde de ses folies, bien sûr de n'obtenir en retour que des marques d'estime et de vénération particulières. J'ai entendu conter l'histoire, fausse ou vraie, d'un géologue européen, qui, parcourant le pays en quête de son butin favori, fut attaqué par des voleurs. La vue de ce grand sac tout plein de ses trouvailles, dont le savant marchait très-pesamment chargé, avait allumé leurs désirs. On l'aborde, on le somme d'exhiber ses richesses. Le pauvre homme tirait déjà sa montre et disait adieu à sa bourse, quand le chef des bandits, faisant main basse sur le sac, et n'y trouvant qu'un assez bel assortiment de pierres de toutes les couleurs, la scène change tout à coup. Les coupeurs de route s'élancent, comme les sicaires de Stradella, aux genoux de l'explorateur; ils lui prennent tour à tour la main et la posent sur leur front en signe du plus profond respect; puis ils s'éloignent éperdus, lui laissant sa bourse et sa montre, en s'écriant : *Ada mahboul!*

Non-seulement les insensés et les monomanes d'Algérie ont cet insigne privilége qu'on ne les y enferme point, mais s'ils ont le bonheur d'être fous à lier, voilà des gens comblés de biens; les voilà d'emblée marabouts. A ce dernier titre, ils jouissent d'une foule de droits superbes, y compris celui qu'entendait l'ingénue du *Nouveau seigneur du village*. Ils composent des amulettes et distribuent au populaire leurs guenilles, le tout à beaux deniers comptants. Ils tiennent boutique de sainteté, comme le fou de la Fontaine faisait commerce de sagesse avec *son fil long de cinq brasses*. Ils se font héberger partout, reçoivent des présents, entrent dans les maisons, prennent ce qui leur plaît, rançonnent les maris, déshonorent les femmes, *impunè per totam terram*.

Assez souvent ces fous deviennent furieux. C'est le comble de leur grandeur. Ils ont des songes prophétiques et se réveillent prédicants. Ils se répandent, soufflant la guerre et le carnage au nom de Dieu, avec lequel ils ont un commerce réglé. Ils étendent leurs cinq doigts devant le vulgaire ébahi, et annoncent que ces cinq doigts se changeront au bon moment en autant de canons qui vomiront la mort sur les chrétiens épouvantés. Ils déclarent aussi que les fusils français ne partiront point, par leur ordre; c'est pourquoi l'une de nos premières décharges abat d'habitude le quidam qui vaticinait de la sorte. On ne saurait compter les méchantes affaires que tous ces fous, depuis le temps que nous occupons l'Algérie, nous ont mises sur les bras. Quand un homme sort du bagne, comme Bou-Bargela, ou a mangé sa légitime, il se fait prophète pour vivre, et il nous faut alors cinq mille hommes pour porter à ce maniaque par état une camisole de force. Ce qu'il y a de surprenant, c'est que ces bateleurs ont beau rentrer sous terre, il se trouve toujours de nouveaux démoniaques et de nouveaux forcenés pour prendre la place vacante, avec les mêmes applaudissements et le même succès final.

— On ne veille pas tard sous la tente. On est las, ou d'une longue chevauchée, ou des travaux de la journée. De bonne heure les paupières sont closes dans le douar, où l'on n'entend plus guère que l'aboiement des chiens, le hennissement des chevaux et le glapissement des chakals. Néanmoins, lorsqu'un étranger digne de quelque attention a reçu l'hospitalité sous la maison de poil du scheïkh, on lui fait compagnie après le dernier repas du soir. Les parents et amis du scheïkh, moitié curiosité et moitié courtoisie, viennent tour à tour ou en masse visiter l'illustre étranger. On se salue d'une multitude de : *Ouèche âlek? Ouèche entâ?* (Comment vas-tu? Comment es-tu?) On s'assied en rond cérémonieusement sur le tapis ou sur la natte ; on fume des cigares et l'on prend le café. Les Arabes causent blé et orge; le voyageur leur adresse quelques questions auxquelles, suivant leur prudente habitude, ils se gardent bien de répondre. Après une heure, plus ou moins, de ce colloque discret, les visiteurs, ayant suffisamment examiné votre personne, vos armes, vos cantines, etc., etc., se lèvent un à un et s'éclipsent comme des ombres. Une main invisible a laissé du dehors retomber les pans de la tente. La minute d'avant en belle compagnie, je me trouve tout à coup seul. Je me jette sur une natte, sur un matelas de campagne, je prends ma selle pour oreiller, et — je m'endors. —

— Bonne nuit, lecteur ; puissiez-vous m'avoir attendu !

IV

Danses. — Convois funèbres. — Visites aux cimetières. — Marche et fantasia nuptiales. — Rhabba. — Ghellabs.

On a souvent cité, en en riant, ce mot de l'Oriental, qui, prié d'un bal du grand monde, s'étonne, pour tout compliment, que des personnages respectables, *et qui n'ont pas besoin de cela*, prennent la peine de danser *eux-mêmes*. L'Oriental eût pu comme Alceste dire aux rieurs :

Par la sambleu, messieurs, je ne croyais pas être
Si plaisant que je suis...

Cette saillie à la Huron n'a rien que de vrai et de juste, et soyez bien certain que l'Oriental parlait avec un sérieux profond. Le mahométan, qui n'a pas d'Académie nationale de musique et de danse, se fait apporter l'opéra à domicile par des almés de basse et de moyenne vertu; mais l'idée ne lui vient point de se livrer de sa personne, sous couleur de divertissement, à un exercice fatigant et hautement attentatoire à la dignité masculine. La danse arabe est une sorte de *mezzo termine* entre la hardiesse et la provocante lascivеté du bolero espagnol et la mystique pantomime de la devadesi hindoue. Si l'on peut appeler cela danse, je ne sais : que le lecteur en juge. Les cheveux épars en longues tresses, l'œil ardent, la bouche entr'ouverte, les joues enflammées, la bayadère algérienne tourne lentement sur elle-même ; sa tête penchée en arrière reste fixe et comme plongée dans je ne sais quel rêve cythéréen ou dionysiaque, tandis que le corps est en proie à un frémissement nerveux et continu. De sa lèvre s'échappent avec effort des chants entrecoupés : c'est une romance arabe qu'il faut renoncer à traduire. Les vers en sont psalmodiés sur un air lugubre, dont les chevrotements, les intonations languissantes et l'absence ou du moins l'irrégularité du rhythme rappellent nos chants grégoriens. Trois ou quatre *musiciens* tenant, le premier, un violon à deux cordes verticalement posé comme un violoncelle ; le second, une mandoline, dont il racle du bout de l'ongle ; un troisième, un pot fermé d'un parchemin, dont il touche et grince avec le revers de la main ; le quatrième enfin, d'énormes castagnettes, répètent imperturbablement une unique phrase mélodique dont se forme leur répertoire. C'est une sorte de *tremolo* brisé et plaintif alternant, sans aucune transition, du *forte* au *piano*, et dont le mouvement rapide est aussi peu en harmonie que possible avec la mesure du chant.

Au bout de peu de temps, il semble que le délire sensuel, si énergiquement et si naïvement exprimé par l'almé arabe, ait gagné tous les assistants. Quelques-uns paraissent plongés dans des visions superlunaires ; les autres, abjurant le flegme national, rient, chantent et boivent leur infusion de café noir ; plusieurs même,

— j'en demande pardon à Mohammed, — non contents de cette libation orthodoxe, s'en prennent à l'alcool poivré qu'on leur débite sous le pseudonyme d'anisette, et qui est le nectar sublime, l'ambroisie par excellence des mahométans licencieux. Le lieu de la scène, — d'ordinaire une vaste tente circulaire ou le palais d'un noble-homme, quand ce n'est pas un café maure ou quelque autre lieu suspect, — est éclairé par des chandelles de cire jaune ; l'atmosphère y est obscurcie et raréfiée par des flots d'épaisse fumée tabagique. Tout à coup l'un des assistants se lève plein d'enthousiasme, tire de sa bourse-portefeuille en maroquin brodé de filigranes d'or une douzaine de piécettes, et, s'approchant de la danseuse, les lui place une à une sur le front, sur les joues, sur le menton ou sur les lèvres, tandis que celle-ci, continuant son jeu, ses exercices fébriles, paraît de plus en plus égarée, haletante, à mesure qu'augmente le nombre des quarts de sultanis ou des demi-boudjoux (selon la munificence du dilettante), voire des vulgaires pièces de cinquante centimes que l'amour de la danse offre en hommage à ce visage empourpré de bacchante. Le beau du métier est de retenir toutes ces pièces en adhérence avec les parties de la face qu'elles ont touchées, sans interrompre un seul instant les agitations pyrrhiques qui ont valu à la danseuse ce tribut d'admiration. Après avoir évolué ainsi quelques minutes, celle-ci redresse la tête et fait glisser le fruit de ses travaux chorégraphiques dans une pièce d'étoffe qu'elle tient des deux mains à la hauteur de ses épaules; puis, elle reprend son exercice et le prolonge souvent plusieurs heures, jusqu'à ce qu'elle s'affaisse évanouie aux grandes acclamations de l'assemblée. Une autre prend la place de l'almé défaillante, et le spectacle se perpétue dans les mêmes jeux, les mêmes chants, les mêmes largesses, jusqu'aux premiers rayons du jour. Assez souvent aussi, plusieurs de ces houris dansent en même temps; mais il n'y a aucune différence appréciable entre les gestes, les jeux de mine, les torsions convulsionnaires de celle-ci ou de celle-là. Chacune de ces poses languissantes ou folles, chaque pulsation de ce délire, chaque anneau de cette spirale, est noté comme un pas de deux.

Outre ces peintures dansées de l'amour sensuel, les Arabes ont des scènes figuratives, par l'orteil et la hanche, de cette passion militaire qui est un de leurs instincts héréditaires et innés. Les danseuses, armées chacune d'un grand sabre, fendent l'air et d'estoc et de taille, en s'agitant comme il est décrit ci-dessus. Notre ballet de *Mars et Vénus* résume assez bien cette danse tout à la fois guerrière et voluptueuse.

— S'il est vrai, comme l'ont pensé les philosophes chrétiens, que la préparation à la mort soit le but et le grand œuvre de la vie, il n'y a pas au monde d'homme qui réalise ces austères conditions et sache mourir mieux que l'Arabe. Il voit approcher sa dissolution avec autant de quiétude que s'il ne portait point en lui le germe de sa fin prochaine. Ses forces viennent-elles à le trahir, il tombe étendu sur le sol, se recommande à la protection du Prophète, et, la face tournée vers l'Orient, rend le dernier soupir, quitte la vie sans s'être dépouillé de ses vêtements. Nulle disposition testamentaire à prendre, nul devoir religieux à accomplir ne viennent troubler, à cette heure suprême, le calme de son agonie. Le plus souvent il meurt sans songer à la mort; et c'est le marabout, dont les remèdes empiriques ont ordinairement hâté l'instant fatal, qui préside aux obsèques, en sa double qualité de *tebib* (médecin) spirituel et temporel.

Il y a beaucoup de grandeur et de simplicité dans les funérailles mahométanes. Le corps, enveloppé de ses vêtements pour suaire, et exposé aux regards de tous, est transporté sur un cheval dont un homme à pied tient la bride, et que suit une longue file de cavaliers silencieux et recueillis. On sait tout le profond respect des Orientaux pour la mort. Des distributions de vivres sont faites sur le champ de repos aux mendiants et aux pauvres gens qui ont fait partie du cortége. Des figuiers, des lauriers-roses, des platanes, des sycomores ombragent beaucoup de cimetières. Le champ de repos s'étend d'ordinaire en tous sens autour des lieux habités. Le mort est étendu dans son lit funéraire la poitrine exhaussée, penché sur le côté et incliné sur le coude gauche, afin qu'il puisse se relever plus facilement quand sonnera la trompette du jugement dernier. La structure de la tombe est grossière, et quatre pierres minces, disposées en rectangle, composent tout le monument. Mais l'entrée de la fosse est soigneusement recouverte de dalles ou de briques scellées en maçonnerie, dont l'objet est de préserver le mort de la dent du chakal, et, s'il se peut, de la voracité encore plus redoutable des *ghouls* (vampires). Une sorte de tuyau en terre cuite est placé au-dessus de la tête du mort, sans doute afin qu'il puisse mieux entendre, au jour de la résurrection, la voix de l'ange qui sommera l'impie et le fidèle de se dépouiller du linceul pour paraître aux yeux d'Allah. Aucune inscription, aucune épitaphe n'indiquent le nom ni la qualité du défunt, et c'est à la piété filiale et conjugale à discerner la sépulture. Quelques rares tombes, surmontées de turbans sculptés dans la pierre ou le marbre, indiquent seules la demeure dernière de certains personnages qui ont occupé dans leur vie des emplois considérables ou ont possédé des richesses. Il est enfin des hommes éminents, soit par leur savoir, soit par leur piété cénobitique, qui ont obtenu les honneurs d'un dôme ou santon contenant leurs restes mortels, et assidûment visités par les dévots de l'islamisme, comme le sont encore, et le furent surtout, les reliques de nos martyrs.

C'est aux tombeaux de ces grands saints que les fidèles musulmans viennent par cavalcades, à certaines époques commémoratives de l'année, décerner les honneurs d'une mousqueterie, d'une fantasia funéraire, en échange desquelles ils sont persuadés d'obtenir, séance tenante, du bienheureux ainsi fêté par le *langage de la poudre*, tous les biens, dignités, guérisons et autres dons miraculeux qu'ils désespèrent ou dédaignent de se procurer par les voies temporelles à la portée du vulgaire. C'est un acte de piété intéressée assurément, car l'Arabe est excellent calculateur; mais, quoi! les catholiques n'attendent-ils donc rien de tant de saints qu'ils implorent?

A Constantine, où le cimetière musulman, situé sur le Coudiat-Aty, n'est guère qu'à deux portées de fusil des remparts, les défunts sont portés à leur dernier asile à dos d'hommes, sur un brancard recouvert d'un long drap mortuaire en soie de couleur éclatante. Ces convois lugubres ne manquent ni de caractère ni de pompe : les hommes s'avancent les premiers, marchant sur dix ou douze de front, et récitent à l'unisson, sur un chant triste et grave, le premier verset du Koran, la formule de l'islamisme : *La illah ellalah, ou Mohammed reçoul Allah!* Au milieu d'eux sont les quatre porteurs du corps. Les femmes suivent, voilées de la tête aux pieds, et mêlant leurs voix aiguës, mais assez justes, à cette liturgie funèbre. Arrivé au lieu du repos, le cortége se forme en rond autour de la fosse béante : là, il est procédé à plus d'une cérémonie mystique dont nous omettrons le détail, d'autant mieux qu'il est assez difficile de les bien connaître, un sentiment de convenance généralement observé imposant à l'Européen le devoir de ne point troubler par une curiosité profane ces pieuses solennités et de s'en tenir à distance. Le revers du Coudiat-Aty est, à perte de vue, couvert de sépultures presque toutes uniformes dans leur agreste et austère simplicité. Là, point de ces pèlerinages bruyants en armes et à cheval, mais à quelque heure du jour qu'on y erre, il est rare de n'y pas rencontrer au moins une douzaine de femmes agenouillées ou pour mieux dire accroupies sur le bord des tombes. Je fus édifié de la constance des regrets de ces veuves inconsolables qui ne manquent jamais, le matin des obsèques, de s'égratigner le visage : ainsi le veulent les plus strictes bienséances mahométanes. Un jour, pourtant, faisant une pose au pavillon dit de *Bellevue*, sorte de café-restaurant qui domine le cimetière et d'où l'œil embrasse, en effet, un panorama grandiose, je ne fus pas peu surpris de retrouver plusieurs de mes veuves chantant, riant, faisant chorus avec des voix assez viriles, et noyant leur chagrin tout neuf dans des flots de rhum brûlé et d'anisette. J'en conclus que le conte de la matrone d'Éphèse n'est pas un conte, et que les plaies du cœur durent juste le temps que mettent à se cicatriser les écorchures à la face.

— Chez les mahométans, ce n'est pas, comme chez nous, la femme qui *achète* un mari. Voici un spécimen de contrat de mariage que nous avons transcrit sur pièces authentiques, et qui règle tout autrement la condition des époux :

« Louanges à Dieu, qui répond à ceux qui l'implorent et daigne approuver le présent!... Le mariage est une institution consacrée par la religion et par les plus saints usages. Ainsi a parlé le Prophète, en l'ordonnant expressément. Il a dit : « Mariez-vous, multipliez-vous, » car par vous j'augmenterai l'espèce humaine. » C'est dans ces sentiments que le très-respectable, le digne, l'excellent, le parfait, celui qui a réellement fait le pèlerinage (de la Mecque), le Sid (seigneur) el Hadj (pèlerin) Kelil s'est mis en mariage avec la bénédiction du grand Dieu, et suivant le chemin tracé par la loi et les usages, avec sa très-estimable fiancée la Sida Aïcha, fille du défunt Sid Ismaël... et lui a constitué en dot une somme d'argent montant à huit cents dinars d'Alger, plus deux kaftans, deux vestes, deux ceintures, deux esclaves, quatre bœufs, quatre quintaux de laine, et... rien de plus. — Le mandataire de la femme a imposé à celui du mari la condition que ce dernier n'épouserait ni n'entretiendrait d'autres femmes, et ne la maltraiterait pas : en cas d'infraction à ces conditions, la femme deviendra maîtresse de faire ce que bon lui semblera. Ledit époux ayant accédé à cette clause, les conventions matrimoniales sont parfaites entre eux. Que Dieu les comble de ses bontés et de ses bénédictions, en repos et en mouvement!

» Ont témoigné pour les parties, dans cette seconde

dizaine de Rabia-Attany, les Sids... » (*Suivent les signatures.*)

A cette différence près que le mari apporte une dot à la femme, non celle-ci à l'époux, le mariage est, comme l'on voit, une transaction, une affaire entre mahométans, exactement comme chez nous. Il a d'autant mieux ce caractère parmi les descendants du Prophète, qu'ils ne connaissent que rarement, avant le jour des noces, celle à qui ils doivent s'unir; ils épousent *de confiance :* c'est aussi ce que nous faisons; seulement, les Arabes montrent plus de bon sens et d'ingénuité que nous-mêmes, en ne prétendant pas connaître une fille pour l'avoir aperçue deux fois en maintien diplomatique et en costume de gala. Ils aiment mieux courir la chance tout entière, et se réserver du moins le bénéfice de la surprise. Je n'affirmerais pas pourtant que cette règle d'étiquette de l'invisibilité des femmes ou filles à établir ne soit quelquefois violée, surtout dans les campagnes, où la moins laide moitié du genre humain est en possession d'immunités plus grandes que les habitantes des villes; mais une exception est une exception; il faut s'en tenir à la règle.

C'est donc le jour de leurs noces seulement que les deux époux sont d'ordinaire mis en présence, à la suite des repas, cortéges, illuminations et autres modes de réjouissances, très-variables selon les coutumes locales des provinces et des districts, qui accompagnent ce grand acte. Bien que le mariage entre mahométans, grâce à la faculté de répudiation, soit chose infiniment moins grave que chez les peuples chrétiens, et qu'il n'engage point la vie tout entière, les plus pauvres tiennent à honneur de le célébrer dignement. Un jour viendra sans doute où ces usages naïfs, ces pratiques hospitalières tomberont dans la désuétude où on les voit déjà parmi les nations qui se disent plus avancées, mais on n'en est point là encore sous le gourbi ou sous la tente.

C'est par une cavalcade guerrière (*fantasia*), où *la poudre parle* à outrance, que la fiancée est d'habitude escortée, soit chez le kadi, soit ensuite au domicile conjugal. Les fantasias matrimoniales ne diffèrent pas notablement de ces petites batailles simulées, cent fois décrites, où les Arabes exécutent des attaques et des retraites; puis, lançant leurs chevaux à fond de train, et faisant d'une main tournoyer leurs fusils au-dessus de leurs têtes, viennent, en poussant des cris de guerre, décharger leur arme à la barbe du personnage vénéré en l'honneur duquel la tribu court ainsi la poste et la poudre. J'ai assisté à une fantasia *à pied*, qui m'a paru plus inédite. Les Arabes, revêtus de leurs plus beaux habits, s'avancent en dansant lourdement vers les femmes assises et rangées sur une longue file, dont la mariée occupe le centre. Arrivés devant cette dernière, ils lâchent leurs coups de fusil; puis ils vont, avec les mêmes sauts grotesques, recharger plus loin leurs armes.

Pendant ce temps, les femmes poussent un cri perçant, sorte de trille suraigu, sur la syllabe *you! you! you!* qu'elles soutiennent avec une force d'haleine incroyable et une grande justesse d'intonation, souvent une minute et plus, et qui se termine par une chute aussi brusque qu'imprévue et simultanée à l'octave. Je ne saurais mieux comparer l'effet de ce dessus singulier, qui domine la mousqueterie et les clameurs de la portion masculine de l'assemblée, qu'à l'assourdissante harmonie d'un concert lointain de grenouilles.

A Constantine, j'ai vu la mariée, escortée d'un nombreux convoi pédestre, parcourant nuitamment la ville au son des instruments de musique, et elle-même portée sur un cheval dans une sorte de cage entourée de gazes épaisses qui la voilaient aux yeux de tous. Les femmes, très-bruyantes, portaient dans leur main droite de petits cierges allumés; les hommes suivaient, mais sans fusils, à leur mortel regret sans doute, la police municipale jugeant devoir interdire les détonations nuptiales. Deux d'entre eux marchaient immédiatement derrière le cheval de la fiancée, tenant obstinément dirigé sur l'épais rideau qui la dérobait aux regards, un sabre nu, la pointe haute, — apparemment une sorte de sanction pénale anticipée, ou d'emblème comminatoire des lois musulmanes, qui punissent de mort la femme à qui pardonna le Christ.

— La *Rhabba* est une fête particulière à l'ouest de nos possessions algériennes. Nous n'y avons point assisté de notre personne; mais nous savons que le principal attrait en est une façon de lutte corps à corps dans laquelle les athlètes déploient, outre une grande force, de l'agilité, de la souplesse, et cette dextérité de mouvements qui caractérise les combats populaires auxquels nous donnons le nom d'*adresse parisienne*. Debout et inactifs à côté des lutteurs sont les juges du camp, les parrains de ces paladins agrestes. Une immense curiosité s'attache à ces joutes, que suivent force collations sous la tente. Ce cordon de cavaliers qui entoure, le mousquet haut, la foule des simples spectateurs, s'ébranlera dans un instant, et complétera la réjouissance par la fantasia de rigueur; car s'il est vrai que, parmi nous, tout finisse par des chansons, chez les Arabes... *cuique suum*... tout finit par des coups de fusil.

— Bien que les Arabes laissent aux femmes le divertissement de la danse, il en est pourtant qui l'exercent comme métier, non comme plaisir. Les plus connues entre les danses de ces bateleurs masculins sont le *pas des bâtons* et le *pas des foulards*, qui seraient certainement sifflés à l'Opéra, mais qui ne laissent pas de produire quelque effet sur un public naïf, peu façonné aux prestiges, aux grandes lignes de la géométrie chorégraphique. Les *ghellabs* sont des danseurs d'une école plus simple et plus rudimentaire encore. Ils tournent sur eux-mêmes avec des contorsions qui rappellent, moins le bâton, la pesante danse de nos

Martins de carrefour. Une musique à l'avenant (trois *darboukas*, dont tambourinent avec rage trois concertants timbaliers), forme l'accompagnement et règle la mesure de ce monotone exercice. Il y manque le fifre obligé pour que l'illusion soit complète.

Tels sont les principaux divertissements d'un peuple qui n'en a pas changé depuis tant de siècles, et qui a du moins en ceci, comme en toutes choses, le mérite de se contenter de très-peu.

V

Amour des armes. — Tactique. — Intrépidité. — Marabouts. — Imagination, amour du merveilleux. — Musique. — Chanson arabe.—Fantasia.—Type physique.— Esprit de ruse.

Voulez-vous produire sur l'Arabe une impression de plaisir voisine de l'enthousiasme? montrez-lui de belles armes, faites jouer devant lui la batterie d'un pistolet de luxe, ou briller à ses yeux la lame irréprochable de quelque beau sabre oriental, vous verrez aussitôt son visage s'épanouir, son regard s'allumer d'une ardente convoitise, ses mains se tendre malgré lui vers ces armes précieuses en tremblant d'émotion; et si votre munificence le gratifie de ces objets si chers, vous le verrez éclater dans les démonstrations de la reconnaissance la plus sincèrement expansive.

Les armes, les combats, un agile coursier qui dévore l'espace, voilà en effet la joie et la vie de l'Arabe. Il n'est pâtre et cultivateur que par nécessité, et s'affranchit dès qu'il le peut de ces soins importuns. Aussi la femme arabe est-elle ordinairement chargée, non-seulement des travaux domestiques, mais des rudes labeurs de l'agriculture. C'est elle qui souvent ensemence la terre, lève et serre la récolte, moud le grain, panse les chevaux, les selle, et supporte, en un mot, les plus dures corvées, tandis que son époux, plongé dans les douceurs d'un majestueux *far niente*, réserve le déploiement de son activité pour un plus noble but, et se recueille dans le sentiment de sa dignité d'homme.

Tel est l'Arabe sous l'influence énervante de la paix. Mais vienne l'heure de monter à cheval et d'entrer en campagne, cet homme naguère si indolent se montrera infatigable. Plein d'impétuosité et d'ardeur, il ne redoutera pas plus les travaux et les privations que les périls de la guerre; il passera, s'il le faut, des journées entières à cheval sous un soleil brûlant, se contentant pour nourriture d'un peu de galette desséchée, ou, à défaut, de quelques fruits sauvages.

Les nombreux bulletins des campagnes d'Afrique nous ont appris de quelle manière combattent les Arabes, comment ils fondent sur leur ennemi avec la rapidité de la foudre, tirent sur lui sans mettre pied à terre; puis, faisant volte-face, vont recharger leurs armes à distance, tandis que d'autres cavaliers prennent leur place au premier rang. Cette tactique, où la fuite tient une place aussi importante que l'attaque, ne doit pas faire suspecter la bravoure de l'Arabe; il est, au contraire, peu de nations où le courage militaire soit aussi universel et s'élève aussi fréquemment jusqu'à l'héroïsme. Cette brillante qualité se développe surtout dans les luttes du *djehad* (guerre sainte), où, exaltés par l'espoir d'obtenir les récompenses célestes que leur promet leur religion, s'ils meurent en combattant contre les infidèles, ils affrontent la mort avec une intrépidité inouïe, et quelquefois la recherchent, l'appellent comme une amie et une libératrice. L'Arabe Adda Ould Kalifa, kaïd des Gharabas, l'une des plus puissantes tribus de la province d'Oran, racontait que son père, tué au combat de la Macta, avait dû cette bonne fortune à la possession d'un talisman qu'il avait acheté très-cher d'un marabout plusieurs années auparavant, à l'effet d'être tué par une balle chrétienne. Le hasard ayant en effet répondu à son attente, Adda Ould Kalifa, jeune homme de vingt-huit ans alors, était lui-même à la recherche du marabout qui avait vendu ce talisman à son père, brûlant d'en acheter un semblable qui lui permît d'aller bientôt rejoindre ce dernier, dans le séjour de béatitude divine où il repose mollement, entouré de *quatre-vingt-dix houris* (pas une de plus ni de moins).

Puisque nous avons prononcé le mot de marabout, nous ne pouvons plus longtemps différer de faire connaître à nos lecteurs le personnage auquel on donne ce nom, et qui paraît vendre à son gré ou la vie ou la mort. *Morabeth*, ou marabout, est un dérivé du mot arabe *rabath*, qui signifie *lier*, de même que religieux vient de *religare*. Conformément à cette étymologie, le marabout est un saint homme qui, se détachant volontairement des intérêts terrestres, s'engage vis-à-vis de Dieu à ne plus vivre que pour lui. On voit que, de son côté, Dieu se montre reconnaissant, et paye ce dévouement de grâces et de faveurs tout à fait merveilleuses. Mais là ne se bornent pas les bénéfices du métier de saint chez les Arabes. Des priviléges de toute nature, le respect et la soumission des fidèles, souvent même une haute influence temporelle, sont attachés à l'exercice de cette heureuse profession. Abd-el-Kader n'a dû qu'à son titre de marabout le commencement d'une fortune politique que son habileté et son ambition ont su porter si haut. Dans toutes les occasions importantes, les marabouts sont consultés, et leurs décisions passent pour autant d'oracles. Pour la plupart illuminés et fanatiques, ce sont eux qui excitent les populations arabes au *djehad* et à la haine contre les chrétiens. Chacun d'eux passe pour avoir reçu d'Allah, en récompense de sa vie vertueuse, le don de faire certains miracles : c'est ainsi que les uns ont la spécialité de rendre mères les femmes stériles ; les autres, de préserver, à l'aide de formules magiques qu'ils vendent à beaux deniers comptants, des sortiléges du malin ou des balles ennemies. Quelques-uns font des talismans doués de la vertu contraire, tels que celui dont fit emplette le père d'Ould Kalifa; mais il paraît que cette marchandise n'est pas d'un écoulement facile, à en juger par le délaissement de ce dernier genre d'industrie. Une qualification spéciale ajoutée au nom de chaque marabout par la voix populaire indique ce qu'il sait faire et le genre de prodiges dont l'exploitation lui est échue en partage. Ainsi, l'un est *celui qui délivre les prisonniers de leurs chaînes;* l'autre, *celui qui refroidit les balles dans les plaies des blessés;* un troisième, *celui qui féconde les femmes*, etc., etc.

La vénération dont jouissent les marabouts de leur vivant les entoure même après leur mort. Des chapelles en forme de dômes sont élevées sur leurs tombes, que viennent honorer chaque jour de nombreux pèlerins, et les reliques du défunt continuent à être implorées comme l'était jadis le saint lui-même, afin qu'elles veuillent bien opérer les miracles que Dieu leur a transmis pour sûr le don d'accomplir. Souvent aussi le renom et l'autorité du marabout mort s'étendent non-seulement à ses restes, mais à ses descendants; et il existe en Algérie bon nombre de familles arabes où la sainteté est héréditaire.

Le haut degré auquel est parvenue cette puissance théocratique s'explique facilement par l'absence de tout culte extérieur chez les tribus arabes, conséquence forcée de leur vie pastorale et de leurs habitudes nomades, et par la profonde ignorance de ces peuples, même en matière de religion. Presque tous les Arabes savent à la vérité lire et écrire, car il existe des *tolbas* (lettrés) dans toutes les principales tribus. Sous ce rapport, du moins, on est forcé de reconnaître qu'ils marchent en avant des nations d'Europe les plus civilisées. Mais, par compensation, là se borne à peu près tout leur bagage scientifique. Le temps n'est plus où la société arabe était un foyer vivifiant d'où rayonnaient toutes les lumières, et deux obstacles s'opposent à sa renaissance intellectuelle. L'un est dans l'insouciance superbe qui caractérise ce peuple et lui fait prendre en souveraine pitié les continuels efforts de l'Européen pour tout savoir et tout approfondir ; l'autre dans sa vive imagination qui le porte à trouver pour tous les phénomènes extérieurs et visibles de merveilleuses explications, dont l'admission aveugle le dispense d'étudier les lois de la nature, et dont le côté poétique sourit bien plus à son esprit que les sérieuses démonstrations de la science. C'est ainsi que, pour expliquer l'existence de sources thermales situées près de Mascara, et connues sous le nom de Hamman-ben-Emesia, ils racontent de la meilleure foi du monde la légende suivante : « Le grand roi Salomon, disent-ils, s'était construit de son vivant des bains sur toute la terre, et en avait confié la garde et l'entretien à des diables sourds, muets et aveugles. Or, depuis plus de deux mille ans, ces diables étuvistes continuent à chauffer patiemment les bains du grand roi, car, vu leur triste infirmité, personne n'a jamais pu leur faire comprendre que Salomon est mort, et il est vraisemblable qu'ils continueront ainsi à lui chauffer des bains jusqu'à la fin des siècles. » Quelle puissance et quel goût d'invention ne faut-il pas pour entasser ainsi fables sur hypothèses, et faire intervenir le roi Salomon, qu'on ne s'attendait guère sans doute à voir en cette affaire, dans l'interprétation d'un fait physique aussi peu merveilleux! — Un peu plus loin, ce sont des fragments de rochers qui, par le simple effet du hasard, se trouvent affecter grossièrement la forme d'êtres humains et d'animaux. D'autres eussent attribué cette ressemblance lointaine à l'un des mille caprices de la nature, mais l'Arabe ne pouvait laisser échapper un si beau texte à récit fantastique : les rochers en question sont devenus les mamelons maudits (*koudiat-meskhoutin*, à quatre lieues ouest de Mascara), et les figures qu'ils représentent sont celles d'autant de joyeux personnages dont se composait jadis une noce célébrée en ce lieu, et qui, ayant eu le malheur d'outrager les reliques d'un saint marabout, furent subitement changés en pierres.

On voit que les Arabes du dix-neuvième siècle sont encore les dignes fils de ces poëtes conteurs dont la riche imagination créa les *Mille et une Nuits*. Un goût extrême pour les récits est encore une de leurs passions dominantes : ils ne connaissent pas de plus vif plaisir que de se réunir le soir dans leurs campements, et d'écouter ou de narrer tour à tour des histoires, groupés en cercle et fumant leurs *sibsis*, jusqu'à ce que le manque d'haleine et le besoin de sommeil viennent mettre un terme à ce Décaméron agreste. Les sujets de ces récits sont généralement les aventures de deux amants, les exploits héroïques de quelque grand guerrier, les maléfices et tours perfides de tel ou tel sorcier, et les maux qui en résultèrent. Mais quelquefois le conte s'élève à la hauteur de l'histoire, et l'empereur Napoléon lui-même est souvent le héros de ces épopées orales. Bien que le bruit de sa gloire n'ait retenti que par échos lointains et affaiblis au milieu des tribus arabes de l'Algérie, son souvenir paraît y avoir laissé une impression profonde, et, chose assez remarquable! ses actes et ses plans y sont appréciés avec beaucoup de justesse. On sait que sa pensée dominante était la ruine de l'Angleterre; on n'ignore pas non plus que, succombant dans une lutte inégale, et victime de la trahison, il fut relégué dans une île déserte; on a entendu dire qu'il était mort depuis, mais on ajoute peu de foi à cette nouvelle dans les douars arabes, et l'on n'est pas éloigné de croire qu'il reviendra bientôt pour étonner, comme par le passé, le Midi et le Nord, l'Orient et l'Occident.

Ils ne sont pas moins accessibles aux charmes de la musique, bien que la leur en ait fort peu pour des oreilles civilisées; mais ils la préfèrent de beaucoup à la nôtre, qui ne les impressionne nullement, et à laquelle ils reprochent de manquer de caractère. Leurs chants sont cependant d'une grande monotonie.

Le sujet des paroles qui les accompagnent est ordinairement l'amour, les maux qu'il cause et les joies enivrantes qu'il donne en compensation.

Malgré les formes elliptiques propres à la langue arabe qui en rendent parfois l'intelligence difficile au lecteur européen, on ne saurait méconnaître dans quelques-uns de ces morceaux des beautés d'un ordre très-élevé. Nous ne pouvons résister au désir de citer la pièce suivante, qui frappera d'abord par la remarquable analogie qu'offre son motif principal avec celui de la fameuse romance de Victor Hugo :

> Le vent qui souffle à travers la montagne
> M'a rendu fou.

Du reste, cette ressemblance, due sans doute au hasard, ne constitue point à nos yeux le mérite essentiel de notre chanson arabe, qui abonde en idées gracieuses et naïves, en images vives et colorées. La traduction, que nous en donnons ici en vers, ne reproduira sans doute pas le charme de l'original, mais elle se recommande du moins par une constante et scrupuleuse fidélité.

LA GAZELLE [1]

J'ai vu venir une gazelle,
Je ne sais d'où ;
O vous qui m'entendez, c'est elle
Qui me rend fou.

Son pas résonna sur la route
Où je la vois,
Et les Arabes qu'on redoute
Vinrent à moi :

Si ce trésor était à vendre,
Voleurs bénis,
J'en donnerais, sans plus attendre,
Cent sultanis.

Oui, j'en donnerais cette somme !
Ce serait peu :
Je pourrais la regarder comme
Un don de Dieu.

Quand je vois sa beauté touchante,
Ses yeux si doux,
Pour répondre à mon cœur, je chan
Ce chant jaloux :

Qui m'entend sait qu'elle est plus belle
Que nul bijou ;
Et nulle femme ne vaut celle
Qui me rend fou.

[1] Dans le langage figuré et toujours elliptique de l'Orient, qui, par un artifice de style d'une coquetterie raffinée, devance la comparaison et la suppose déjà faite dans l'esprit du lecteur, la gazelle, le plus gracieux et le plus svelte des habitants des bois, celui dont l'œil doux et ardent semble exprimer le mieux la tendresse et l'amour, personnifie habituellement la beauté que chante le poëte.

Les plus belles ont vu leurs charmes
Tout obscurcis;
En vain elles ont, avec larmes,
Teint leurs sourcils.

Elle est parfaite d'élégance,
D'attrait vainqueur...
Un feu plus puissant que l'absence
Brûle mon cœur.

Ses sourcils m'ont lancé des flèches
Dont le poison
A fait d'irréparables brèches
A ma raison.

Son front, ses sourcils, ses paupières,
Ses longs cheveux,
Comme le fil des cimeterres,
Blessent les yeux.

Si, comme j'ai fait, tu t'arrêtes
A l'admirer,
Ta raison, qu'en vain tu regrettes,
Vient d'expirer.

Vois quelle torture cruelle
Je dois souffrir.
Oui, l'absence de ma gazelle
Me fait mourir.

Une fois je l'ai rencontrée
Sur le chemin;
Mon âme alors fut pénétrée
D'un feu soudain

Si mes regards peuvent la suivre,
Comment guérir?
Ma raison, si mon cœur s'enivre,
Devra périr.

Oui, si d'espoir mon cœur s'enivre,
Malheur à moi!
Les accès auxquels je me livre
N'ont plus de loi.

Ma tête recèle les cordes
D'un instrument,
O mon esprit, que tu n'accordes
Qu'intimement.

Le violon et la guitare,
Avec le vin,
Sont les délices dont je pare
A mon chagrin.

O Ben-Roucem, à ton épaule
Je me suspends;
Porte à cette branche de saule
Mes vœux ardents.

Car Tlemsen[1] enferme ma vie
Sous ses remparts;
Un vent funeste l'a ravie
A mes regards.

Le désir que j'ai de lui plaire
Me tient si bien
Que du Prophète la colère
Ne m'est plus rien.

O vous qu'invoque notre attente,
Chefs des tribus.
Vous qui demeurez sous la tente,
Guerriers élus!

Le scheïkh ben-Aoualy, le Sage,
M'a dit ceci :
« A Dieu reporte ton hommage
Et ton souci. »

O vous dont l'esprit tutélaire
Veille au Djemla,
Pour qu'il me pardonne et m'éclaire,
Priez Allah.

[1] Ville d'Algérie située dans la province d'Oran.

J'ai vu venir une gazelle
Je ne sais d'où ;
O vous qui m'entendez, c'est elle
Qui me rend fou !

Les Arabes chantent aussi dans des hymnes populaires les hauts faits des guerriers de leur nation contre les Turcs, jadis leurs maîtres et leurs ennemis, et contre les chrétiens.

Quant à leur musique instrumentale, elle est on ne peut plus sauvage : elle se compose du *rebbeb*, violon à deux cordes dont on se sert comme d'une basse ; du *gaspah*, flûte de roseau percée de deux ou trois trous suivant la force et à la volonté du virtuose, mais dont l'étendue ne dépasse jamais une octave ; du *tarr*, façon de tambour de basque, et de divers pots de grès couverts de parchemin et remplis de cailloux qui mêlent leur bruissement au reste de la symphonie. On conçoit que l'effet harmonique produit par le concert de pareils instruments soit d'un charme médiocre ; cependant, les Arabes le goûtent et l'apprécient en dilettantes enthousiastes.

Mais leur divertissement favori et national est, comme je l'ai dit déjà, la *fantasia*. J'en ai vu de toutes les espèces, pour noce, enterrement, arrivée d'étranger, réception de chef, retour de chasse ou de combat. C'est un jeu assez dangereux où ils oublient assez souvent d'ôter les balles des fusils. Ils y sont presque tous habiles. Les élégants s'y montrent avec de singuliers bonnets de petites plumes d'autruche. Ils ont coutume aussi de revêtir leurs plus beaux habits pour cette fête. Rien n'enthousiasme les Arabes comme ces jeux, images séduisantes des combats véritables, et où se déploie tout leur talent équestre.

Le type de la race arabe est beau et majestueux. Le corps est svelte, robuste et bien proportionné; le visage est ovale, peu plein et d'un extrême relief; le front haut et imposant, les yeux noirs et bien fendus, le nez fièrement arqué, la bouche petite et dédaigneuse. Une barbe brune et entière termine en pointe effilée cette tête pleine de noblesse, dont l'expression habituelle est une gravité hautaine et impassible que ne peuvent altérer ni périls ni revers. Cette sévère et digne physionomie est le reflet fidèle du caractère national, qui au sentiment profond et élevé de la dignité personnelle joint une résignation sans bornes à la volonté de Dieu, considérée comme l'unique et fatal mobile des événements humains. Aucun effroi, aucune muette supplication, ne se trahissent dans les regards de l'Arabe vaincu et terrassé. La vue du glaive ennemi qui va trancher sa tête ne le fait pas changer de visage; il sent que son heure est venue, que le destin l'emporte, et meurt sans demander grâce, ni proférer une plainte. Il y a dans la nature morale, comme dans la constitution physique de ce peuple, quelque chose de fort et de compacte qui participe des qualités de l'airain; et la trempe de l'âme répond à celle du corps, dont on a affirmé que la structure osseuse avait deux fois la pesanteur spécifique de celle de tout Européen.

La femme arabe serait belle, si l'action du soleil et les travaux pénibles auxquels elle est assujettie n'endurcissaient sa complexion et ne hâlaient son teint. Ses traits purs s'enluminent d'un reflet cuivré, et les proportions harmonieuses de son corps s'altèrent sous l'influence de ces deux ennemis mortels de la beauté féminine. Un tel genre de vie lui permet rarement d'acquérir ce degré d'embonpoint anormal qu'estiment tant les Orientaux, et que l'Arabe lui-même est loin de mépriser. Son costume est, à peu de différence près, celui de la Rebecca dans le tableau d'Éliézer, de M. Horace Vernet. Les femmes arabes coupent leurs cheveux, à l'exception de quelques mèches qu'elles laissent tomber le long des tempes. Comme les Mauresques, elles se teignent avec la poudre cosmétique du henné les ongles, la paume des mains, la plante des pieds, et se surchargent de bijoux d'or ou de cuivre, suivant l'état de leur fortune. Elles se tatouent, en outre, de figures d'étoiles et de fleurs, le front, les tempes et les joues. Il est à remarquer qu'elles ne voilent pas toujours leur face comme les Mauresques et la plupart des femmes musulmanes; elles vaquent à leurs travaux quotidiens le visage découvert, et le cachent à peine aux étrangers qui viennent dans leurs douars. Au Sahara, elles le montrent officiellement, et avec d'autant meilleure grâce, qu'elles sont généralement fort belles. J'en ai vu beaucoup dans cette poétique région des oasis, *vu*, dis-je, ce qui s'appelle *vu*, et j'en ai rencontré d'assez civilisées pour échanger avec le visiteur une solide poignée de main, un *shake-hands* à l'anglaise.

Le caractère arabe, dont les pages qui précèdent auront peut-être indiqué certains traits, offre un contraste singulier d'énergie et de souplesse. Ces hommes de fer savent plier à merveille, lorsque leur intérêt l'ordonne, et la rudesse des mœurs se concilie parfaitement chez eux avec une finesse et un esprit d'intrigue qu'on ne soupçonnerait guère de prime-abord sous une si âpre et si rugueuse écorce. Initiés de bonne heure à l'art de la parole par l'habitude des délibérations auxquelles donne lieu dans l'intérieur des tribus la discussion des intérêts publics, ils savent mettre au service de leurs projets ambitieux ou cupides l'éloquence la plus persuasive et la flatterie la plus subtile. Il y a un proverbe arabe très-connu qui est fort caractéristique. « Si celui dont tu as besoin, disent les sages, est monté sur un âne, écrie-toi : Quel beau cheval vous avez là, monseigneur ! »

VI

Arabes mozabites, biskris. — Bains de vapeur. — Amins.

Les *Mozabites* et les *Biskris* sont, au dire de plusieurs auteurs, les Gétules de l'antiquité. Nous n'avons pas à discuter ici cette assertion, qui, du reste, importe peu au lecteur. Il est toutefois à remarquer que les Biskris parlent l'arabe, et les Mozabites plutôt le *chouiah* ou langue berbère, ce qui semblerait impliquer une grande différence d'origine.

Habitants du Belad-el-Djerid, ou pays des dattes, les *Mozabites* ou *Beni-Mzab* émigrent en grand nombre dans les villes de Barbarie, et notamment à Alger, où ils viennent chercher fortune. Ils y ont le monopole des bains et des boucheries maures, des moulins, et celui de plusieurs autres professions, telles que celles de rôtisseurs, de fruitiers, de charbonniers, de fabricants de nattes et de conducteurs d'ânes. Ce sont, pour la plupart, des hommes de mœurs douces et d'une sévère probité, bien différents en cela des Arabes, avec lesquels ils n'ont peut-être d'autre communauté que celle de l'idiome et du costume.

Les Mozabites sont propriétaires ou régisseurs de tous les bains maures de l'Algérie ; c'est ici le lieu d'offrir à nos lecteurs une peinture de ces établissements, qui ne sont pas l'une des moindres curiosités du pays que nous avons pris à tâche de faire connaître, en esquissant les types humains dont ils offrent la réunion.

Ces bains sont disposés dans des caveaux pratiqués *ad hoc* sous une de ces maisons mauresques que nous avons décrites plus haut. Le baigneur est introduit dans la cour intérieure, qui occupe le centre de l'édifice, et qu'entoure une colonnade le long de laquelle sont étendues, sur une petite estrade, des nattes en paille de riz. C'est là que chacun se déshabille et dépose sur la natte où il a fait élection de domicile, ses vêtements, l'argent ou les bijoux dont il est porteur, à moins qu'il ne préfère les remettre au propriétaire du bain, qui les dépose dans une case ouverte. Cette confiance, qui pourra sembler extrême, n'a pourtant rien de téméraire, car il est sans exemple que le moindre vol ait jamais été commis dans l'intérieur de ces établissements.

Après cette opération préliminaire, un jeune garçon mozabite s'approche de vous, vous attache au-dessus des hanches une pièce d'étoffe bleue, vous met sur la tête une serviette et aux pieds des babouches en bois ; puis il vous conduit par une galerie doucement échauffée dans une grande pièce souterraine, où règne continuellement une température de trente ou quarante degrés, entretenue par une vapeur d'eau tellement dense, que le baigneur pense étouffer en pénétrant dans cette brûlante et nébuleuse atmosphère. Les dalles qui revêtent le sol de ce caveau sont polies à tel point par l'humidité constante qui les imprègne, que les plus grands efforts d'équilibre sont nécessaires au baigneur pour arriver sans accident jusqu'à une grande table ronde en pierre ou en marbre qui occupe le centre de l'étuve. Là, chacun s'assied ou se couche, suivant qu'il le juge convenable, et passe quelques minutes haletant comme un poisson tiré de l'eau; mais au bout de ce temps, la transpiration s'établit, les pores de la peau s'ouvrent et lui livrent passage, la poitrine se dilate, et les poumons fonctionnent en toute liberté. On passe alors dans un autre caveau contigu où, après vous avoir fait signe de vous étendre sur la dalle, le baigneur mozabite procède à l'opération du *massage*, laquelle consiste à presser et à frictionner en tous sens les membres et le corps du patient, à lui faire craquer avec un bruit formidable toutes les articulations des bras, des jambes, des mains, et jusqu'à celles des côtes et de la colonne vertébrale. Pendant cette besogne étrange, le Mozabite entonne sur un ton nasillard une chanson vraiment sépulcrale, dont la triste monotonie rappelle les chants lugubres de notre office des morts. La sensation qu'éprouve le baigneur durant le travail du massage est difficile à définir : c'est une prostration voisine de l'anéantissement, produite par l'influence énervante de la vapeur, mais à laquelle se mêle un sentiment de bien-être réel, une sorte de béatitude ineffable due peut-être à la présence du fluide magnétique que dégagent les tractions et les passes du masseur.

Après une demi-heure de cet exercice, pendant lequel le Mozabite vous tourne et vous retourne, tantôt sur le dos, tantôt sur le ventre (car le baigneur lui-même n'a pas la force de se mouvoir), le masseur et un de ses camarades qui vient s'adjoindre à lui munissent leur main droite d'un gant de poil de chameau et vous étrillent des pieds à la tête durant cinq ou six bonnes minutes. Cette nouvelle friction a pour objet d'alléger le corps de toute la transpiration qui s'en est échappée et qui s'est condensée à la sortie des pores, de même que les secousses imprimées aux articulations ont pour but de donner plus d'élasticité et de liberté aux membres. Les masseurs vous soumettent ensuite à un savonnage complet, et enfin une dernière ablution d'eau tiède termine la cérémonie.

Le baigneur se relève alors et rentre dans l'étuve, soutenu par les deux Mozabites. Là, il est essuyé avec le soin le plus minutieux, couvert de linges chauds et revêtu en outre d'un ample costume de bédouin ; on le ramène ensuite dans la pièce d'entrée, où on le couche sur un matelas ; puis on étend sur lui force couvertures de laine, qui achèvent d'absorber toute l'humidité du corps. Pendant cette sieste voluptueuse que le baigneur prolonge autant qu'il le juge à propos, l'un des Mozabites lui apporte une pipe d'excellent tabac et une tasse de café noir et épais, qui sont toutes deux bien venues.

En se retirant de ces bains, on se sent littéralement plus léger qu'on n'y était entré; le corps est agile, les membres plus souples, le jeu des articulations plus libre et plus facile. L'on éprouve en même temps une douce langueur qui ne paralyse nullement l'action des propriétés vitales; et tout ce bien-être, tout ce surcroît de vie et de santé, le Mozabite vous le donne, pipe et café compris, pour la modique rétribution d'un franc cinquante centimes! Convenez que ce n'est guère la peine de s'en passer. Aussi, les bains maures sont-ils très-fréquentés, non-seulement par la population mahométane, mais par tous les Européens de nos établissements d'Afrique qui ne tardent pas à en reconnaître la supériorité hygiénique sur celle du classique bain français.

Dans l'étuve des femmes, le service du massage est fait par de jeunes négresses aux gages du maître mozabite, et ne diffère en rien de l'opération compliquée dont nous venons de rendre compte.

Un feu plus éternel que celui de Vesta alimente et renouvelle sans cesse, dans ces établissements qui rappellent les étuves antiques, si chères aux matrones romaines, la masse de vapeur d'eau requise pour le service des bains. Aussi le public y est-il admis à toutes les heures du jour et de la nuit, et cette circonstance ne contribue pas peu à augmenter les bénéfices, déjà considérables, de l'entrepreneur mozabite.

Les *Biskris* établis dans la ville et le pays de Biskra, situé à dix ournées de marche au sud-est d'Alger, abandonnent également leurs tribus pour venir embrasser dans les villes certaines professions spéciales. Ceux d'Alger sont particulièrement employés aux travaux de la marine et à la *rahba* (halle) du charbon, de la paille et du bois. Ils exercent en outre les métiers de portefaix, de commissionnaires et de porteurs d'eau.

Les *Mzitas*, Kabaïles d'une tribu tout à fait distincte, sont employés concurremment avec les Biskris à la *rahba* du blé, où ils se partagent le travail et se divisent en *mesureurs* et en *portefaix*.

Toutes ces peuplades d'émigrants sont constituées à Alger, comme celles des Berbères et des Nègres, en corporations soumises à des syndics (*amins*), comme nos anciens corps de métiers. Ces magistrats font la police intérieure de leurs corporations. Ils sont autorisés à infliger des amendes, la prison et des peines corporelles, conformément à la législation musulmane. Ils sont tenus de mettre à la disposition de l'autorité française, lorsqu'ils en sont requis, un certain nombre d'hommes pour exécuter les travaux d'intérêt public. Enfin ils doivent délivrer à chaque membre de la corporation une plaque et un livret semblables à ceux que reçoivent à Paris, de la préfecture de police, les commissionnaires et les cochers de voitures publiques.

Grâce à ces sages dispositions, renouvelées au reste en partie de celles qui régissaient les corporations sous le gouvernement turc, aucun désordre, aucun abus ne signalent l'existence de ces sortes de compagnonnages, et le nombre des incorporés va sans cesse croissant, tandis que la progression inverse se remarque chez les Maures désœuvrés que ne relie entre eux aucun lien disciplinaire.

VII

Mœurs sahariennes. — Détrousseurs de caravanes. — Races du Sahara. — Khrebir. — Touareug. — Commerce des caravanes. — Société saharienne. — Professions privilégiées [1].

Au mois de mars 1849, je parcourais ce beau pays des oasis que devait désoler peu après la guerre, par suite de la triste échauffourée de Zaatcha. Il était alors prospère sous la sage et habile administration du commandant Saint-Germain, tué si déplorablement à Seryana dans un combat sans importance. Cet admirable offi-

[1] J'ai parcouru et exploré le Sahara en détail, en profitant de circonstances et de facilités exceptionnelles. Je puis donc parler de ses habitants avec quelque connaissance de cause; mais je ne serais ni reconnaissant, ni juste, si je ne déclarais que mes observations personnelles se sont singulièrement complétées, au retour, des précieuses notions recueillies dans les livres de M. le général Daumas, les *Chevaux du Sahara*, entre autres, et surtout le *Grand Désert*, publié par la maison de librairie qui nous imprime, et qu'il faut absolument lire, si l'on veut se former une idée nette des étranges mœurs de ce poétique pays. M. le général Daumas est trop bienveillant, et d'ailleurs trop riche de son fonds, pour ne pas nous pardonner de l'avoir lu, et aussi beaucoup retenu.

cier, type de courtoisie, de bravoure, *gentleman* accompli, jeune, riche, bien né, homme du plus grand monde et s'étant volontairement relégué au Sahara depuis cinq ans, gouvernait en grand politique l'immense territoire compris dans le cercle de Biskra.

Ce cercle embrasse, avec le pays montueux, entrecoupé de vastes plaines, qui marque la limite du Sahara et du Tell (ou terres arables), les Ziben, c'est-à-dire le pays sablonneux où commencent les Oasis, dont il est parsemé et moucheté partout comme une *peau de léopard*, selon l'expression arabe.

Lorsqu'il fut question de s'étendre à cent lieues du littoral et d'occuper Biskra, on se récria de toutes parts sur ce projet aventureux; on le traita de folie presque. Or, l'événement a prouvé que rien n'était plus sensé ni plus avantageux que cette extension donnée à la colonie africaine. Maîtres du Tell, nous devions l'être également du Sahara, car l'un est la clef de l'autre. Les nomades du Sahara ont besoin d'émigrer tous les ans dans le Tell pour y faire paître leurs troupeaux, pour s'y pourvoir de céréales; et réciproquement les Arabes cultivateurs de grains attendent impatiemment chaque été la venue des Sahariens qui leur apportent les dattes, les tapis, les tissus fins, les drogues tinctoriales et autres que produit seul ou que fabrique le Désert. Ces divers objets n'étant pas d'une absolue nécessité, on voit qu'à la grande rigueur, au prix de dures privations, le Tell pourrait subsister sans le Sahara, mais non le Sahara sans le Tell (car on ne se passe pas de blé), circonstance éminemment propre à justifier et à asseoir notre domination au Sud.

On considère comme plongées dans les plus épaisses ténèbres de la barbarie les peuplades qui habitent le Sahara. Rien n'est plus faux que cette croyance. Les Sahariens sont au contraire les peuples les plus avancés, les moins fanatiques, les plus civilisés de l'Afrique septentrionale. En eux se maintient le type primitif de l'Arabe dans toute sa mâle dignité. Les nomades, par le fait seul de leurs migrations continuelles, acquièrent un degré de civilisation inconnu des autres Arabes. Sous le nom consacré par l'usage de Biskris, un grand nombre d'entre eux se fixent dans les villes du littoral, où ils exercent des professions industrielles, comme font parmi nous les laborieux enfants de la Savoie et de l'Auvergne. Ils rapportent de ces séjours prolongés au milieu de nous, avec un pécule qui suffit à leurs modestes besoins, une culture, des idées, des lumières nouvelles auxquelles ne peut participer le pâtre grossier ou le cultivateur des tribus septentrionales.

Une portion des Sahariens n'est point nomade ; c'est celle qui habite et exploite les Oasis. Celle-là encore a la plus grande supériorité sur les populations agricoles du Tell, car elle ne promène point comme elles la charrue d'un point à un autre, selon les éventualités ou bien au gré de son caprice ; elle est enracinée au sol et doit à cette fixité des avantages sociaux, une perfectibilité incontestable. Par là aussi elle nous donne prise sur elle, et c'est ainsi qu'avec une garnison de sept ou huit cents hommes, qui résidait à Biskra, M. de Saint-Germain a pu, pendant cinq ans, administrer et contenir un véritable royaume, un territoire sans limites, car, au Sud, il n'en admet d'autres qu'un océan sablonneux.

Partout notre domination était acceptée sans murmures. Plaire au commandant, être dans les bonnes grâces du commandant, c'était la grande étude des chefs. Les habitants des Oasis payaient une contribution modique (*lezma*) par pied de palmier, et cette redevance, jointe à quelques autres droits, formait un revenu considérable, augmentant d'année en année, suffisant, et bien au delà, pour couvrir toutes les dépenses de l'occupation du Cercle, d'où l'on expédiait continuellement des sommes au chef-lieu de la province.

Ainsi, ce pays de sables, ce pays de barbares, donnait des revenus à l'État, chose digne assurément d'admiration, tandis que tout le reste de l'Algérie et la métropole elle-même ploient sous le faix de leurs dépenses !

Pas de murmures, avons-nous dit, pour l'acquittement de l'impôt, car on ne peut donner ce nom aux réclamations plus ou moins timides, plus ou moins intéressées, familières à tout contribuable, et dont l'Arabe n'est pas plus exempt qu'homme du monde, ce qui n'empêchait pas la redevance de rentrer comme par miracle, et non par douzièmes, mais presque intégralement, dès le début de l'exercice. C'est qu'avec la sagacité de leur entendement primitif, ces gens-là comprenaient à merveille l'appui dont leur était la France, et pour les préserver de leurs querelles intestines, toujours fatales au pays, et pour les protéger contre les vexations des Kabyles de la montagne, infligées aux nomades à chaque aller et retour de leurs migrations annuelles.

M. le commandant de Saint-Germain m'a fourni à cet égard, dans une des conversations dont il m'a souvent honoré à Biskara, les plus piquants détails. Je ne puis résister, puisque l'occasion s'en présente, au désir de les placer sous les yeux de mes lecteurs, regrettant seulement de n'y pouvoir joindre le charme, l'intérêt, l'atticisme enjoué qui leur donnaient tant de prix dans la bouche de ce galant homme et de cet aimable officier, aussi spirituel que brave.

Lorsque des Sahariens isolés ou en petites troupes se mettaient en route pour le Tell, il leur fallait, pour traverser les chaînes de montagnes qui les en séparaient, chercher des guides, lesquels, en se chargeant d'eux, tenaient à peu près ce langage :

« Il y a trois routes pour conduire au point où vous voulez aller.

» Gardez-vous bien de prendre à droite : là sont les *Kabyles qui détroussent*.

» A gauche sont les *Kabyles qui tuent.*

» Au milieu, les *Kabyles qui purgent.* »

Cette dernière spécialité mérite un mot d'explication. Nous tâcherons de la donner sans indécence, en disant que les voyageurs ont parfois la malice d'avaler leur argent, et que les Kabyles, gens rusés et défiants, n'entendent pas raison sur ce chapitre.

— Que faire alors? s'écriaient les infortunés voyageurs.

— Voyager de nuit, vous cacher le jour dans les broussailles, dans des trous, dans un marais, dans la rivière. Venez, nous vous conduirons; mais quel sera notre salaire?

Malgré tant de précautions et de souffrances, il arrivait le plus souvent qu'après avoir donné la moitié de leur bourse ou de leurs marchandises aux guides, dans l'espoir de sauver le reste, les malheureux Sahariens voyaient ce reste devenir la proie des montagnards berbères.

Après tout, ces honnêtes Kabyles n'étaient guère plus brigands que nos anciens hobereaux du moyen âge, avec leurs droits de toute sorte sur les voyageurs et le commerce, *portaticos*, *pontaticos*, *pulveraticos*, *navigaticos*, et une douzaine d'autres exactions en *os* dont l'économie politique déplore encore dans des hélas! scientifiques et rétrospectifs la pernicieuse influence sur le négoce de nos pères. Ces Kabyles, comme nos seigneurs les hauts barons, ne voulaient pas qu'on traversât gratis leur territoire : ils n'étaient pas partisans du laisser-passer. Il est en Europe, et en France même, plus d'un Kabyle. Que sont nos trois lignes de douanes, sinon une grande Kabylie?

Ce qu'il y avait peut-être de pis pour nos voyageurs, c'est que, souvent détroussés au début de la route et n'ayant plus rien à offrir à ceux qu'ils rencontraient ensuite, ils étaient rudement battus par les retardataires dépités, qui leur enseignaient de la sorte à ménager mieux leur bien.

Les plus honnêtes et modérés de ces coupeurs de route étaient ceux qui se bornaient à prélever sur chaque sac ce qu'on nommait la *surcharge*, c'est-à-dire une portion quelconque de la cargaison, dont, au reste, la caravane faisait d'avance le sacrifice, heureuse d'en être quitte à ce prix.

Toutes ces avanies avaient cessé depuis l'occupation des Français. Les Kabyles n'osaient revendiquer leurs droits seigneuriaux ou de transit sur les nomades Sahariens; mais ce n'était pas sans rumeur qu'ils les voyaient passer à leur nez, à leur barbe, avec de beaux couffins de dattes, de fins haïks, des tapis, des plumes d'autruche, sans rien craindre d'eux. Imaginez-vous les douaniers de la frontière de Flandre voyant passer en contrebande toutes les dentelles de Malines! Dans leur rage de ne pouvoir ni détrousser, ni tuer, ni seulement purger, ils se vengeaient du voyageur, en l'apostrophant rudement et en l'accablant d'invectives.

— Qui t'a fait si hardi, lui disaient-ils, de te montrer sur notre terre?

— Je n'ai pas besoin de hardiesse, disait gaiement le voyageur. Je sais que tu ne me peux rien.

— Et pourquoi ne te puis-je rien? Qu'en sais-tu, chien, pourceau d'Arabe?

— Parce que si tu me fais du mal, si tu me pilles, si tu me prends seulement une datte, les Français sauront te trouver.

A ce nom détesté, l'ex-coupeur de route grinçait des dents; le Saharien lui riait au nez et continuait paisiblement son voyage.

Quant aux Arabes des Oasis, ils n'avaient plus rien à craindre des troupes de brigands, écumeurs du Désert, dont les incursions, de temps immémorial, les forçaient d'être sur leurs gardes et de s'entourer de remparts.

Au moment où j'ai visité le Sahara, cette situation était meilleure que jamais. Une petite insurrection partielle avait eu lieu seulement dans la vaste plaine du Hodna, étrangère du reste au pays des Ziben. La tribu turbulente des Ouled-Derradj, que l'on a toujours accusée d'avoir trop de *nif* (de *nez*, d'orgueil), avait, si je ne me trompe, refusé l'impôt; mais elle fut promptement réduite. Dans les premiers jours d'avril, en allant de Biskra à Sétif, je trouvai campée sur l'Oued-Maghra une colonne expéditionnaire, aux ordres de M. le colonel Carbuccia, commandant supérieur de la subdivision de Batna, qui venait de châtier les rebelles, avec peu d'effusion de sang, mais grande *ghazia* de chameaux, chevaux, moutons et bêtes à cornes. C'est là que pour la dernière fois j'eus le plaisir et le regret de serrer en partant la main au commandant de Saint-Germain, et de lui dire un adieu que je ne croyais pas éternel. Cette petite échauffourée apaisée, rien ne semblait faire présager une prise d'armes qui malheureusement eut lieu et aboutit au dénoûment le plus tragique.

Le nom de *Sahara* éveille généralement l'idée de solitudes immenses, sablonneuses, sauvages; mais c'est un préjugé, et à plusieurs centaines de lieues de distance du littoral, le Désert n'est désert que par intermittence : souvent même il est très-peuplé. On le distingue en trois parties : sur les points où il est habité, il prend le nom de *Fiafi;* non habité mais habitable, il reçoit celui de *Kifar*, qui signifie *abandonné;* inhabité, inhabitable, il est qualifié *Falat*.

Les Arabes nomment *seheur* ce moment presque insaisissable qui annonce le point du jour, dans ces pays sans aube et sans crépuscule, et durant lequel on peut encore, en temps de jeûne, manger, boire et fumer, l'abstinence rigoureuse devant commencer « dès qu'on peut discerner un fil blanc d'un noir. »

De là le nom de Sahara et de Sahariens, s'il en faut croire les *Tolba* (lettrés); car c'est au Sahara, pays plat et immense, que l'on aperçoit tout d'abord le *seheur*, tandis que les gens du Tell ne peuvent le saisir que bien plus tard, à cause des montagnes et des plis de terrain qui le dérobent à leurs yeux.

De là aussi viendrait cette étymologie du mot Tell, que généralement l'on fait dériver de *tellus*, terres cultivables, et dont il faudrait chercher l'origine dans le mot *tali*, dernier : les Telliens, en effet, étant les derniers à apercevoir le *seheur*.

On s'étonne, d'après la connaissance qu'on a des mœurs nomades de l'Arabe, de trouver les Sahariens obstinément fixés au sol, en partie du moins; car si un certain nombre de tribus du Désert émigrent chaque année, il en est d'autres qui ne quittent jamais les Oasis, où le soin des palmiers, leur principale culture, réclame d'eux de constants efforts. Cette circonstance n'est pas la seule qui explique cette anomalie apparente. Les cultivateurs des palmiers ne paraissent point appartenir à la race arabe. Ce sont des peuples autochthones, qui, repoussés du littoral, il y a grand nombre de siècles, par tant d'invasions, de guerres et de conquêtes successives, se sont refugiés dans les régions du *Scheur*, et y ont porté leurs mœurs simples, sédentaires et agricoles. Il est à remarquer qu'ils sont moins fanatiques, moins intolérants, et (il est probable que l'un est la conséquence de l'autre) beaucoup plus industrieux et plus civilisés que leurs coreligionnaires d'Algérie. Ils disent franchement : « Nous ne sommes ni juifs, ni chrétiens, ni mahométans; nous sommes les amis de notre ventre. » Le scepticisme est favorable au développement de l'industrialisme : aussi, chose singulière, ce sont ces peuplades réputées à demi sauvages qui, non-seulement produisent les drogues et plantes rares dont on a besoin dans le Tell, mais fabriquent les fins tissus dont on admire dans les bazars de Constantine, d'Alger, de Tripoli, de Tunis, la trame soyeuse et délicate, digne de l'aiguille d'Arachné. Les canuts de Lyon ont, dans les Oasis du Touat, du Souf et jusqu'au pays nègre, des confrères et des émules qu'ils sont loin de se soupçonner. Le Tell, superstitieux, dévot et apathique, ne fournit guère que des grains; mais c'en est assez pour tenir l'active et laborieuse population du Seheur sous son absolue dépendance. Car, si l'on peut à toute rigueur se priver de haïks précieux, de henné, de plumes d'autruche, on ne peut se passer de blé, le Sahara n'en produisant que peu ou point, et les dattes, aliment fort nutritif du reste, devenant bientôt malsaines et échauffantes quand elles sont employées seules.

Plus tard, sont venus au Sahara, sur les traces des premiers habitants du pays, les Arabes de la conquête, et ils s'y sont juxtaposés. Ils y ont conservé leurs mœurs dédaigneuses et indolentes; ils s'y considèrent comme trop grands seigneurs pour cultiver la terre. Bien que propriétaires d'une partie du *Kifar*, ils se contentent de camper sur la lisière des Oasis et d'y faire paître leurs troupeaux. La culture de leurs champs d'orge et de leurs pieds de palmiers, ils la confient à ces métayers autochthones qui demeurent fixés au sol. Ils en perçoivent les revenus; puis, l'été venu, ils émigrent dans les régions plus tempérées du Tell, où ils portent les dattes, les autres denrées et les produits manufacturés du Sahara, et dont, à l'entrée de l'hiver, ils reviennent chargés de céréales, servant ainsi de pourvoyeurs et d'utile trait d'union entre deux contrées si diverses.

Malgré le soin curieux que la nature a pris de les isoler l'une de l'autre, en ne laissant entre elles que deux ou trois passages ou gorges presque infranchissables, il est évident que, par cette divergence même de produits, de climat, de mœurs, elles sont destinées à s'entre-secourir, à coexister fraternellement, et à se servir mutuellement de complément et de ressource. Aussi est-il d'une importance énorme pour le Tell et ses occupants d'étudier et d'approfondir ces régions naguère encore à peine entrevues du *Seheur*. Mais cette étude est difficile.

Un étroit sentier à mulet, semé de casse-cou, le plus souvent perdu dans les sables ou emporté par les torrents, voilà pour la route. Quant aux gîtes ou aux étapes, si c'est aujourd'hui une tribu, ce sera demain une fontaine, après-demain un arbre, et quelquefois rien.

Le *Khrebir* est le conducteur de la caravane; c'est lui qui commande et dirige, dans l'océan des sables, cette flotte vivante. C'est un homme d'intelligence, de bravoure, d'adresse éprouvées. Il sait s'orienter par les étoiles; il connaît, par l'expérience des voyages précédents, les chemins, les puits, les pâturages, les dangers de certains passages, les moyens de les éviter, tous les chefs dont il faut traverser le territoire, l'hygiène à suivre selon les pays, les remèdes contre les maladies, les fractures, la morsure des serpents et la piqûre des scorpions. Dans ces vastes solitudes où rien ne semble indiquer la route, le khrebir a pour se diriger mille points de repère : la nuit, si pas une étoile ne luit au ciel, à la simple inspection d'une poignée d'herbe ou de terre qu'il étudie des doigts, qu'il flaire et qu'il goûte, il devine où l'on est, sans jamais s'égarer.

Chacun s'arme, s'approvisionne, charge quatre chameaux, et l'on part un *jeudi*, car il est dit : « Ne partez jamais qu'un jeudi et toujours en compagnie. » Le vigilant Khrebir se multiplie en route; il recommande par-dessus tout la prudence, « car celui qui met la tête dans le son sera becqueté par les poules. » Quand on est en pays suspect et à la portée des maraudeurs, il prescrit le silence, il interdit de fumer, de faire du feu, de sortir; il ordonne de lier la bouche des chameaux; la nuit, il se relève et s'assure d'heure en heure que les gardes du campement ne dorment point; puis, s'adressant aux malfaiteurs qui seraient tentés de l'attaquer, il leur crie d'une voix sonore, qui va retentissant au loin dans les profondeurs du Désert :

« O esclaves de Dieu! vous entendez! Celui qui tourne autour de nous, tourne autour de sa mort!

» Il ne gagnera rien à ce métier et ne reverra pas les siens!

» S'il a faim, qu'il vienne, nous lui donnerons à manger!

» S'il a soif, qu'il vienne, nous lui donnerons à boire!

» S'il est nu, qu'il vienne, nous le vêtirons!

» S'il est fatigué, qu'il vienne se reposer!

» Nous voyageons pour nos affaires, et ne voulons mal à personne[1]. »

Quant aux conseils hygiéniques, il recommande avant tout de savoir souffrir la soif; « car les buveurs ne vont pas loin, et ils sont pareils aux grenouilles; à peine sortis de l'eau, ils meurent. »

Quand on voyage au grand Désert, il faut compter avec les redoutables Touareug (*voilés*), dont un seul trait peindra les mœurs: Kreddache, qui était leur chef avant Ould-Biska, le prince actuel, fut tué dans un combat par Ben-Mansour, de la tribu des Chambas. Il laissait une femme, grande et belle, et elle promit sa main à celui des Touareug qui lui apporterait la tête de Mansour. Ould-Biska, dans une expédition terrible qu'il dirigea sur les Chambas, tua le meurtrier de Kreddache...

— Ould-Biska, lui dit la veuve, je suis à toi comme

[1] *Le Grand Désert*, par MM. Daumas et Ausone de Chancel.

je te l'ai promis; mais prends ton poignard, finis d'ouvrir le corps du maudit; arraches-en le cœur et jette-le à nos lévriers. » Et il fut fait comme elle avait ordonné. Les chiens des Touareug ont mangé le cœur du chef des Chambas[1].

Ces farouches *pères du sabre*, montés sur le merveilleux dromadaire *mehari*, franchissent en un jour des distances énormes, et fondent, par un bond que l'on ne saurait mieux comparer qu'à celui du tigre, sur la caravane qu'ils ont pressentie de loin avec un flair véritablement prestigieux, et qu'ils suivent souvent à la piste, guettant le moment propre pour l'attaque, comme le requin obstiné dans le sillage du navire, des semaines, des mois entiers.

Ce que les caravanes vont chercher au Soudan, à travers de si grands périls, c'est de la poudre d'or, des peaux de buffle, des dépouilles d'autruche, de l'ivoire, des esclaves, toutes marchandises opimes, car « la pauvreté, selon le dicton arabe, a pour remède le Soudan. »

Étudier dans leur lointain mystérieux ces caravanes qui, pareilles à de grandes flottes, sillonnent les mers de sable de l'Afrique centrale, c'est le premier degré à atteindre pour en préparer l'acheminement vers nos possessions algériennes. Jusqu'à ce jour elles ont suivi des directions différentes et établi leurs débouchés à Tripoli et à Tunis, qui doivent à ce grand commerce,

[1] *Le Grand Désert*, par MM. Daumas et Ausone de Chancel.

cette dernière ville surtout, une part, la meilleure peut-être, de leur prospérité et de leur importance. Ce sont des avantages dont notre intérêt et notre devoir sont de chercher à profiter. Pour atteindre ce but si désirable, deux voies nous sont ouvertes : la première consisterait à attirer vers nous par des avantages spéciaux, par une protection efficace, par l'appât de grands bénéfices, les voyageurs et leurs Khrebirs ; l'autre, bien plus expéditive, nous a été, dit-on, proposée par des chefs de ces Oasis avancées dans l'intérieur et sur lesquels nous exerçons une suzeraineté nominale. Il s'agirait tout simplement de détrousser les caravanes qui, au lieu de venir à nous, persisteraient dans l'ornière, et de leur faire ainsi oublier le chemin de Tripoli et de Tunis. Ce moyen héroïque n'a pas été admis : les Anglais en eussent fait cas. Décidément nous sommes un peuple maladroit, naïf, ingénu, et nous ne saurons jamais pratiquer le grand art de la *colonisation.*

Le cheval *barbe*, le premier cheval du monde, souple, docile, infatigable, vite à la course, ardent au combat, si sobre qu'il faudrait presque prendre à la lettre cette image : le *buveur d'air*, dont les Sahariens le poétisent, est comme le pivot de cette société du Désert, féodale, chevaleresque, galante, courtoise, belliqueuse, dans laquelle revit, non de par les poudreux parchemins des bibliophiles, mais jeune, radieux, plein de vie, de séve et de passion, tout notre douzième siècle ; qui a ses tournois d'amour, ses ermites, ses saints, ses ménestrels, ses serfs; qui chasse le faucon au poing, le lévrier en laisse, et qui partage sa vie entre ce noble passe-temps, la passion des belles et celle des chevaux, les guerres et les aventures. Pas plus sous ce rapport que sous celui de la beauté des races chevalines, les habitants du Tell ne peuvent entrer en parallèle avec les Sahariens, en qui reluit encore un dernier rayon de l'antique civilisation arabe. Ce n'est pas à dire toutefois qu'il ne se trouve encore de grandes existences et de belles races de chevaux dans ces régions labourables de l'Algérie, que l'on désigne sous le nom générique de Tell ; mais ce qui n'est que l'exception dans ce dernier pays s'est maintenu la règle dans les poétiques zones où croît le palmier, et où l'homme de race est le vrai descendant des vainqueurs de l'Espagne et de l'Afrique, des brillants compagnons d'Othman, d'Okba et de Kaled.

Disons donc quelques mots de l'homme. Qui le croirait? on trouve des rudiments de socialisme, et même d'un socialisme très-accentué, chez ces peuplades guerrières et chevaleresques. M. Proudhon n'eût eu qu'à frapper là, pour constater l'existence d'une séculaire et fondamentale *an-archie*. Ce qui a permis à ce peuple de garder sans altération les mœurs et les coutumes de ses pères, ce qui fait qu'il n'a point dégénéré, c'est, dit l'auteur des *Chevaux du Sahara*, « l'absence de domination, d'un gouvernement véritable. »

Il n'y a aucun gouvernement proprement dit chez

les Arabes du Sahara, mais seulement un ensemble de traditions et de croyances auxquelles chacun obéit, et qui suffisent parfaitement à maintenir chez eux une société en harmonie avec leurs besoins en tout genre, supérieure à celle de leurs voisins du Tell, puissante même, si l'on en juge par le peu de variations qu'elle a subies depuis des siècles.

Voilà qui est fort surprenant; mais ce qui ne l'est pas moins, c'est que, cette absence de gouvernement dont souffrent *ou jouissent* les Arabes du Sahara (algérien) se concilie sans trouble aucun avec une démocratie aussi intense que possible, et c'est ce dont je juge par la note ci-contre du livre intéressant que j'ai déjà cité. L'auteur, rendant compte de certains stratagèmes diplomatiques des grands de la tribu, ajoute : « Ce passage de mon ouvrage donne encore un côté de la vie arabe. Il prouve en même temps combien aux chefs il faut d'habileté, de prudence et de politique pour diriger un peuple *dont le dernier berger veut connaître les affaires de son pays.* »

Passons de ces bergers exigeants à un autre trait caractéristique de cette singulière société saharienne, dont la constitution féodale n'exclut pas l'idée ultra-républicaine, et repose sur l'an-archie. Nous voici maintenant en plein fouriérisme, et nous allons voir que le service rendu, si trivial qu'il soit, pourvu qu'il soit utile, constitue le premier des titres aux distinctions et aux égards. Nous allons voir aussi certaines professions, toutes matérielles, toutes manuelles, érigées à l'état de fonction sociale, il faut même dire de sacerdoce, c'est-à-dire rétribuées par la communauté, et donnant droit à des priviléges, à des immunités considérables. De ce nombre est au premier rang le très-utile, très-précieux, mais subalterne office de maréchal ferrant. « Le maréchal ne paye pas de contributions; quand la tribu va dans le Tell pour y acheter des grains; on se cotise pour lui... Il ne doit à personne le kouskous ni l'abri... Il a droit à un bénéfice que l'on appelle *audet el maallem*, la coutume du maître... Au retour des achats de grains dans le Tell, chaque tente lui fait abandon d'une *feutra* de blé et d'orge, et d'une *feutra* de beurre. Au printemps, il reçoit encore une toison de brebis. Si l'on tue un chameau pour la boucherie, il prélève la partie comprise entre le garrot et la queue (moins la bosse, qui est le morceau le plus recherché). Dans les ghazias ou expéditions, qu'il y ait ou non pris part, il a droit à une part de butin. Enfin (et ce dernier privilége en dit plus à lui seul que tout ce qui précède), il a le don de la vie dans les combats. Les armes à la main, à cheval, il peut être tué comme tous les autres, mais s'il met pied à terre et, s'agenouillant, imite, des deux coins de son burnous qu'il élève et abaisse alternativement, le mouvement d'un soufflet de forge, il sera épargné [1]. »

[1] *Les Chevaux du Sahara*, par M. le général Daumas.

Maintenant, et en retour de ces droits superbes qui non-seulement l'enrichissent, mais font de lui une sorte de personne sacrée, le maréchal est tenu de ferrer gratuitement tous les chevaux qu'on lui amène, sous condition, bien entendu, que le cavalier apportera ses fers; car dans le cas contraire, si c'est le maréchal qui les fournit, il prélèvera deux boudjoux pour les quatre pieds, son débours, mais rien pour ses peines.

Le *vétérinaire* jouit des mêmes exemptions et des mêmes avantages, sous les mêmes charges; et enfin, le *cordonnier* n'est soumis à aucun impôt.

Ces trois professions sont à peu près les seuls arts et métiers du Sahara, et toutes les trois sont de véritables *fonctions publiques*, dans la bonne et juste acception du mot. Le vétérinaire est surtout tenu à une abnégation, à un désintéressement qu'on ne saurait trop admirer. « On n'aurait pas de paroles assez amères pour flétrir l'homme qui ferait tourner à son profit ses connaissances de vétérinaire. Celui qui possède l'art de guérir les chevaux doit à tous ses coreligionnaires la complète et continuelle jouissance du don qu'il a reçu. Investi d'une *fonction sacrée*, il sera toujours à la disposition de qui requerra sa science. Si la pensée lui venait de mettre un prix aux soins qu'il donne, on l'appellerait un quémandeur et un usurier. Son premier devoir est le désintéressement le plus absolu... Souvent c'est chez lui qu'on va le consulter : il faut dans ce cas qu'il exerce l'hospitalité. Cet homme, renommé par son habileté à soulager la race chevaline, est ruiné par les frais continuels que cette habileté lui impose [1]. »

Un de nos chefs d'école avait, dans la grande ébullition de février, lancé cette noble, mais trois fois utopique proposition : « L'homme supérieur par le talent ou le génie n'a pas plus de droits que ses semblables ; il a seulement plus de devoirs. » La voilà cependant réalisée au vif, cette utopie, — au Sahara !

VIII

Une exécution capitale à Constantine.

Il y a déjà des années, ayant alors l'honneur d'être attaché à la Direction des Affaires d'Afrique, je reçus, avec plusieurs de mes collègues, l'invitation d'assister à une expérience — administrative, — si l'on veut, mais sans précédent, à coup sûr, dans les fastes bureaucratiques. Il s'agissait de pourvoir l'Algérie d'une de ces machines expéditives qu'inventa un médecin philanthrope, et qui, en simplifiant le rôle du bourreau, abrégent celui du patient. La colonie avait semblé mûre pour cet emblème et ce produit d'une civilisation parfaite : en conséquence, et puisqu'il faut

[1] *Les Chevaux du Sahara*, par M. le général Daumas.

l'appeler par son nom, on avait commandé une *guillotine* à M. Henri Sanson, deuxième du nom, fils *du célèbre*, et remplissant alors lui-même les fonctions d'exécuteur, c'est-à-dire, et pour employer sa doucereuse périphrase, de *constructeur*, — *entrepreneur des bois de justice*.

La machine faite, il restait à s'entendre avec le fournisseur sur le mode de livraison, à s'assurer qu'elle était bien et dûment conditionnée, solidement constituée et en mesure de fournir un bon et durable service, ces sortes d'ouvrages ne pouvant souffrir la médiocrité, par des raisons que le lecteur me dispensera de déduire.

La *machine* nous attendait toute montée, dans l'*atelier* de M. Sanson, situé au bord du Canal, près de l'entrepôt des douanes, et ses deux bras (nommés *jumelles* en style du métier), se dressant au-dessus du mur de l'enclos, avaient attiré devant la porte de l'*atelier* une grande foule qu'il nous fallut fendre, et qui, en nous voyant passer, se demandait avec stupeur ce qu'allaient chercher là des gens de mine honnête, et lequel de ces beaux messieurs allait se faire guillotiner clandestinement. Nous fûmes reçus très-poliment par le propriétaire du lieu, — dans son salon de réception, — c'est-à-dire sur l'échafaud. M. Sanson, homme de manières convenables et d'une figure douce, était entouré de plusieurs gentlemen des plus distingués par leur mise : c'étaient ses *aides*, mal à propos nommés *valets* par le vulgaire, et plus injustement encore flétris d'un dicton fort connu; car je déclare avoir trouvé chez ces messieurs une parfaite urbanité et des empressements courtois, dont je ne doute pas qu'ils ne fassent profiter les criminels *temporairement* confiés à leurs soins. L'un d'eux nous fit même observer avec une suavité de sourire et un à-propos remarquables « qu'il était bon d'avoir *des amis* partout; » car, « dans la vie, ajouta-t-il, qui sait ce qui peut arriver? »

Je reviens à l'invention de Guillotin. M. Sanson nous fit observer curieusement chaque détail de la machine, et les *jumelles*, et les poteaux, et la bascule, et le couteau, chef-d'œuvre de serrurerie, masse effroyable de plus de trente kilogrammes, acquérant par la vitesse de sa chute, en vertu de la loi du carré des distances, un poids presque incalculable. Tout était bien *établi*, bien soigneusement peint en rouge, pour que le sang n'y parût pas, comme sur la pourpre, et surtout, ce qui est l'essentiel, construit en *vieux chêne*, en *chêne de vingt ans*, dont MM. de Paris ont toujours ample provision chez eux pour les occasions semblables. Le chêne nouveau *joue*, comme tout ce qui est jeune, et c'est non-seulement un défaut capital, mais il est arrivé fort souvent que d'horribles tragédies s'en sont suivies. A telles constructions il faut donc de *vieux chêne* pour matériaux. Les Pompes funèbres aussi font grandement valoir la vétusté ligneuse de celui qu'elles fournissent pour notre dernier habit.

Cette expertise faite, il restait une dernière et plus décisive épreuve, celle du fonctionnement de la machine même. Il y a pour cela des épreuves pratiques et consacrées par l'habitude. D'abord on introduit dans le fatal guichet des bottes de paille très-serrées, présentant à peu près le *volume d'usage*. Si elles sont coupées nettement, on peut être certain que... Puis, si l'on veut pousser plus loin l'expérience (ce qui eut lieu en notre honneur), on présente au biseau homicide un malheureux mouton vivant, innocent des crimes humains, un agneau sans tache, dont le col, garni d'une épaisse toison, n'en est pas moins tranché avec une précision effrayante par le fer tombant comme la foudre, et comme elle grondant avec un bruit sinistre, qu'une fois perçu, l'oreille, fût-ce au bout d'un siècle, discernerait entre dix mille.

Ce simulacre de tragédie, cette répétition d'une pièce dont l'acteur principal ne joue jamais qu'une fois, ne laissèrent pas de nous causer certain petit frisson à tous. La machine, vue et approuvée, fut expédiée pour Alger. C'est un épouvantable instrument après tout, et M. Guillotin n'a pas payé trop cher, par l'ignominie du baptême, un tel brevet d'invention. — Ainsi pensais-je : j'étais loin de prévoir qu'il viendrait dans ma vie un jour, une heure, une minute où j'en regretterais l'emploi.

Voici comment :

Deux jours après mon arrivée à Constantine, le capitaine G..., nouveau commandant de place nommé à Batna, qui était venu avec moi de France sur *le Sphinx*, me dit : — Je pars demain matin, et je le regrette, car je n'ai jamais vu d'exécutions arabes, et justement le Général vient de m'annoncer qu'une double décapitation aura lieu après-demain lundi.

— Sur l'échafaud ?

— Non, par le glaive.

Il y a dans tout homme, sans qu'il s'en rende compte, un secret penchant à l'horrible. J'étais dans le même cas que le capitaine G...; je n'avais jamais vu d'exécution par le yatagan, chose vulgaire pour les vieux habitants de Constantine. Je ne pus résister à la tentation de voir celle-ci. Je fus puni, au reste, et je ne m'en plains pas, de cette fantaisie cruelle.

Les deux malheureux qu'on allait exécuter étaient deux jeunes Arabes nommés, l'un Mabrouk, l'autre Abdallah-ben-Aïd, coupables de meurtre sur un de leurs coreligionnaires, fils d'un officier de spahis de la garnison de Sétif. Mabrouk avait *monté le coup*, mû par un désir de vengeance, et Abdallah, moitié serviteur, moitié compagnon de la victime, spahis lui-même, et au service de l'occupation française, s'était laissé corrompre et avait attiré son maître et ami dans le piége. Tous deux avaient eu un complice, le nommé Hamed-ben-Saïa, pareillement condamné à mort ; mais ce dernier avait eu la présence d'esprit de se laisser mourir à l'hôpital, peu avant l'exécution.

Le meurtre avait été commis le 2 mai 1848 et, malgré ce qu'a de sommaire la justice rendue par les conseils de guerre, les condamnés avaient attendu plus de dix mois l'application de la sentence. Qu'on me permette à ce sujet une réflexion : l'Arabe, habitué à une justice prompte, tendant son cou sans résistance s'il est pris en flagrant délit, murmure et s'étonne de lenteurs qui demeurent pour lui inexplicables et lui apparaissent comme un raffinement de cruauté. Quand le supplice arrive enfin, la peine est à ses yeux prescrite, et les populations ne sont pas moins surprises ni mécontentes d'une rigueur si tardive, et d'un coup de glaive rétrospectif qui s'en va châtier un crime dès longtemps consommé, déjà oublié presque, et dont personne n'a souci.

Autre observation : cet acte de rigueur paraît d'autant plus arbitraire, que rarement le meurtre était puni de mort sous la législation arabe. Le meurtrier offrait la *dia* (le prix du sang) à la famille de la victime, qui presque toujours l'acceptait. Ce n'était qu'un débat en quelque sorte civil à régler entre les parties. L'autorité n'intervenait que sur la plainte des parents intéressés, et n'appliquait la peine du talion que si l'auteur de l'assassinat refusait ou n'avait aucun moyen de s'acquitter de la *dia*. Il n'y avait pas, comme chez nous, un *procureur impérial* pour lancer des mandats d'arrêt et faire des poursuites d'office. Cet état de choses, commun au reste à tous les peuples du Koran, offre une singulière analogie avec les mœurs de nos pères, les Francs, qui avaient des tarifs en sous d'or pour tous les délits contre les personnes, jusqu'au meurtre inclusivement. Ainsi, chose surprenante et digne des méditations de nos législateurs, on voit le respect de la vie humaine atteindre à son plus haut degré, et la peine de mort être abolie de fait chez les nations primitives, chez celles que nous nommons barbares.

Néanmoins, le crime d'homicide était rare chez les Germains ; il l'est aussi chez les Arabes et dans l'empire musulman.

Nous avons aboli,—et ce n'est que d'hier,—la peine capitale pour délit politique. Or, par un contraste non moins saisissant, le crime d'État était précisément le seul qui, parmi les Arabes et les Turcs naguère, était toujours puni de mort. Je n'explique pas, je constate cette double contradiction, que je signale aux réflexions des juristes et des penseurs.

L'exécution était indiquée pour le 5 mars, au lieu habituel des supplices, sur la place dite de la Brèche, terre-plain situé en dehors de la porte principale de Constantine. C'est par cette porte que s'opère tout le va-et-vient de la ville, qu'arrivent le matin les maraîchers arabes, et que se répandent les promeneurs sur l'esplanade plantée d'arbres, liée à la place de la Brèche, et en tout temps couverte de chevaux, de voitures, de chameaux, de marchands, de groupes animés que fixe et retient ébahis un jongleur kabyle, un prophète de carrefour, une bande de musiciens aveugles.

Il est bon, comme dit l'assesseur de M. Henri Sanson, d'avoir des amis partout. Un ancien collaborateur de la direction des affaires d'Algérie, que je retrouvai à Constantine dans les services militaires, m'offrit pour l'exécution une place aux fenêtres du Magasin à blé qui s'ouvrent sur la place. — Vous irez seul, ajouta-t-il; je connais ces sortes de spectacles, ils me rendent toujours malade, je n'irai pas. — Il vint pourtant. — A sept heures précises, le lundi, par une matinée glaciale, un carré d'infanterie de ligne et de *Turcos* (fort belle milice indigène, en turbans blancs, hauts-de-chausses et caftans bleu de ciel galonnés d'or) vint se former sous nos pieds. Mon compagnon, reconnaissant un de ses amis dans l'officier qui commandait le détachement, m'offrit de descendre et d'entrer avec lui dans le carré même. Je refusai et n'eus pas tort. Toutefois, l'avouerai-je, je n'étais pas ému et me reprochais à moi-même mon peu de sensibilité, quand parut le fatal cortége.

Les deux malheureux condamnés, vêtus de longues chemises blanches, les pieds nus, les mains liées derrière le dos, s'avançaient entourés de gendarmes français à pied et à cheval et de gendarmes maures. Introduits dans le carré, ils furent placés précisément en face et à quelques pas de nous : derrière eux et à quelque distance, s'élevaient deux poteaux surmontés d'écriteaux énonçant leur crime et leur condamnation.

Ils furent, non pas agenouillés, mais assis sur la terre nue, le visage tourné vers le soleil levant, dont les rayons, pâles encore, commençaient à percer la brume. Dans le rapide instant où je vis ces deux hommes pour la première et ultième fois, je fus on ne peut plus frappé de leur contenance et de leur visage que j'aurai, je crois, toujours devant les yeux. Ils étaient fort jeunes tous deux (de vingt à vingt-cinq ans à peine), réguliers de traits, le teint pâli ou plutôt blanchi à l'excès par le long séjour de la prison, l'obscurité et la privation du grand air. Leurs têtes, que le barbier avait cessé de raser depuis qu'elles étaient promises à un autre glaive plus terrible, étaient couvertes d'une longue et abondante chevelure brune qui descendait presque au niveau de leurs épaules, et contribuait, avec cette blancheur de teint insolite chez les Arabes, à donner à tous deux une physionomie européenne qui ajoutait au sentiment de pitié dont nous étions pénétré. Une palme à la main, et chacun d'eux eût pu poser pour le martyrologe. Tristes sans abattement, résignés, recueillis et fermes sans fanfaronnade, ils élevaient un regard doux et morne vers l'astre qui allait s'éteindre pour eux. Le froid pénétrant qui régnait nous faisait grelotter aux fenêtres : ils ne tremblaient ni de peur ni de froid.

Pendant que le greffier de la justice militaire leur lisait leur sentence (inutile, absurde, inhumaine formalité !), l'exécuteur, placé derrière eux, un grand

Turc, déjà vieux, à longues moustaches grises, mal accoutré d'un turban jaune et d'une veste bleue râpée, allait de l'un à l'autre, leur imposant les mains et leur adressant la parole d'une façon toute paternelle, les alignant et les courbant tout à sa guise, leur montrant à *tenir la tête* et leur tressant la chevelure pour la commodité du coup.

Quand enfin la sentence fut lue, Tobriz (l'exécuteur), tirant rapidement du fourreau un court yatagan qu'il portait passé à sa ceinture, frappa le plus jeune des patients, Abdallah, placé devant lui à sa gauche. Le coup fut donné légèrement et sans aucun effort visible. Abdallah s'inclina en avant, respirant ou du moins s'agitant encore. Sur le point de passer au second condamné, l'exécuteur, comme par une sorte de scrupule d'humanité, revint sur le premier avec un sang-froid incroyable et, lui mettant le pied sur le cou, l'acheva en un tour de main, sans pourtant détacher la tête, ce qui est formellement contraire aux habitudes musulmanes, par les raisons bien connues tirées de leur foi religieuse.

Vint le tour du second : ici commence une véritable scène d'horreur.

Apparemment, le malheureux complice d'Abdallah n'avait pu, à la vue de son compagnon égorgé, contenir, tout stoïque et résigné qu'il fût, un tressaillement d'épouvante. C'est ce que du moins prétendit l'exécuteur pour sa justification. Quoi qu'il en soit, non-seulement le glaive porta à faux sur le second condamné, mais un deuxième, un troisième coup le laissèrent debout, tout couvert de son sang, qui lui ruisselait dans la face, et se redressant sous le fer. L'exécuteur, tout aguerri qu'il fût à semblable métier, sembla perdre un instant la tête. Enfin, un quatrième coup mieux porté que les précédents termina cette boucherie.

Les deux corps furent laissés sanglants sur la place pour servir d'exemple et de salutaire effroi aux indigènes, exhibition inutile, car de tels spectacles émeuvent fort peu les Arabes, et, tandis qu'on décapitait Mabrouk et Abdallah, un grand nombre de ces fatalistes, groupés à peu de distance, s'occupaient de leurs ventes et de leurs achats, ou conversaient paisiblement, sans souci de ces malheureux. Un bateleur kabyle avalait des serpents, et partageait avec la tragédie jouée sur la place de la brèche l'attention de la multitude. Pourtant, dans la journée, quelques fidèles vinrent ramasser les deux suppliciés, lavèrent leurs plaies aux fontaines sacrées et leur donnèrent la sépulture.

L'impression profonde d'horreur et de dégoût que j'emportai de cette scène punit ma curiosité, et j'en ressentis physiquement l'effet plusieurs jours durant. C'était cependant un habile *chaouch* que ce Tobriz ; il avait dans sa vie coupé deux mille têtes : dans une seule nuit, il avait décapité *deux cents* Arabes de la tribu d'Abd-el-Nour. Mais, si ce n'est l'âge, l'*inaction* avait rouillé ce bras terrible. Le froid du matin lu avait engourdi le poignet, dit-il, puis le second supplicié n'avait pas été assez ferme. Telles furent les excuses qu'il fit valoir auprès du bureau arabe, où on le gourmanda vivement sur sa maladresse. Depuis la chute des Turcs, cet homme est presque sans emploi et sans ressources. Il tient une petite boutique de cafetier, au produit de laquelle il joint le casuel des exécutions à mort. Je l'ai souvent rencontré depuis, notamment dans la journée même de l'exécution, fumant avec sérénité dans le quartier arabe de Constantine, où ses fonctions officielles l'entourent d'un certain relief. Deux heures après la lamentable affaire de la matinée, je le vis passer, comme toujours, la pipe en main, causant sans nul trouble avec un de ses coreligionnaires. Je ne comprenais pas leur entretien; mais, comme dit lord Chesterfield, avec un peu d'observation « on devine par la contenance des gens ce qu'ils se disent, bien qu'on ne puisse entendre un mot de leur discours. » Tobriz, négligemment, et entre deux bouffées de tabac, expliquait le faux coup du matin à son interlocuteur, bien plus mortifié évidemment de l'échec fait à sa réputation d'artiste et de fine lame que du surcroît possible de souffrances imposé à de misérables Arabes.

Maintenant, si l'on veut savoir pourquoi l'instrument de supplice dont on a doté l'Algérie, et dont on s'est servi une seule fois à Constantine, n'a pas été employé depuis, en voici le triste motif : l'instrument dont il est question coûte de transport, de frais de déplacement et autres, une somme assez forte (dix-huit cents francs, me dit-on), tandis que Tobriz fait et fournit les exécutions à mort, avec un immense rabais : il touche *vingt-cinq francs par tête.*

Espérons que la tragédie, dont nous venons de rendre un compte fort adouci, contribuera à couper court à ce système économique. La France est endettée, c'est vrai, mais elle est encore assez riche pour payer son humanité.

IX

Si-Djoha, ou le polichinelle arabe.

Les extrêmes se touchent : le bouffon vient ici après le terrible.

Si-Djoha, personnage éternel et fantastique, sur lequel notre savant confrère, M. l'orientaliste Cherbonneau, de Constantine, a bien voulu nous transmettre les détails biographiques les plus circonstanciés et les plus inédits, Si-Djoha, disons-nous, est une de ces créations légendaires qui existent chez tous les peuples. C'est une espèce de polichinelle arabe, doublé de jocrisse, mais modifié dans le sens des mœurs sauvages et sanguinaires de ses concitoyens, et aux mains de qui la marotte ou le rouleau cache des griffes formidables. C'est un fou, mais un fou rusé et dangereux ; un Bobêche, d'accord, mais ses saillies ont le caractère du pavé de l'ours ; il ne se borne pas, comme ses congénères Pulcinella et Guignol, à rouer de coups le commissaire, la garde et les autorités généralement constituées, et c'est le plus souvent le poignard à la main qu'il fait sentir aux assistants le mérite de ses *pointes*. C'est un vrai Bédouin, et, à ce titre, très-populaire dans l'Algérie. Il se tire de tout à force d'effronterie, et quelquefois à force de stupidité. Bref, c'est un personnage singulier dont les tours, quelquefois bons, souvent mauvais, et les saillies au gros sel sont en possession de défrayer les longues après-dînées sous la tente ou chez le kaouadji arabe.

Voyons-le maintenant à l'œuvre.

La corde. — Un thaleb (lettré) vint un jour chez Si-Djoha, et lui demanda à emprunter une corde. Si-Djoha n'était point prêteur ; il savait d'ailleurs par expérience que les *tolba* (pluriel de *thaleb*) ne rendent jamais rien. Il répondit donc au quémandeur : « Je te prêterais bien ma corde ; mais ma femme s'en sert en ce moment : elle étend dessus le kouskous. »

Pour l'intelligence de ce mot, il faut rappeler que le kouskous, mets national des Arabes, est une sorte de granulation très-fine de la meilleure farine, une sorte de semoule, dont les parcelles n'ont pas, à beaucoup près, la grosseur d'un grain de riz.

Le clou. — Si-Djoha loua un jour sa maison à un

Arabe revenant de pèlerinage, et se fit payer d'avance une année de loyer, ne se réservant que le droit *de planter un clou* dans la *skifa*, couloir compris entre la porte de la rue et celle de la cour intérieure, et *de disposer de ce clou ainsi que bon lui semblerait*. Le locataire étant entré en possession, Si-Djoha, dès le lendemain, se rendit au logis, un chien mort sous le bras, planta son clou, et accrocha ledit chien mort à la muraille. Une épouvantable infection ne tarda pas à être la suite de cet acte de propriété. On décrocha le chien; mais le jour suivant Djoha en rapporta un autre. Cet *habeas corpus* déplut au locataire. De là procès devant le cadi. La justice arabe n'est guère moins stricte que la justice romaine. *Uti et abuti*, c'est la propriété. D'ailleurs il y avait dans l'acte : *Planter un clou et en user à discrétion*. Le locataire perdit sa cause avec dépens. Si-Djoha garda le loyer et rentra dans la jouissance anticipée de son immeuble.

Le nuage. — Un jour, Si-Djoha acheta un beau haïk pour cinq *dirhems*, à condition que le marchand voudrait bien l'accompagner jusqu'au lieu où était caché son trésor. Le marchand souscrivit, et l'on se mit en marche vers la précieuse cachette. Après une bonne heure de route : — C'est par ici, dit Si-Djoha. Et il se mit à regarder attentivement vers le ciel. — Dépêchons-nous, dit le marchand, je suis pressé. — J'entends bien, dit Si-Djoha; mais je ne trouve pas la marque. — Où diable vas-tu la chercher? — Eh! pardieu, je la cherche où je l'avais laissée. C'était un superbe nuage!

Le pendu. — Si-Djoha avait un ami, fumeur de hachiche, dont le cerveau s'était affaibli, et que poursuivaient des idées constantes de suicide. Toutes les fois que ce malheureux maniaque passait près d'une rivière ou d'un étang, son goût était de s'y jeter. Si-Djoha l'avait mainte fois tiré de l'eau. Il arriva un jour que cet *hachaïchin*, déterminé à en finir, lutta longtemps contre son sauveur, si bien qu'il était à moitié asphyxié lorsque ce dernier put enfin le tirer au bord et le transporter chez lui. Il alla immédiatement chercher des sels et autres pharmacopées chez un droguiste. Pendant ce temps, le noyé revint à lui, se tâta, et, voyant qu'il n'était point mort, accrocha son turban à une solive et se pendit bien et beau. Quand Si-Djoha revint, la langue était pendante et l'homme parfaitement défunt. Les voisins, au bruit de l'accident, accoururent, et ils dirent à Si-Djoha : — Comment, toi qui aimais tant cet homme et l'as empêché si souvent de se noyer, comment l'as-tu laissé se pendre? — Lui, pendu? allons donc! répondit le bouffon; ne voyez-vous pas qu'il se sèche?

Les deux têtes. — Si-Djoha demeurait auprès d'une mosquée. Un certain muezzin le fatiguait par ses appels à la prière qui retentissaient dès l'aurore. Un beau matin, il le guetta sur la galerie du minaret, et le tua sans plus de façon ; après quoi, il s'en revint bien content près de sa mère, rapportant la tête du malheureux marguillier. — Au moins, nous dormirons tranquilles ! lui dit-il d'un ton joyeux. — Hélas ! malheureux, qu'as-tu fait ? cria la mère. Garde-toi au moins de t'en vanter. Jette la tête dans le caveau, et, sur ta vie, sois prudent ! — Ce qui fut dit fut fait. Le fils ayant tourné les talons, la mère s'en alla vite au marché acheter un mouton qu'elle égorgea, et dont elle s'empressa de substituer la tête à celle du malheureux muezzin. Ce qu'elle fit de celle-ci, on l'ignore ; toujours est-il que toute trace du crime fut écartée par ses soins. Cependant, Si-Djoha, en vrai idiot, tira, à la première occasion, vanité de son beau coup de main. La famille du défunt était toute en rumeur et dans les larmes. La mosquée était pleine de parents et d'amis criant à l'assassin, au malfaiteur. — Ce n'est ni l'un ni l'autre, repartit Si-Djoha ; ménagez vos propos, bonnes gens ; je suis un parfait honnête homme, et c'est moi qui ai fait le coup. — On ne l'en voulut point croire. Cependant il se dénonçait avec une telle insistance, offrant de fournir les preuves de son action, qu'on le suivit à sa maison, et de là dans la *derchoucha* (caveau dont nous avons parlé). Celui-ci était obscur : Si-Djoha, s'avançant dans les ténèbres, et cherchant à tâtons la tête du muezzin, avait derrière lui la femme du défunt. Tout à coup il s'écria : — Holà ! bonne femme, il paraît que votre mari avait des cornes, car j'en tiens une belle paire ! — La pauvre femme crut à un miracle vengeur et balbutiait pleine de confusion, quand Djoha mit triomphalement au jour la tête du mouton. Chacun se mit à rire et dit : « C'est encore un tour de ce stupide Djoha. » C'est ainsi que ce fou échappa, cette fois entre mille, au glaive du chaouch, en dépit de l'axiome connu : *Quos vult perdere Jupiter dementat !*

Les moustaches et la barbe. — Voici un trait d'antagonisme entre les Arabes et les Turcs : Si-Djoha, revenant de pèlerinage, s'avisa de traverser le pays des Turcs pour en examiner les mœurs et les coutumes. Arrivé à Constantinople, il fut conduit devant l'inspecteur du diwâne (douane), et se disposa à exhiber son passe-port (firman). L'inspecteur était un homme âgé dont le visage, dénué de moustaches, s'encadrait dans une longue barbe. Si-Djoha ne portait que des moustaches. Voulant faire une plaisanterie, le Turc dit à son interprète : — Demande à cet Arabe pourquoi il se rase. — A peine Si-Djoha eut compris la question, qu'il répondit : — Parce que les moustaches sont l'ornement du lion, tandis que la barbiche est celui du bouc.

Les culottes. — Le bey de Constantine, ayant essuyé une défaite près de l'Oued-Zohor, perdit son cheval dans la mêlée et s'enfuit à pied dans un ravin. Un

Kabyle s'élança sur lui et lui arracha tous ses vêtements, à l'exception du serouâl (culotte). Un an après, le Kabyle, devenu prisonnier, était amené devant le bey, qui le reconnut. Au lieu de le punir, celui-ci lui accorda sa grâce, et lui donna en outre une bourse pleine de dinars. Si-Djoha, témoin de cette action, accosta le Kabyle au sortir du palais, et lui dit : — Imbécile, que ne lui as-tu pris sa culotte? — Pourquoi? — Tu aurais eu deux bourses !

Le collyre. — Si-Djoha acheta un jour du kohol (collyre), pour le soin des yeux, d'un marchand dont l'œil rouge et chassieux attestait un commencement d'ophthalmie. Le marchand demanda un dirhem : Si-Djoha lui en donna deux généreusement. — Tu me donnes trop, dit le marchand. — Mon ami, je te paye un dirhem pour moi, dit Si-Djoha, et un pour toi, afin que tu t'achètes un peu de marchandise et que tu guérisses tes yeux !

L'enfer et le poete. — Un jour, un poëte, buvant avec lui du café très-chaud, lui dit en plaisantant : — Le *harnim*, cette eau soufrée et brûlante qu'on te fera boire dans l'enfer, sera bien plus chaude encore! A quoi Si-Djoha répondit : — C'est vrai! mais je lirai tes vers.

Le roi et la reine. — Si-Djoha fut un jour rencontré dans les rues de Bougie, où il s'était momentanément fixé, tenant une outre sous son haïk. Bougie était alors sous la domination des rois musulmans de ce nom. Un inspecteur de police, l'ayant avisé, le pria de lui montrer ce qu'il cachait. — Eh! pardieu, c'est de l'eau, répondit Si-Djoha. — Voyons un peu cette eau; verses-en dans ma tasse. — Volontiers. — Mais il me semble qu'elle est rouge. — C'est l'effet des récentes pluies. — Mais il me semble aussi qu'elle a le goût de vin? — Et quand cela serait? — Je te conduirais en prison. Ne sais-tu pas que notre roi (le salut soit avec lui!) nous défend de boire du vin? — La reine me le permet. — C'est ce que je suis curieux de voir. — Suis-moi donc! — Si-Djoha conduisit l'inspecteur, non au palais, mais chez lui, et appela une ravissante jeune fille avec laquelle il vivait. — C'est là la reine? fit le policier ébahi. — Oui, mon ami, c'est elle-même : tu vois la reine de mon cœur! Elle m'a commandé de boire beaucoup de vin, et je l'en aime davantage. Tiens, mon ami, accepte la moitié de cette outre, et, au lieu de troubler les gens, suis dorénavant ma recette!

L'agent de police, stupéfait de tant d'aplomb, oublia de verbaliser, et ne songea plus à prévenir le roi de ce que prescrivait *la reine*.

Si-Djoha, ingénieur. — Si-Djoha était en voyage. Arrivé à Bone, il trouve sur les bords de la Seybouse un brave homme de Turc occupé avec deux ou trois chaouches à sonder la rivière, à prendre des mesures, etc... — Il s'approche de lui, et lui demande poliment quel est le but de son travail. — Je suis chargé de faire un pont, lui dit le Turc. — Mon Dieu! observe Si-Djoha, j'ai quelque expérience de la chose... Si vous me permettiez de vous donner un conseil... — Parle, mon ami, s'écrie le Turc, qui n'était pas très-fort dans la partie et se sentait notablement embarrassé. — Pas à présent, fit Si-Djoha; les explications que j'ai à te soumettre nécessitent quelques moments d'entretien, et je suis à jeun depuis l'aube. Tout aussi bien, l'heure de déjeuner est arrivée; je te quitte... A tantôt! — Du tout, du tout! reprit le bon Turc; ne prends pas la peine de retourner en ville. Mon chaouch est en train de préparer le pilau; nous déjeunerons ensemble; puis, en humant le café, tu me donneras tes avis. — On s'assit aussitôt sur un joli tapis; Si-Djoha mangea comme quatre. Les pipes allumées et le café versé, il prit un air important et dit : — Seigneur, tu dois chercher l'économie dans ce travail... Il appartient à ta sagesse de ménager l'argent du bey. — Sans doute; mais après! — Le cours de la rivière ne laisse pas d'être étendu. — C'est vrai. — Les rives, au contraire, sont rapprochées. — Eh bien? — Par conséquent, je te conseille de construire ton pont — *en large!*

L'HABIT. — Le burnous de Si-Djoha, étendu sur le balcon de sa maison, tomba un jour du haut de cette galerie dans la cour. Si-Djoha poussa de grands cris. — Qu'avez-vous donc? lui dit-on. — Je songe, reprit-il d'un ton plein d'épouvante, que j'aurais pu être dedans!

COMMENT SI-DJOHA CONQUIT LA SAINTETÉ ET SE FIT MARABOUT. — Il était devenu vieux et sans ressources, et ses sentiments avaient changé malheureusement avec sa fortune. Ayant appris un jour que le bey possédait un trésor considérable, caché dans une des chambres basses du palais, il alla trouver un de ses amis, dont la niaiserie n'excluait pas les penchants vicieux, et le décida à devenir son complice pour un coup de main. Quand leurs plans furent arrêtés, ils parvinrent à creuser un souterrain, et se glissèrent dans la chambre du trésorier à la faveur de la nuit. Arrivés à cet endroit, ils examinèrent tous les objets dont il était garni, et aperçurent une fort belle cassette en bois d'ébène, avec marqueterie de nacre. Flairant quelque piége, Si-Djoha conseilla à son camarade d'enlever la cassette; mais, au moment où celui-ci y porta la main, il se trouva surpris par un ressort secret, et la douleur allait lui arracher des cris, lorsque Si-Djoha lui trancha la tête. Il emporta le corps, afin de faire disparaître un témoin dangereux. Cependant il revint au trésor, l'enleva en plusieurs voyages, et le transporta dans son logis. Quelques jours après, un habitant de la ville lui demanda à louer sa maison.

Si-Djoha lui dit : — Reste dans la skifa (vestibule), et attends-moi là. Puis il rentra, se déshabilla et s'amusa à danser tout nu dans la cour. Après cet exercice, il sortit et demanda au bourgeois ce qu'il avait vu. — Rien, absolument rien, répondit le bonhomme. — Eh bien ! fit Si-Djoha, comment veux-tu que je consente à louer une maison qui cache si bien mes défauts ?

Il fallut trouver un moyen de découvrir le coupable. Le bey imagina la ruse suivante. Par son ordre, des sentinelles furent postées dans chaque quartier et dans chaque rue, et des chaouches se promenèrent dans toute la ville en laissant tomber sur leur passage des pièces d'or et des pièces d'argent. On pensait qu'elles seraient ramassées par des gens de mauvaise foi ou des voleurs.

Si-Djoha ne se découragea pas pour si peu : son esprit inventif avait déjà imaginé une manière de récolter cette cueillette. Il commença par s'affubler d'un accoutrement bicolore, blanc à droite, noir à gauche, soulier blanc et soulier noir, jambe blanche et jambe noire, capuchon mi-parti ; puis il se rasa un seul côté de la figure, et monta sur un chameau dont les genoux et le ventre étaient graissés d'une forte couche de glu. Ses semelles, à lui, avaient été aussi enduites de la même substance.

Lorsque la prière du mogreb (coucher du soleil) eut été annoncée du haut des minarets, notre homme sortit de sa maison dans cet équipage, et se mit à courir les rues, faisant agenouiller de temps en temps sa monture sur les pièces de monnaie, et tâchant de distraire les curieux par des mouvements de colère simulée contre le chameau. Revenu chez lui, il ajouta sa recette au magot amassé, et s'endormit tranquille. Trois jours s'écoulèrent ainsi, et, pendant trois jours, il renouvela ce manége.

Enfin, le bey eut recours à un autre artifice pour tenter plus efficacement les auteurs du vol. Il fit promener par toute la ville une autruche au cou paré de chaînes d'or, de pierreries, avec des khalkhals d'argent aux pieds. Tous les bons musulmans qui voyaient passer l'animal se rangeaient respectueusement et recommandaient leur âme à Dieu. Qui aurait osé y toucher?

Un homme l'osa. C'était encore Si-Djoha. Ayant engagé une querelle avec les chaouches et les kobdjis (policiers) du bey, il attira dans son parti quelques voisins assez mal famés, et quand la mêlée fut engagée, il s'esquiva, en poussant dans l'impasse de sa maison la pauvre autruche effarouchée. Aussitôt introduite, aussitôt égorgée. Si-Djoha sort alors fort tranquille, et se lance dans la bagarre. Les horions pleuvaient, et les cris faisaient fuir femmes et enfants. Enfin, il fallut se séparer, et la police se retira, battue et honnie. Pendant la nuit, notre coquin dépouilla et dépeça la bête. De la graisse, il remplit une cruche; puis il jeta la chair et les os dans sa citerne.

Le bey punit les infidèles chaouches; deux d'entre eux moururent sous le bâton. Telle est la justice des Turcs.

Mais l'affaire devenait plus grave; il fallait à tout prix découvrir l'auteur de tant de forfaits. Le bey fit promettre une récompense magnifique à celui qui prendrait le scélérat dont les artifices avaient fait disparaître l'autruche. Une vieille femme de la ville, plus avisée que les autres, se douta des menées de maître Djoha; elle se couvrit la figure de cendre et de charbon en signe de deuil, et alla, les larmes aux yeux, frapper à sa porte. Si-Djoha était absent; sa femme ouvrit, et, touchée de l'air de détresse de la dame, lui demanda ce qu'elle voulait. — Mon Dieu, dit celle-ci, mon fils est à l'agonie; il s'est fait une blessure très-grave, et le hakem (médecin empirique) a déclaré que si je ne lui appliquais pas sur la partie malade un emplâtre de graisse d'autruche... — J'ai votre affaire, ma bonne dame, interrompit naïvement la femme de Si-Djoha. — Pardonnez-moi de vous déranger; sans le malheur qui m'arrive, je n'aurais pas eu cette indiscrétion. — Point, point! Je vous sais gré, au contraire, de me procurer l'occasion de faire du bien.—Bref, la Sida-Djoha alla lui chercher un pot de la fameuse graisse d'autruche, et la femme se retira en la comblant de bénédictions. Mais, au coin d'une rue, Si-Djoha rencontra la vieille et la coudoya malicieusement. Son mouvement fut si brusque, que la brave femme lâcha sa proie et se précipita pour la ramasser. Malheureusement, le fin matois avait tout vu et reconnu. Alors, prenant un air pitoyable : — Remettez-vous, ma chère, fit-il en la relevant. Je veux réparer cette perte : il me reste encore de la graisse pour vous et vos amis.— Sans lui laisser le temps de la réflexion, il l'entraîna à son logis et la poussa jusque dans la cour intérieure. Un poignard était caché sous sa ceinture; il l'enfonça dans la poitrine de la femme, et en jeta le cadavre dans le trou où gisait déjà l'autruche. Mais il restait encore quelqu'un à punir : il saisit un bâton et rossa madame son épouse. Le lendemain, celle-ci s'échappa sous prétexte d'aller au bain, et courut au tribunal du cadi, à qui elle demanda un acte de divorce, en ayant soin d'énumérer, pour faire valoir sa cause, tous les forfaits de son mari. Le cadi, à ces mots, entrevit une fortune! Il décida la femme à se confier à lui et l'emmena, suivant l'usage, dans l'appartement de sa propre femme, à lui, pour qu'elle attendît là la décision du juge. Le soir même, le cadi monta au palais, et dénonça au bey, comme sa propre découverte, les faits qu'il avait recueillis. Des chaouches furent envoyés au domicile de Si-Djoha. Là, on fouilla les chambres, les caves, les citernes. On retrouva l'autruche, la femme et le trésor.

Si-Djoha fut pris et promené sur un âne, la figure tournée vers la queue de la monture ignominieuse. — Le bey le condamna à être jeté vif en pâture aux chiens du palais.

Mais le drôle, se doutant bien que tôt ou tard il en viendrait là, avait pris ses mesures en conséquence, et jamais il n'avait passé près de la loge des chiens sans leur offrir de bons morceaux de viande; de sorte qu'il était connu et apprécié de ces animaux très-féroces.

Au jour fixé pour le supplice, une foule innombrable était accourue devant le palais. Le condamné fut amené les mains liées derrière le dos et en chemise. Les chaouches le poussèrent avec terreur dans la fatale enceinte, et se sauvèrent tout aussitôt à toutes jambes. O prodige! au lieu de déchirer Si-Djoha et de se partager les lambeaux de son corps, les chiens l'entourèrent en le léchant et en le caressant. La foule stupéfaite s'écria d'une seule voix : *Louange à Dieu! C'est un marabout!* Forcé de se rendre à l'évidence, le bey, honteux de sa méprise, se fit amener Si-Djoha et lui fit bâtir une zaouia, où il vécut fort bien et pria peu durant le reste de ses jours.

X

Anecdotes arabes.

Le prince Abderrahman-ben-Djellab, qui vient de mourir à Tuggurt, envoyait tous les trois mois ses serviteurs les plus fidèles à Constantine, soit pour y faire des achats, soit pour apprendre des nouvelles. Depuis un certain temps, il entendait vanter par ceux-ci une créature d'une beauté incomparable, blanche et rose, parée autant qu'une sultane, œil langoureux, taille fine, main à défier l'ivoire, cheveux de soie, — vrai type de céleste houri. Cette adorable femme se tenait, lui dit-on, sans cesse devant sa maison, regardant les passants aller et venir, et aimant à en être vue. Une pudique rougeur empourprait ses traits. Sur ce rapport, le Tuggurtain se monte la tête, et le voilà amoureux fou, de confiance. Il expédie immédiatement son favori à Constantine, avec ordre de demander à qui de droit la main de cette enchanteresse, offrant une dot en échange, suivant l'usage musulman. L'ambassadeur arrive, voit la dame, la trouve telle qu'on la lui a dépeinte, entre dans la maison, qui lui paraît peu digne, par sa magnificence, d'un pareil trésor de beauté. L'une des suivantes de la dame était précisément empressée autour d'elle à réparer quelques désordres de toilette et de chevelure. Le Saharien expose l'objet de sa mission. D'une pièce du fond sort un quidam, sans doute le père de cette infante au teint de roses et de lis, lequel s'enquiert, avec un accent provençal des plus prononcés et avec toute la grâce dont un Marseillais est susceptible, du but de la visite de l'Arabe. S'ensuit un dialogue passablement risible, à la suite duquel l'ambassadeur matrimonial de Ben-Djellab s'aperçoit qu'il a affaire à un coiffeur, et que la dame est une charmante poupée de cire à ressorts, miracle d'industrie européenne totalement inconnu à Tuggurt, Ghat, Temacin et autres lieux.

Le Williaume de S. M. Tuggurtaine ne se tint point pour battu. Il offrit la dot, sur laquelle on tomba d'accord à trois cents francs une fois payés, et emporta la dame, qui sans doute fait encore le plus bel ornement du palais de briques à neuf portes de la dynastie des Djellab.

Un jour, Naaman, bey de Constantine, fit publier dans toute la ville, pour des raisons à lui connues, la défense de s'y promener la nuit, et cela sous peine de mort. Il confia l'exécution du règlement de police au kaïd-ed-dar (majordome), avec mission de faire une ronde nocturne dans l'écheveau de la cité.

Le soir venu, ce personnage fit sa prière, et au sortir de la mosquée, prit cinq kobdjis (agents de police), avec lesquels il commença sa ronde dans tous les quartiers. En arrivant à la rue dite des Restaurants-Tunisiens, ils rencontrèrent trois jeunes gens d'une mise fort élégante, causant entre eux paisiblement.

— Jeunes gens! leur cria le kaïd-ed-dar, par quel motif êtes-vous errants dans la ville à cette heure indue?

— Nous n'en avons aucun, dirent les trois jeunes hommes.

— Mais qui êtes-vous? reprit le digne majordome.

Qui êtes-vous pour désobéir aux ordres de notre seigneur bey? Savez-vous qu'il y va ici de votre tête?

— Nous l'ignorions, dirent-ils avec moins d'assurance. — Mais il n'importe, reprirent-ils; la défense n'est pas pour nous : nous sommes trois fils de famille!

— Fils de famille ou non, dit le kaïd-ed-dar, je ne puis pas vous relâcher. Ma consigne est formelle : je dois vous conduire devant le bey.

Le lendemain matin, en effet, tous trois parurent devant Naaman.

— Quels sont vos pères? dit-il en fronçant le sourcil.

— Moi, lui répondit l'un sans se déconcerter, je suis le fils de celui devant qui les têtes se courbent.

— Moi, dit l'autre, de celui qui donne à manger aux affamés.

— Moi, dit le troisième, de celui qui donne à boire aux altérés.

A ces trois réponses, les grands qui entouraient le bey Naaman demeurèrent bouche béante. — Qui sont ces personnages, dirent-ils entre eux, dont nous n'avons jamais ouï parler?

Mais le bey, perdant aussitôt l'expression de sévérité qui assombrissait son visage, dit aux jeunes gens :

— C'est bien, vous avez de l'esprit et savez parler noblement, bien que vos conditions soient basses. Allez en paix; je vous pardonne; mais ne vous y fiez plus!

Puis se tournant vers ses courtisans, il leur dit :

— Comment! vous n'avez pas compris l'ingénieuse défaite par laquelle ces trois jeunes fous sauvent leur tête du chaouch?

— Non, seigneur, dirent les assistants tout d'une voix.

— Eh bien! je vais vous l'apprendre : celui-ci est fils d'un barbier, celui-là d'un boulanger, et cet autre d'un porteur d'eau. Bien leur a pris de savoir s'expliquer. Je leur remets leur faute pour cette fois, grâce à la politesse de leur langage.

A ces mots, tous les courtisans se récrièrent, et appelèrent les bénédictions du Très-Haut sur la tête d'un souverain si pénétrant et si connaisseur en beau style.

Naaman était en effet un bey lettré et spirituel. Trois périphrases sauvèrent les trois étourdis; mais, comme le leur avait annoncé Naaman, il ne fallait pas s'y fier.

Voici un autre trait de présence d'esprit qui n'eut pas un moindre succès. Salah, le plus glorieux bey qui ait régné sur Constantine, laissait volontiers pénétrer dans son *medjlès* (conseil) tous ses sujets, riches ou pauvres, petits ou grands, et rendait lui-même la justice. Un jour, il vit entrer dans la salle d'audience un jeune homme à figure brune, dont le regard fixe et intelligent le frappa. Il demanda au bachkateb (chef des écrivains) qui était cet individu. Le bachkateb lui dit que c'était Sidi-Ali, marabout du Ferdjioua.

— *Mon frère*, dit Salah-Bey au marabout, approche : quel motif t'amène au palais? Que viens-tu demander? Puis-je te rendre service? Ne crains pas de me l'exprimer.

— Seigneur, dit le jeune homme, je viens te demander trois faveurs : le pays est en ta possession, les biens et les richesses t'appartiennent, toi seul peux donc me contenter.

— Trois faveurs, c'est beaucoup, repartit le bey d'ordinaire, mes sujets se contentent d'une seule; mais il n'importe, parle!

— La première chose que je désire, reprit le marabout, est une pièce de terre.

— Tu l'auras!

— La seconde est du grain pour la mettre en semence, et des bœufs pour la labourer.

— Mon frère, tu n'es pas modéré dans tes désirs, dit Salah-Bey, et si je juge par ces deux-ci de la troisième demande qu'il te reste à me faire, je doute fort...

— La troisième, reprit le jeune marabout, et la plus précieuse de toutes, est celle de te baiser la main!

Salah-Bey sourit, et montra, en accordant cette dernière grâce, qu'il donnait aussi les deux autres.

Sous un bey dont le nom m'échappe, un habitant de Constantine devint fou ou feignit de l'être, car c'était un excellent moyen de s'attirer et les respects et les largesses des fidèles. Dans son extravagance, vraie ou simulée, il ne se donnait rien moins que pour le Dieu tout-puissant. Comme c'est une espèce qui pullule beaucoup et cause parfois de grands désordres, le bey le fit venir, et, en présence de ses grands dignitaires assemblés, lui dit d'une voix menaçante :

— Il y a quelques jours, on a conduit ici un homme qui se prétendait prophète envoyé de Dieu : je l'ai fait mettre en prison, et, comme il soutenait arrogamment son dire, je lui ai fait trancher la tête !

Le fou ne broncha pas.

— Que dis-tu de cela ? reprit le bey.

— Je dis que vous avez bien fait de châtier cet imposteur.

— Quoi ! ce n'était donc point un envoyé de Dieu ?

— Comment l'eût-il été, puisque je ne lui avais point donné le don de prophétie?

Le bey se mit à rire et ordonna qu'on prît soin de ce fou si résolu et si tenace.

Un autre se vantait d'être, non pas Dieu, mais Mouça (Moïse), fils d'Amram. Instruit de ses manœuvres, le bey le manda par-devant lui pour l'interroger.

— Qui es-tu ? lui dit-il.

— Moïse, le confabulateur de Dieu.

— Très-bien. Et ce bâton que tu tiens à la main,

c'est probablement celui-là que tu as changé en serpent?

— Précisément.

— Eh bien! recommence le miracle.

— Très-volontiers : seulement il est nécessaire que tu fasses le personnage de Pharaon et que tu dises comme lui : — *Je suis votre Dieu, le Très-Haut!...*

Le pacha recula devant le blasphème, et, frappé de la repartie, donna l'*aman* à l'imposteur.

L'un des traits saillants du caractère arabe est la présence d'esprit. On en pourrait multiplier presque à volonté les exemples. Nous en citerons encore un : El-Hadjaje, gouverneur d'une province d'Afrique, était un jour en partie de chasse avec ses grands officiers. Il s'égara à la poursuite d'une antilope, et, cherchant sa route, aperçut sur la lisière d'un champ un vieillard qui, debout et appuyé sur sa charrue, le regardait passer.

— D'où es-tu? lui dit-il.

— Du hameau que tu vois.

— N'es-tu pas des Beni-Adjel?

— Tu l'as dit; ce douar est un des leurs.

— Et dis-moi, bonhomme, que pense-t-on des agents du gouvernement?

— On pense que ce sont des gens sans foi, ni loi, ni pitié, qui pillent, persécutent et oppriment les habitants.

— Es-tu de cet avis?

— Tout à fait.

— Et El-Hadjaje, qu'en dis-tu?

— Je dis que c'est le pire de tous! Dieu noircisse sa face et maudisse le khalife qui lui a confié le pouvoir!

— Sais-tu bien à qui tu parles?

— Par Dieu, non! dit le paysan.

— Je suis El-Hadjaje lui-même!

— En vérité, dit le vieillard sans se déconcerter, j'en suis charmé. Et moi, sais-tu bien qui je suis?

— Non, fit le gouverneur, étonné de son flegme.

— On me nomme, dit le vieillard, Zeïd-Ben-Aamer, et je suis *le fou* des Beni-Adjel. Chaque jour, un peu avant le coucher du soleil, je perds la tête. Il est quatre heures; voici mon accès qui me prend!

Le gouverneur ne fit aucun mal au bonhomme, et, après lui avoir demandé son chemin, lui jeta sa bourse en partant.

Le jeune *thaleb* El-Abbassi, des Zmouls (importante tribu des environs de Constantine), sortait de la mosquée au saint jour du *Mauloud* (nativité du Prophète), lorsqu'il voit arriver à lui un habitant de son douar natal. Après toutes les grandes salutations d'usage, le *thaleb* (étudiant) demande à son compatriote des nouvelles de tous les siens.

— Comment va-t-on sous notre tente? lui dit-il.

— Très-bien, dit le Zmoul. Ah! seulement l'émouchet que vous aviez élevé, vous savez bien, votre émouchet que vous aimiez tant...

— Eh bien ! quoi ?

— Il est mort !

— J'en suis fâché vraiment ! Et de quoi est-il mort ?

— Je pense que c'est d'avoir mangé trop de viande.

— Trop de viande ! Et d'où donc provenait cette viande ?

— De vos quatre chevaux.

— De mes quatre chevaux ?

— Eh oui ! sans doute. On les a tant fatigués à porter de l'eau qu'ils en sont morts, les pauvres bêtes !

— De l'eau ! Et pourquoi cette eau ?

— A cause de l'incendie qui a brûlé la moitié du douar.

— La moitié du douar !... l'incendie !... Eh ! maraud ! que ne le disais-tu ? Qui donc a mis le feu ?

— Vos domestiques avec leurs torches allumées.

— Et qu'avaient-ils besoin d'allumer tant de torches ?

— C'était pour le service de madame votre mère !

— Ma mère est morte ! malheureux ! Et tu ne m'en disais rien. Coquin ! archi-coquin ! que viens-tu me parler d'émouchet, de chevaux, de torches et de cent sottises, quand je perds ce que j'aimais le plus au monde ! Au moins me diras-tu, en me faisant grâce de ton insipide bavardage, à quelle maladie a succombé ma mère ?

— Elle est morte de jalousie.

— Elle jalouse! et de quoi?

— De ce que votre père a épousé une autre femme.

Ce dernier coup porta le comble à l'exaspération du thaleb, qui eût probablement étranglé sur place son stupide interlocuteur pour l'envoyer rejoindre l'émouchet, les chevaux, l'enterrement et tout ce qui s'ensuit, si, au nom du double respect dû au *Mauloud* et au parvis du lieu saint, on ne fût parvenu à lui arracher le Zmoul et à pacifier la querelle.

Voici un tour d'un autre genre qui offre aussi de grands rapports de parenté avec une manœuvre très-connue parmi nous, et qui pourtant ne laisse pas de rencontrer toujours des dupes : c'est celle dont les journaux judiciaires retentissent fréquemment sous la désignation de *vol à l'américaine.* Le fait m'a été raconté et certifié par un témoin oculaire.

Un jour, me dit-il, j'étais assis sur le devant de la boutique d'un marchand juif, et nous causions, lorsque survint un Bédouin d'une élégance prétentieuse. Il était vêtu d'un burnous gris, de ceux que fabriquent les Beni-Abbas ; la torsade de son turban était blanche et son haïk était richement bordé au pourtour d'une garniture de franges. D'une main il tenait une badine comme un de nos petits-maîtres du boulevard; de l'autre, un gros sac très-pesant. Après s'être installé nonchalamment sur la banquette de l'échoppe, il se fit couper un trousseau d'une valeur de deux cents douros (mille francs), rien qu'en brocart et en velours. La levée faite :

— Aaram, dit-il au marchand, oblige-moi de garder ce sac, tandis que je m'en vais porter les étoffes chez le tailleur. De chez le tailleur j'irai au caravansérail acheter des bracelets d'or avec pierreries, des boucles d'oreilles en or, et un collier à *grains d'orge* du même métal ; je reviendrai ensuite régler ici mon compte ; je te payerai, et s'il plaît à Dieu, nous demeurerons bons amis.

Le juif lui répondit : — Sidi, je suis votre serviteur ! J'espère n'avoir qu'à me louer d'avoir fait votre connaissance.

Le Bédouin prit sous son bras les étoffes et s'éloigna.

Le juif l'attendit ; mais deux jours s'écoulèrent sans qu'il revînt à la boutique. Las du retard, l'israélite se rendit au bureau arabe, et exposa son embarras.

— Attends encore vingt-quatre heures, lui dit l'officier directeur du bureau, et si ton homme ne revient pas, apporte-moi ce fameux sac.

L'homme n'ayant pas reparu, le juif fit comme il était dit, porta le sac au bureau arabe : on l'ouvrit, et on y trouva... une magnifique collection de silex, autrement dit pierres à fusil de toutes couleurs et de toutes tailles.

Le juif fut tenté de s'arracher les cheveux ; par bonheur, il n'en avait point.

Ce loup ne savait pas encor bien son métier.

Les vols sont fréquents chez les Arabes ; pourtant il est excessivement rare qu'un hôte dépouille celui à qui il donne asile, alors même qu'il serait larron de son métier ; c'est un point d'honneur comme un autre. Néanmoins il arriva, il y a quelque temps, à un Arabe de la tribu des Zerdezas, qui se rendait à Constantine pour y acheter des bestiaux, d'être dévalisé dans un douar du Hamma, charmant petit village situé sur la route de Philippeville, où on l'avait accueilli. La vue de sa ceinture toute gonflée d'argent fut la cause de ce manquement aux droits sacrés de l'hospitalité. Lorsque, le ventre plein d'une excellente *berbouche* (kouskous à l'orge), il se fut endormi sur la foi des traités, ses hôtes déloyaux s'emparèrent de lui, lui attachèrent les mains au dos, le bâillonnèrent pour l'empêcher de crier, puis ils lui prirent l'argent, délièrent ses mains, mais lui laissèrent le bâillon.

Une fois les mains libres, notre homme, qui ne manquait pas de ruse, eut une idée subite. Saisissant son couteau, il coupa un morceau de son burnous, creusa un trou en terre, tout contre la tente criminelle, et y déposa ce fragment. Cette opération faite, il se sauva à toutes jambes à Constantine, où son premier soin fut de se plaindre au bureau arabe.

— As-tu des témoins ? lui dit l'officier.

— Non, Sidi, répondit l'Arabe ; mais vous pouvez envoyer chercher les coupables.

Ces derniers, amenés par les gendarmes maures, nièrent énergiquement le vol, et déclarèrent ne pas connaître le plaignant. Ce dernier, alors, produisant le pan tronqué de son burnous, raconta ce qu'il avait fait, et indiqua l'endroit précis où l'on trouverait le morceau enfoui devant la tente des voleurs. Cela fut fait, et comme le fragment s'adaptait parfaitement à la déchirure, le chef du bureau condamna les accusés à restituer l'argent volé ; il leur infligea, de plus, une amende, et, là-dessus, les fit conduire en prison.

Les sciences occultes sont et ont toujours été en grande faveur chez les Arabes.

Il y avait à Fez, ville du Maroc, vers la fin du douzième siècle, un thaleb distingué, nommé Aïça, dont les études et les recherches s'étaient dirigées vers la science de l'alchimie. Le *Djeldeky* du savant Andaloux Bnou Rafé-'r-râs tomba entre ses mains. Ce livre donnait l'art de transmuter, à l'aide d'épurations chimiques pleines de mystère, des métaux communs en d'autres plus précieux, c'est-à-dire qu'il contenait le secret de faire de l'or. Mais les démonstrations étaient enveloppées de figures, de comparaisons et de signes cabalistiques. Notre jeune adepte prend feu, et le voilà qui s'exerce aux manipulations de tout genre. Il allume nuit et jour ses fourneaux; il achète des métaux, fait fondre et mélange les substances, etc., etc... Une fois séduit par l'espoir de la découverte de l'or, une fois engagé dans ces travaux redoutables, il néglige ses affaires, dépense des sommes considérables, et se ruine complétement.

Quand vint enfin la réflexion, il résolut de se venger sur celui qu'il considérait comme l'auteur de son infortune.

Tous les matins il sortait de la ville, s'asseyait sur une pierre, au milieu du marché, et criait à tue-tête : « Des ouvriers ! des ouvriers ! »

Lorsqu'il se présentait un homme de bonne volonté, il l'emmenait dans sa maison, le faisait entrer dans un cabinet, lui mettait un chapelet entre les mains, et lui ordonnait de dire jusqu'au soir : *Inâl Bnou Rafé-'r-râs !* (*que Dieu maudisse Bnou Rafé-'r-râs !*) Le soir venu, il lui offrait un demi-réal et le congédiait.

Ce manége dura une année entière. Au Maroc et dans l'Andalousie même, il n'était question que de l'étrange manie du jeune thaleb Aïça.

Un jour enfin, comme il allait, selon sa coutume, criant : « Des ouvriers ! des ouvriers ! » un personnage qu'il ne connaissait pas se présente et lui fait offre de services. Le thaleb l'emmène dans sa maison, lui enseigne ce qu'il attend de lui ; mais, à sa grande surprise, l'ouvrier étranger, même pour un réal, refuse de proférer le blasphème ; tout au moins, avant d'appeler les malédictions divines sur la tête d'un de ses semblables, veut-il connaître les griefs du jeune homme et s'assurer qu'ils sont fondés, Aïça lui raconte alors ses déceptions et son malheur.

— C'est bien, dit l'étranger ; je vois ce qui te manque. Ne perdons pas notre temps à maudire. Apporte-moi une botte d'*halfa* (herbe à brûler), une livre de viande de bœuf, deux pots et deux fourneaux.

Quand le Marocain eut réuni ces objets, l'ouvrier sépara en deux parties égales la viande et l'halfa, donna un fourneau et un pot à son compagnon, et prit pour lui le pot et le fourneau restants. Cela fait, il lui dit :

— Nous allons allumer chacun son fourneau, et faire cuire chacun sa demi-livre de viande.

Tous deux se mirent à l'œuvre aussitôt, en causant. Le jeune homme, emporté par l'impétuosité et l'irréflexion de son âge, eut bientôt consumé tout son combustible sans obtenir de résultat. L'étranger, au contraire, allumant brin à brin son halfa, prépara tout doucement la cuisson de la viande. Puis, quand ce fut fini, se tournant vers Aïça, très-intrigué, et même un peu honteux de son insuccès, et se croisant les bras, le regardant avec sévérité, il lui dit :

— Veux-tu savoir pourquoi tu n'as pas réussi dans tes entreprises chimiques ? Je vais te l'apprendre. Il s'agissait présentement d'une opération bien simple et tout à fait vulgaire, qui s'accomplissait sous tes yeux :

tu n'avais qu'à me regarder; tu n'as même pu t'en tirer! Et tu osais naguère aborder le grand œuvre! Jeune homme, attends que le Très-Haut ait formé ton intelligence, et qu'une étude opiniâtre l'ait assouplie et fécondée! Tes malédictions m'ont impatienté : j'ai passé le détroit pour t'imposer silence. Celui que tu vois devant toi est Bnou Rafé-'r-râs lui-même. Je te pardonne, en t'adjurant d'être à l'avenir plus réservé et plus sage. Tu m'offrais un demi-réal; je n'en veux pas; c'est moi qui payerai ta journée.

En disant ces mots, le grand alchimiste andaloux offrit au jeune thaleb un sac plein de dinars et un énorme lingot d'or qu'avaient produit ses creusets.

Redevenu riche, le jeune homme ne songea plus au grand œuvre; il s'appliqua avec ardeur à ses études littéraires, y réussit; loin de maudire jamais personne, il suspendit avec soin ses jugements sur les actions de ses semblables, et, durant tout le cours de sa vie, qui fut longue, n'oublia jamais la vengeance de l'alchimiste.

XI

Le Naya.

Le chef de bataillon Salomon de Musis venait de prendre le commandement supérieur de Bougie, en remplacement du colonel de Larochette, lorsque les hostilités, un instant suspendues entre les Français et les Kabyles, furent reprises par ceux-ci avec une nouvelle impétuosité. Dans les premiers jours de juin 1836, de vives attaques furent dirigées contre toute la ligne de fortifications comprise entre l'épaulement Rapatel et le mont Gourayah, prodigieux cône qui se dresse, isolé et menaçant, au-dessus de la ville et de la mer, et dont le sommet, singulièrement abrupte et effilé, se termine par une pointe plus aiguë que celle d'une pyramide. Dans la journée du 6 notamment, une sortie vigoureuse en avant de ce pic escarpé et des postes qui en défendent le versant méridional fut nécessaire pour repousser l'agression des montagnards et les eut bientôt dispersés.

Vers le soir, on ne voyait plus aucune trace d'ennemis, et la fusillade venait de s'éteindre, lorsqu'un petit groupe d'indigènes apparut aux bords de la Summam, large et belle rivière qui débouche d'une pittoresque vallée, et, divisant par portions à peu près égales la demi-circonférence que forme le golfe de Bougie, se jette dans la mer au sommet de l'arc, à portée de canon de la ville. Un Kabyle se détacha de ce groupe et s'achemina seul vers la place. Quel était le motif de cette témérité? C'est ce que nul ne put savoir. Arrivé à la hauteur de la maison crénelée, l'imprudent montagnard fut assailli par des soldats, qui sans doute virent en lui un espion ou le fauteur de quelque embuscade, et le passèrent par les armes.

Cet événement, à peine remarqué au milieu des combats féconds en pareils épisodes dont Bougie était alors le théâtre, était plus grave cependant qu'on n'avait pu le croire d'abord. Le cadavre du Kabyle tué dans la soirée du 6 juin fut dépouillé de ses vêtements, qui étaient grossiers et en lambeaux comme ceux des plus pauvres montagnards ; déjà on allait le mettre en terre, lorsqu'un jeune Bougiotte nommé Ali-Bouch, qui, faisant le commerce avec les tribus de la vallée du Messaoud (autre nom donné à la Summam), avait souvent parcouru cette partie du littoral, joignit silencieusement les mains, et parut frappé de stupeur à l'aspect du corps mort, étendu au bord de la fosse creusée à la hâte pour le recevoir.

— Est-ce que tu connais ce *Bédouin?* lui demanda nonchalamment et par forme de conversation un vieux sous-officier chargé de présider à la lugubre opération, en poussant légèrement du pied les restes sanglants du Berbère.—Le soldat français ne reconnaît ni Maures, ni Arabes, ni Kabyles : pour lui, il n'y a que des *Bédouins.*

Le jeune Bougiotte, sans détacher son regard de la face livide du mort, fit un signe de tête affirmatif.

— Qui est-ce donc? demanda le brave à trois chevrons.

— C'est un marabout, dit le jeune homme.

— Ah bah! n'est-ce que ça? reprit la vieille moustache. Ils sont tous marabouts dans ce pays de malheur! J'espère bien que nous en *descendrons* encore, et plus d'un, de ces marabouts! Qu'ils y viennent seulement, qu'ils y viennent! Du diable si on les épargne!

— Si ce n'était qu'un marabout! répliqua le Bougiotte d'un ton d'anxiété singulière. Mais c'est bien pis que cela!

— Quoi donc? dit le sergent.

— C'est le *naya*.

— Comment dis-tu?

— Le *naya*.

— Je ne comprends pas... C'est égal, va toujours. Tu dis donc?...

— Que cet homme est le *naya* d'Amzien.

— D'Amzien Oulid-ou-Rabah, le *grand scheïkh*, comme ils l'appellent!

— Lui-même.

— Bravo! Eh bien, après?

— Eh bien! il y a que, pour ma part, je ne mettrai pas les pieds de sitôt dans la vallée du Messaoud; car qui sait, ajouta le jeune Bougiotte entre ses dents et comme se parlant à lui-même, qui sait sur qui tombera la colère du *scheïkh-saad?* — Il y a aussi, continua-t-il, que les Français, après ce beau coup, feront bien de se tenir sur leurs gardes.

— Tout ça, à cause de ce *naya?* dit le vieux sergent avec un haussement d'épaules. Jeune musulman, je crois que tu me fais des contes!

Le Bougiotte ne répondit pas, et le grognard, fort peu en peine d'approfondir la demi-confidence qui venait de lui être faite, oublia cette conversation, ou s'il se la rappela, ce ne fut que deux mois après, et alors qu'il n'était plus temps de parer aux conséquences de l'incident que nous venons de rapporter.

Le mot *naya* étant probablement aussi inintelligible à nos lecteurs qu'il l'était au respectable vétéran de la garnison de Bougie, nous suppléerons dès à présent au peu de curiosité de celui-ci et au silence du jeune Bougiotte, en leur expliquant succinctement cet idiotisme intraduisible. Lorsque deux Kabyles contractent alliance, soit pour la guerre, soit pour toute autre entreprise de quelque péril, ils échangent entre eux le *mezrag* (lance), gage d'union qui a pour effet de les lier irrévocablement. Chacun d'eux devient aussitôt, par le fait de ce don mutuel, le *naïya*, c'est-à-dire l'ami, l'inséparable, et, s'il était permis de s'exprimer ainsi, le *solidaire*, en un mot l'*alter ego* de l'autre.

Le *mezrag* (le nom indique suffisamment l'antiquité de cette coutume), qui était apparemment une lance dans l'origine, est aujourd'hui une offrande quelconque laissée au choix du donateur, mais qui presque toujours se compose d'un fusil ou d'un yatagan, sinon de quelque autre objet portatif, comme une gibecière, une ceinture ou un burnous. Le *mezrag* est un dépôt sacré : on ne peut sans honte le perdre ni le laisser aux mains de l'ennemi. Chaque *naya* doit défendre le sien jusqu'à son dernier soupir, comme le porte-enseigne son drapeau dans les armées européennes. A la fin de l'association, il est tenu de le rendre intact à celui dont il l'a reçu. Si l'un des *nayas* vient à succomber dans la lutte engagée en commun, le devoir de son compagnon est de le venger à tout prix. Un tel meurtre sort de la catégorie des homicides ordinaires ; il n'est pas de *khetiah* (prix du sang) qui puisse le racheter, et la peine du talion est le seul châtiment capable d'apaiser les mânes du défunt, en lavant la mortelle injure faite au *naya* qui lui survit.

Le jeune Ali-Bouch ne s'était point trompé, et le marabout tué aux portes de Bougie dans la journée du 6 juin était en effet le *naya* du *scheïkh-saad* (grand scheïkh) Amzien, plus généralement désigné, comme son frère et prédécesseur, sous le nom d'Oulid-ou-Rabah. Cette famille ayant joué un grand rôle dans l'histoire de Bougie depuis l'occupation française, on nous permettra d'insister sur ce qui la concerne et de reprendre notre récit d'un peu plus haut.

Oulid-ou-Rabah, l'aîné d'Amzien, fut le chef principal et l'organisateur de la défense de Bougie en septembre 1833. Cette défense lui fit honneur, car ce ne fut qu'après un combat des plus opiniâtres que l'expédition française se rendit maîtresse de la place, et, dès le lendemain de l'occupation, il fallut envoyer chercher de nouvelles troupes à Alger pour réparer les pertes essuyées dans l'attaque et renforcer la garnison. Après la prise, Oulid-ou-Rabah se retira dans sa tribu ; mais il ne s'y tint point inactif : homme de courage et de tête, il fut dans les premiers temps l'âme des levées en masse et des agressions énergiques, mais impuissantes, dirigées par les populations kabyles contre des remparts qu'elles n'avaient pas su garder, et qu'il leur était à tout jamais interdit de reconquérir. Entre tous les scheïkhs, ses rivaux d'autorité et de puissance, il n'en était aucun qui pût mettre sur pied autant de cavaliers que lui. Aussi avait-il reçu le titre de *scheïkh-saad*, éminente dignité qui se confère à l'élection dans l'assemblée des chefs de premier degré. Son pouvoir s'étendait principalement sur la riche vallée du Messaoud, et, dans ses actes officiels comme dans ses lettres, il joignait habituellement à sa qualification de *scheïkh-saad* celle de *prince de la rivière.*

Cependant, les nombreuses tentatives des Kabyles pour chasser les Français de Bougie ayant complétement échoué, les tribus commencèrent à se lasser d'une lutte qui ne leur rapportait que mécomptes, privations et affaiblissement, sans espoir de meilleur succès pour l'avenir, et leur fermait l'accès du marché de la ville, unique débouché offert aux produits de leur territoire. Or, les Kabyles sont une nation au moins aussi industrieuse et commerçante que guerrière : braves, mais avides, ils n'estiment rien au-dessus du fer, si ce n'est l'or. Ceux du Messaoud, dont le territoire est le plus fertile de la contrée, devaient particulièrement souffrir de l'état de guerre, et en effet Oulid-ou-Rabah, leur représentant naturel, ne tarda point à manifester le désir de traiter avec nous.

Les avances qu'il fit dans cette vue furent assez mal accueillies. Le lieutenant-colonel, depuis général Duvivier, qui commandait alors à Bougie, se souciait peu d'entrer en négociation avec le chef des Ouled-Tlemsatz. Ne le considérant pas comme très-influent, il inclinait plutôt pour un rapprochement avec les Mezaya et les Beni-Mimoun, tribus de l'ouest et du sud, dont l'une touchait à nos avant-postes, et dont l'autre, occupant le littoral, était à portée d'exercer un droit de vie ou de mort sur les marins français qui viendraient à faire naufrage sur ces côtes inhospitalières. Singulièrement piqué de voir son alliance dédaignée par le commandant supérieur, mais non point découragé, Oulid-ou-Rabah se concerta avec son beau-frère Medani, l'un des cinq Bougiottes qui avaient servi de guides aux troupes françaises lors de la prise de la ville. Repoussé dans les ouvertures qu'il fit au nom de son parent à l'autorité militaire, Medani se flatta d'être plus heureux auprès de l'administration civile, et en effet l'événement justifia ses prévisions.

Le pouvoir civil était alors représenté à Bougie par un jeune commissaire du roi, plein de zèle, de feu, et animé du désir de signaler sa gestion en relevant le rôle obscur et subalterne que lui avait fait jusqu'à ce jour la prépondérance militaire dans une ville presque sans habitants et constamment assiégée. M. Lowasy, — tel était le nom de ce fonctionnaire, — prêta l'oreille aux propositions de Medani. Il en référa aussitôt à son chef hiérarchique, l'intendant civil de l'Algérie, qui l'autorisa à négocier, par l'entremise du Bougiotte, un traité de paix avec le *prince de la rivière.*

Celui-ci, auquel Medani porta cette réponse favorable, témoigna aussitôt le désir de traiter directement avec le commissaire du roi. — Que l'*intendant* (c'était ainsi que les Kabyles désignaient M. Lowasy) ne craigne rien, dit-il; qu'il ait confiance en moi; qu'il vienne me trouver : il n'aura point à s'en repentir.

Malgré ces assurances amicales, M. Lowasy hésita d'abord à se rendre à l'appel du chef kabyle. La bonne foi n'est pas le caractère distinctif de la race berbère : l'apparente cordialité d'un homme de cette nation pouvait cacher des vues haineuses, et l'on verra bientôt, par la suite de ce récit, qu'une pareille supposition n'était rien moins que calomnieuse. Aucun Français ne s'était encore aventuré seul au milieu des tribus sauvages et fanatiques entre toutes qui peuplent le territoire de Bougie; les habitants de la ville eux-mêmes ne s'y hasardaient qu'en tremblant, et il arrivait quelquefois que, pour une somme de cent francs, on ne pouvait trouver un messager arabe qui consentît à porter une lettre à une lieue dans la montagne. L'entreprise, à ce titre, joignait sans doute au mérite de la nouveauté un côté aventureux et romanesque bien fait pour exalter l'imagination d'un jeune homme; mais, comme antidote, elle offrait un incontestable péril.

Toutefois, l'indécision de M. Lowasy ne fut pas de longue durée. Dès le lendemain du jour où Medani était venu lui rendre la réponse du *scheïkh-saad*, des cavaliers parurent dans la plaine, escortant un enfant de douze ou quinze ans qui demanda l'entrée en ville. Il apportait au jeune commissaire du roi une lettre d'Oulid-ou-Rabah qui exhortait celui-ci à venir le trouver au lieu indiqué par lui la veille à Medani, c'est-à-dire au coude que forme la grande rivière dans la plaine, un peu au-dessus de son embouchure. — Je t'attends, lui écrivait-il. — Il n'y avait pas un moment à perdre : quelques minutes de retard pouvaient tout compromettre, et d'ailleurs les Kabyles sont gens avec qui il faut prendre un parti prompt et ferme. M. Lowasy accepta.

Envoyé par lui en avant, Medani monta dans un canot, mit à la voile et se dirigea vers l'extrémité de la rade. Peu d'instants après, M. Lowasy descendit lui-même au port, prit, sous prétexte d'une promenade en mer, l'embarcation de la *Santé* et suivit celle du Bougiotte. Au bout d'une heure les deux canots étaient en vue d'un camp nombreux de Kabyles établi sur le rivage, au delà de l'embouchure de la Summam. Medani prit terre le premier, et après avoir eu avec les guerriers berbères une conversation que M. Lowasy jugea de loin être amicale, il revint dire à celui-ci qu'Oulid-ou-Rabah était là avec ses frères et ses cavaliers; qu'il s'apprêtait à bien recevoir le jeune commissaire du roi, et avait témoigné une grande joie de la visite de l'intendant. M. Lowasy arbora aussitôt, pour faire honneur au chef kabyle, le pavillon de la *Santé;* puis il gouverna vers la terre. Le rivage sur ce point est en pente tellement douce que le canot toucha le sable à cinquante pas environ de la côte, en sorte que M. Lowasy dut mettre en réquisition la vigueur et le dévouement de ses rameurs pour le transporter sur la plage. Ceux-ci, en discernant le but de cette prétendue promenade, étaient devenus tout tremblants, et nul d'entre eux ne se souciait de suivre à terre le commissaire du roi. Deux des plus courageux y consentirent pourtant sur les instances de M. Lowasy, et, l'un d'eux le chargeant sur ses épaules, tous trois se trouvèrent bientôt transportés au milieu de deux mille Kabyles.

Du plus loin qu'il les vit, Oulid-ou-Rabah s'empressa de descendre de cheval, jeta ses armes et vint embrasser le jeune commissaire du roi en l'appelant *son père, son frère, son fils, son sang.*

— Tu es le premier, le seul qui sois venu sur la terre des Kabyles, lui dit-il avec effusion. Tu es un brave. Soyons amis : donne-moi ta main, et moi je te donne mon cœur.

M. Lowasy répondit à ces démonstrations si expressivement affectueuses par l'offre de présents dont il s'était muni pour cette entrevue, et qui consistaient en sucre, café, épices, toutes raretés précieuses pour un scheïkh, voire pour un *grand* scheïkh kabyle. Il donna aussi au *prince de la rivière* une longue-vue dont celui-ci, peu au fait des lois et des prestiges de l'optique, se montra on ne peut plus émerveillé. Les deux amis improvisés eurent ensuite, en se promenant au bord de la mer, une longue conférence sur la paix projetée. Puis Oulid-ou-Rabah s'assit et dicta à son *khodja* une lettre qui contenait l'expression de ses vœux et l'offre de son alliance.

Cependant, la campagne se couvrait de Kabyles qui venaient, armés jusqu'aux dents, caracoler autour de M. Lowasy, et dont quelques-uns même l'effleuraient en passant dans cette *fantasia* importune. Celui-ci fit alors remarquer à Oulid-ou-Rabah qu'il était chez lui, près de lui, sans armes, sans escorte, et qu'il était peu convenable que ses guerriers vinssent ainsi entourer, le yatagan au poing, et braver en quelque sorte l'hôte paisible et confiant du *scheïkh-saad*. Oulid-ou-Rabah fit un signe, et aussitôt les curieux armés se dispersèrent. Mais une fraction de la tribu des Beni-Mimoun qui, mêlée au rassemblement, voyait avec déplaisir l'entrevue du fonctionnaire français avec le chef de la vallée du Messaoud, prit à ce moment une attitude menaçante et, brandissant ses armes en signe de haine et de défi, fit mine d'avancer, au lieu de reculer suivant l'ordre du *scheïkh-saad*. Plus prompt que l'éclair, Oulid-ou-Rabah remonte à cheval, fond sur les mutins, leur coupe trois têtes, fait quatre prisonniers, met le reste en fuite, et revient offrir son sanglant trophée à son ami le jeune commissaire du roi.

Pendant ce temps, celui-ci, incertain sur les suites du combat qui venait de s'engager, avait cru devoir regagner son embarcation. Oulid-ou-Rabah, de retour sur le rivage, lui fit passer les têtes des Beni-Mimoun à titre d'hommage, lui dit-il, et pour témoigner que l'amitié jurée par lui était sacrée. Il le pria en même temps de prononcer sur le sort des quatre prisonniers, et, pour lui prouver mieux encore son affection et son estime, il se mit en devoir, l'instant d'après, d'ôter ses chaussures, dans l'intention d'aller à son tour lui faire visite à bord de l'embarcation. Mais l'apparition subite de deux chaloupes canonnières, qui se dirigeaient à toutes voiles sur le canot de M. Lowasy, coupa court à cet échange de courtoisie, et, d'après le conseil des siens, le chef kabyle, en présence de cette intervention armée, crut devoir rester sur le rivage. Les deux chaloupes canonnières arrivèrent jusqu'à portée du canot, et un officier, le hélant, déclara à M. Lowasy qu'il avait ordre de tirer à boulet sur son embarcation, s'il ne le suivait à l'instant. M. Lowasy dut obéir, et les deux amis se dirent adieu de loin, du geste et de la voix.

L'aventureuse expédition du jeune commissaire du roi avait eu lieu, on ne l'a pas oublié, sans le concours et à l'insu de l'autorité militaire, qui n'était nullement sympathique aux ouvertures du *scheïkh-saad*. Mais le mystère n'avait pas été longtemps possible; car du haut des murs de la place l'œil embrasse la plaine où M. Lowasy s'était rencontré avec le chef du Messaoud, et à l'aide de leurs longues-vues, les officiers de la garnison avaient pu suivre toutes les phases de l'entretien. C'est alors que le commandant supérieur, s'appuyant sur la législation martiale qui interdit toute communication avec l'ennemi sans un ordre écrit de l'autorité militaire, avait cru devoir faire courir sur l'embarcation montée par le commissaire du roi. Ramené à Bougie, et d'abord déclaré prisonnier de guerre, mais bientôt remis en liberté, M. Lowasy s'y vit en butte aux imprécations et presque aux menaces de la garnison entière. Quelques officiers ne parlaient de rien moins que de traduire le commissaire du roi devant un conseil de guerre, sous l'accusation capitale de connivence avec l'ennemi. Bien que profondément blessé d'un acte qu'il considérait comme un empiétement sur ses attributions et ses droits, M. le lieutenant-colonel Duvivier se montra infiniment plus modéré et plus sage que ses conseillers : il se borna à déférer le cas à l'autorité supérieure, et à renvoyer provisoirement à Alger M. Lowasy, dont le crime n'était après tout que d'avoir, cédant peut-être un peu trop vite à une généreuse impulsion, traité en personne avec le chef kabyle, au lieu de s'en remettre à un intermédiaire toujours insuffisant et suspect.

Il paraît, au surplus, que le gouvernement rendit

justice aux intentions de M. Lowasy, car, loin d'être mis en jugement, ce fonctionnaire obtint peu après la décoration de la Légion d'honneur, en récompense du courage et du dévouement au bien public dont il venait de faire preuve. Le comte d'Erlon, alors gouverneur général, approuva la proposition de traiter avec le *scheïkh-saad,* et commit à cet effet le colonel Lemercier, qui arriva peu de jours après à Bougie, ramenant le commissaire du roi. Mais, pendant l'absence de ce dernier, la querelle n'avait fait que s'envenimer entre Oulid-ou-Rabah et le commandant de la place.

Le surlendemain de son entrevue avec le commissaire du roi, le *scheïkh-saad,* ne jugeant point les Beni-Mimoun, ses ennemis, assez châtiés pour l'insolence et l'audace qu'ils avaient eue de venir troubler la conférence, les avait assaillis, battus, et avait mis le feu à l'une de leurs *dacherahs.* Le reflet de l'incendie parvint jusqu'à Bougie, et aussitôt le lieutenant-colonel Duvivier donna ordre à l'officier de marine commandant le brick stationnaire de se porter sur la côte en vue du territoire ravagé, et de tirer à mitraille sur tous les combattants sans distinction. Oulid-ou-Rabah, qui depuis deux jours se croyait en paix avec nous, ne fut donc pas peu surpris de voir plusieurs des siens tomber autour de lui sous le feu des chaloupes du brick stationnaire. Il s'empressa de faire mettre l'un de ses gens à l'eau pour demander au commandant du brick français les motifs de cette agression imprévue, et le dialogue suivant s'engagea, par l'intermédiaire de cet homme, entre l'officier de marine et Oulid-ou-Rabah, accouru lui-même sur le rivage.

— Tu n'ignores pas, dit ce dernier, qu'avant-hier l'*intendant* est venu me voir. Il est maintenant mon frère, et je vous considérais tous, depuis sa visite, comme des amis. Pourquoi viens-tu ainsi tirer le canon sur moi, sans savoir ni ce que tu fais, ni à quelles gens tu t'attaques ?

— Lève le camp d'ici, répondit l'officier ; j'ai ordre de faire feu sur toi.

— Tu dois pourtant savoir, reprit Oulid-ou-Rabah, que des hommes de la tribu des Beni-Mimoun ont osé lever le yatagan sur l'*intendant*, lorsqu'il est venu me rendre visite. C'est un outrage dont je dois tirer vengeance, car l'*intendant*, je te l'ai dit, est maintenant mon frère. Tel est l'usage parmi nous. Laisse-moi donc punir ces gens-là comme ils le méritent, et, malgré ton attaque étourdie, la paix que j'ai promise à l'*intendant* se fera, tu peux y compter.

— Retire-toi, répéta le commandant du brick. Encore une fois, j'ai ordre de tirer sur toi et de ne cesser que lorsque tu auras levé le camp. Si, du reste, tu as quelque chose à dire au commandant de Bougie, viens à mon bord, et je te conduirai près de lui.

— Va dire à *ton* commandant, repartit fièrement Oulid-ou-Rabah, que je suis, moi, général des Kabyles, et que je n'irai pas plus à lui que lui-même n'est venu à moi.

Le feu cessa néanmoins après ces pourparlers ; mais il résulta de cette nouvelle collision qu'Oulid-ou-Rabah, furieux contre M. Duvivier, refusa obstinément de traiter avec cet officier supérieur, lorsqu'un peu plus tard il fut question de conclure la paix annoncée. Ne voulant pas être un obstacle à la pacification du pays, M. Duvivier demanda aussitôt son rappel au gouverneur général, qui lui donna pour successeur le colonel du génie Lemercier. Rien ne s'opposant plus à l'alliance projetée, un traité de paix fut signé, le 9 avril 1835, entre *l'honoré et le vertueux scheïkh-saad* Oulid-ou-Rabah et le nouveau commandant de Bougie. Ce traité portait en substance qu'à dater du jour de la conclusion toute hostilité cesserait entre les Français et les tribus soumises au scheïkh ; que les Kabyles pourraient entrer et circuler librement dans la ville ; que les marchés leur seraient ouverts et toute protection donnée pour la vente de leurs denrées et de leurs bestiaux ; que de plus le *scheïkh-saad* aurait un représentant ou consul qui résiderait à Bougie. Enfin, et par un article additionnel, Oulid-ou-Rabah s'engageait à se joindre aux Français, pour combattre et soumettre les tribus récalcitrantes qui, malgré la paix, continueraient à guerroyer.

Cette pièce diplomatique n'eut malheureusement pas tout l'effet qu'on en espérait : une sorte d'état mixte qui n'était, à proprement parler, ni la paix ni la guerre, et qu'interrompaient fréquemment des meurtres et des coups de mains isolés, succéda à la suspension d'armes. Oulid-ou-Rabah désirait sincèrement l'exécution du traité, car il y voyait un moyen d'agrandissement personnel; mais, selon toute apparence, il s'était exagéré son crédit sur ses compatriotes, ou peut-être ce crédit même l'abandonnait-il précisément à cause de son alliance avec nous. Ses rivaux, les Mezaya et les Beni-Mimoun, protestaient d'ailleurs contre une paix à laquelle ils n'avaient point eu de part, et ne cessaient de susciter des entraves au *scheïkh-saad*, soit en excitant les autres tribus contre lui, soit même en l'attaquant ouvertement. Aussi, Oulid-ou-Rabah, en se plaignant amèrement, dans sa correspondance, de ses incommodes voisins, demandait-il avec instances que les Français voulussent bien le débarrasser d'eux, en frappant ce qu'il appelait *un grand coup*, c'est-à-dire en exterminant ces opiniâtres adversaires. « Attaquez-les, combattez-les avec vigueur, écrivait-il, et alors je me joindrai à vous pour les poursuivre sans relâche, jusqu'à ce qu'ils soient anéantis ou soumis. — Pourquoi pas tout de suite? lui répliquait le commandant supérieur. — Je ne le puis, reprenait le *scheïkh-saad*, car si je combattais dès à présent sous votre drapeau, toutes les tribus me reprocheraient de prendre parti pour les chrétiens contre les musulmans; elles me courraient sus et leur prêteraient main-forte. Nous ne ferions donc rien de bon. Mais une fois leur déroute commencée, je me charge de l'achever et de contenir les autres Kabyles, qui ne feront point difficulté de se ranger sous la loi du plus fort, et que je m'occupe en ce moment de rallier à la paix commune. »

Avec un certain fonds de prudence égoïste et de duplicité qui manque rarement aux combinaisons d'un Berbère, il y avait certainement quelque chose de vrai dans les raisonnements du *scheïkh-saad*. Sa politique vis-à-vis de nous peut se résumer en un mot : il avait accepté notre alliance sous bénéfice d'inventaire. Plus loyal que beaucoup de ses compatriotes, il ne nous trahit point, mais, en revanche, il ne nous servit que fort peu. Sous sa cape de laine blanche et ses dehors farouches de guerrier plus qu'à demi sauvage, cet homme cachait l'étoffe d'un Talleyrand au petit pied. Il agissait le moins possible, parlait beaucoup et écrivait encore davantage, en véritable diplomate. Sa correspondance, fort curieuse comme étude sous ce rapport, est un chef-d'œuvre de finesse et de subtilité kabyles. L'avidité particulière aux gens de sa race s'y montre aussi par plus d'une échappée divertissante. Il n'est pas une seule de ses lettres qui ne soit suivie de deux ou trois, ou même quatre *post-scripta* anodins dans le genre de ceux-ci (nous copions textuellement) :

« N'oubliez pas de m'envoyer un petit cadeau pour le khodja et aussi quelque chose pour le *scheïkh-saad* (c'est de lui-même qu'il s'agit).

» Envoyez-moi, je vous prie, du sucre, du café, de la toile et du calicot.

» *Item.* Trois cafetières pour faire le café.

» *Item.* Un collyre pour les yeux du scheïkh-saad, et surtout (article recommandé) une *médecine pour fortifier* (apparemment une *médecine* dans le goût de celles que Victor Jacquemont prodiguait au rajah énervé de Lahore comme moyen sûr de captiver ses bonnes grâces).

» *Item.* Du papier, de la cire, du tabac, une pièce de toile, etc., etc. »

Six mois après la signature du traité négocié par M. Lowasy, Oulid-ou-Rabah, depuis quelque temps très-souffrant et très-affaibli (peut-être par l'usage des médecines à fortifier), rendit l'âme, et son frère Mohammed-Amzien, celui-là même dont nous avons vu le *naya* tué dans la journée du 6 juin, sous les murs de Bougie, lui succéda dans la dignité de *scheïkh-saad*, au détriment d'Ou-Rabah, jeune fils du défunt.

Le nouveau scheïkh, homme d'action, qui ne partageait pas les vues pacifiques de son frère, débuta par rompre le traité et nous déclarer franchement la guerre. « Je vous préviens, écrivit-il au commandant de la place aussitôt après son avénement, que mon intention est de vous combattre : ne comptez donc plus sur la paix, car désormais, je vous le déclare, c'est entre nous une guerre à mort. » Mais, chose singulière et qui peint bien la race kabyle ! les demandes de cadeaux, même après cette rupture manifeste, ne laissaient pas d'aller leur train. « Je vous envoie, mandait Amzien par la même épître, un petit sanglier, afin que vous remettiez pour moi au porteur de ce message du tabac à priser, un cachet et un moulin pour le café. Quant au cachet qu'a demandé le fils de Rabah (neveu d'Amzien), ne le lui donnez pas : il vaut mieux que vous en fassiez faire un pour moi. (Ce dernier trait nous semble d'un très-haut comique.) Envoyez-moi aussi en cadeau du calicot et quelques pains de sucre. » Il paraît que le sucre et le calicot sont essentiellement du goût des chefs berbères. Un autre scheïkh, Hamar-Bélir, en réclamait vers le même temps, au nom *de la paix et du commerce,* avec une adorable naïveté d'effronterie. « Ne vous souvient-il plus, écrivait cet autre pacificateur, que je vous ai demandé il y a peu de jours du calicot et plusieurs pains de sucre? Comment se fait-il donc, je vous prie, que je n'aie encore rien reçu? Si vous m'envoyez ce calicot et ce sucre, j'aurai peut-être quelque chose de bon à vous apprendre : sinon, n'attendez rien du scheïkh Hamar-Bélir; vous êtes chez vous, et moi chez moi.»

Pour citer encore quelques passages de ces lettres si caractéristiques, Amzien, ayant formé, ainsi qu'il l'avait annoncé, une coalition contre nous, écrivait peu de temps après au commandant supérieur, le colonel de Larochette : « Toutes les tribus musulmanes sont réunies pour faire la guerre. Le paradis est le prix du sabre, et nous vous combattrons avec une grande joie. Nous ne nous cacherons pas plus que le soleil lorsqu'il luit dans toute sa splendeur. (Allusion ironique à l'usage incommode où était la garnison française de se mettre à couvert sous ses murs.) Les Kabyles se rasent la moitié de la tête, parce qu'ils n'ont pas peur de la mort, et ils ont le crâne extrêmement dur. Aujourd'hui même nous commençons à préparer nos munitions de guerre. Ainsi, tenez-vous pour avertis, car, avant qu'il soit peu, nous vous attaquerons, si Dieu le veut (*in cha Allah*, formule pieuse qui revient continuellement dans la bouche ou sous la plume des musulmans). Nous aimons mieux le paradis que ce monde, ou, pour mieux dire, nous n'aimons rien que le bon Dieu et notre prophète Mohammed. Ce sont eux qui font notre courage. — Écrit par l'ordre de Mohammed-Amzien. Dieu donne la gloire aux musulmans et extermine les Français ! » Cette fois, par extraordinaire, la lettre n'avait pas de *post-scriptum*.

L'attaque dont Amzien nous menaçait eut lieu en effet peu de jours après ; elle fut vive, et nombre de tribus y prirent part ; mais elle échoua complétement, comme les précédentes, contre le courage de la garnison et les murailles de la place. Ce que voyant, le nouveau *scheïkh-saad* et ses confédérés, furieux de l'impuissance de leurs efforts, adressèrent au commandant de Bougie la nouvelle lettre ci-après, qui fut trouvée un matin fixée à un poteau planté en terre près de la ville, à portée de nos avant-postes. « Si vous êtes Français, vous viendrez dans la plaine vous mesurer avec nous. Vous ne *devez pas* nous tirer des coups de canon et de fusil à couvert derrière vos remparts. Si vous êtes des gens de cœur, vous quitterez vos murs et marcherez contre nous. Sinon vous êtes tous des *juifs!* »

Tels étaient les rapports entre la garnison de Bougie et les tribus qui obéissaient au *scheïkh-saad*, lorsque M. Salomon de Musis succéda à M. de Larochette, en avril 1836, dans le poste de commandant supérieur. Cet officier entreprit de renouer les relations diplomatiques entamées deux ans auparavant avec Oulid-ou-Rabah, et y parvint en ce sens, qu'une sorte de trêve fut conclue entre les deux camps. Ce fut pendant cet armistice que le marabout, *naya* d'Amzien, périt devant Bougie, à la suite d'une attaque dirigée contre la ville par d'autres Kabyles opposés ou étrangers à la suspension d'armes. Nous avons dit que ce meurtre devait nécessairement donner lieu à des représailles. Il nous reste maintenant à voir quelle vengeance en tira Amzien. En apprenant la mort de son *naya*, que lui-même avait conduit, à ce qu'il paraît, aux bords de la rivière Summam le jour où celui-ci fut tué, cet homme laissa éclater une violente colère, et fulmina de formidables menaces contre les meurtriers de son ami. Mais bientôt, la réflexion venant le calmer en apparence, il s'apaisa, ou tout au moins dissimula soigneusement l'ardeur de son ressentiment. A dater de ce jour, on voit ce chef si impétueux, si franc, si loyal même dans son inimitié, qui naguère nous déclarait ouvertement la guerre, mettant une sorte de courtoisie et de point d'honneur chevaleresques à nous prévenir de ses attaques, cacher sous un masque d'amitié et de sérénité sa haine, ses tragiques desseins, et poursuivre lentement, mais sûrement, son but à travers les sentiers tortueux de la plus dangereuse astuce. Au hardi combattant succède le bravo; le guet-apens remplace la guerre.

Douze jours après la mort du marabout, un entretien a lieu dans la plaine entre Amzien et M. de Musis, sous couleur de prolonger la trêve et de traiter d'une paix plus stable. Tous deux se rendent bien escortés sur le terrain de l'entrevue. La conférence est précédée d'une distribution de cadeaux faite par l'officier français. Amzien reçoit les siens avec de grandes démonstrations de gratitude et de dévouement ; son visage est ouvert, ses manières affables; seulement, lorsque M. de Musis lui reproche amicalement d'avoir récemment dirigé une attaque, au mépris de la trêve, contre le parc de bœufs affecté aux subsistances de la place, Amzien ne peut retenir un sourire sinistre qui n'échappe pas à quelques-uns des spectateurs de cette scène. Au reproche qu'on lui adresse, il répond, mais sans emportement, par une récrimination sur le meurtre de son ami, le marabout. Le commandant savait à peine ce dont Amzien voulait parler. Il repoussa toutefois l'accusation de son mieux, en représentant le fait comme l'un de ces accidents nombreux qu'entraîne fatalement l'état de guerre. Amzien n'insiste pas sur ce point : il paraît se contenter de l'explication, et les deux chefs prennent congé l'un de l'autre en se donnant la main.

Cependant les autres scheïkhs kabyles, informés de cette entrevue, se transportent auprès d'Amzien. Ils le gourmandent de sa faiblesse, ils l'accablent de leur mépris. — Quoi, lui disent-ils, tu as laissé tuer ton *naya*, et, pour le venger, tu te rapproches des Français! Mais tu es donc une femme, un impie, un esclave! Le *scheïkh-saad* entend leurs reproches d'un front calme; sa *conscience* est en repos. — Attendez pour juger, leur réplique-t-il. Croyez-vous que Mohammed-Amzien soit un enfant? Le moment n'est point arrivé. Quand il en sera temps, je vous avertirai ; vous apprendrez alors à connaître Amzien. S'il en est parmi vous qui veuillent voir par leurs yeux comment il lave ses injures, qu'ils viennent! Ils pourront vous dire si Amzien a su se venger! — Cette demi-ouverture, accueillie par les scheïkhs, les laisse toutefois incrédules, et il est convenu que plusieurs cavaliers des Fenaya, l'une des tribus les plus hostiles à la France, assisteront à l'exécution du plan de représailles que médite mystérieusement le *scheïkh-saad*.

A peu de jours de là, Amzien, sachant que les vivres manquaient à Bougie, saisit cette occasion de faire croire à son amitié pour le commandant français, et chargea son neveu Ou-Rabah de conduire au marché de la ville un troupeau d'une vingtaine de bœufs. Cet envoi fut considéré comme une garantie de son désir sincère d'entrer en accommodement avec nous, et le commandant supérieur lui écrivit, quelque temps après, pour lui demander une nouvelle entrevue. En recevant cette lettre de M. Salomon de Musis, Amzien bondit de joie : c'était ce qu'il attendait, et cependant il ne se hâta point de souscrire à la proposition. A ses yeux, il ne suffisait point que cette conférence, nécessaire à l'accomplissement de ses projets, lui fût offerte : il fallait encore donner à croire à son confiant adversaire qu'il ne se souciait point de l'accepter ; il fallait que ce dernier, trompé par cette feinte indifférence, bannît de son esprit tout soupçon et se relâchât, pour venir au rendez-vous proposé, des précautions habituelles. Amzien affecta donc d'hésiter sérieusement à se trouver une seconde fois en présence du commandant de Bougie ; il différa quinze jours de lui répondre, et enfin, comme par forme de concession, il lui manda qu'il consentait à se rencontrer avec lui au lieu qui serait désigné.

M. de Musis était malade et gardait le lit lorsque le message du *scheïkh-saad* lui fut remis par le cavalier Bechir. Il ne put donc y répondre le jour même, ni le lendemain, ni le surlendemain. Ignorant la cause de ce retard, et impatient de tenir la promesse de sang qu'il avait faite aux scheïkhs kabyles, Amzien se départit à la fin de sa cauteleuse réserve. Il franchit la Summam le 4 août au matin, et parut avec ses cavaliers à l'extrémité de la plaine. Il envoya aussitôt à Bougie un exprès, le nommé Barch-Bouch-Dejah, avec mission de prévenir le commandant supérieur que le *scheïkh-saad* était là tout près qui l'attendait pour la conférence. M. de Musis était encore très-souffrant ce jour-là : de vagues pressentiments, quelque défiance peut-être, en dépit des habiles manœuvres d'Amzien, l'obsédaient; il était triste, inquiet, et à son tour il montra peu d'empressement à se rendre à l'invitation du Kabyle.

— Je ne me sens pas bien, répondit-il à l'émissaire du *scheïkh-saad;* dis à ton maître que je désire remettre l'entrevue à dimanche (7 août 1836).

Mais le cavalier Bechir, âme damnée d'Amzien, qui avait accompagné auprès du commandant l'émissaire Barch-Bouch-Dejah, insista auprès de M. de Musis pour que l'entrevue eût lieu le jour même.

— Le *scheïkh-saad*, lui dit-il, a si grande hâte de faire la paix que, pour peu que tu tardes, il ira la conclure lui-même à Alger avec le gouverneur général. Et s'il est si pressé, je puis te l'avouer en confidence, c'est que les Mezaya et les Fenaya viennent de retirer leurs *mezrags* d'entre ses mains, et qu'ainsi les voilà en guerre; c'est à toi de voir maintenant si tu veux laisser échapper cette occasion de t'assurer un allié puissant et fidèle.

— J'irai donc, répondit le commandant, dont l'instinctive répugnance à sortir ce jour-là céda à cet argument décisif. Et aussitôt il dicta à l'imam de la ville les lignes suivantes, adressées au *scheïkh-saad* :

« Si tu veux faire la paix avec moi, *mon cher ami*, viens ce soir à dix heures à la maison crénelée. Nous parlerons de nos affaires, et j'espère que tout s'arrangera à l'amiable; mais de la franchise! je te le recommande : point d'artifice entre nous. »

Le soir, à l'heure convenue, M. de Musis sort de la ville, suivi du kaïd Medani, de l'interprète Taponi, de l'Arabe Bel-Kassem, agent de la police maure, et accompagné de M. le sous-intendant militaire Fournier, qui désirait être présent à la conférence pour débattre certaines questions de sa compétence relatives à l'approvisionnement de la ville. On arrive à la maison crénelée : le *scheïkh-saad* n'y était pas. On l'aperçoit campé à distance dans la plaine. Par ordre du commandant, Medani monte à cheval et s'avance vers le chef kabyle; mais bientôt il rebrousse chemin.

— N'avancez pas, dit-il au commandant supérieur. J'ai vu autour d'Amzien des figures inconnues : je crois que ce sont des Fenaya. Comment se fait-il qu'ils soient là, s'il est vrai que le scheïkh ait rompu avec eux? Dans tous les cas, ceci ne me présage rien de bon. Encore une fois, n'avancez pas.

Pendant ce temps, Amzien, rejoint par Taponi et

Bel-Kassem, refusait, malgré leurs instances, de se rendre à la maison crénelée.

— J'ai vu des baïonnettes luire dans les broussailles, et je crains un piége, leur dit-il; je ne ferai pas un pas de plus.

Enfin, après plusieurs allées et venues, on s'accorde au moyen d'une concession mutuelle. L'entrevue aura lieu sur le bord de la mer, près de la tour dite du Rivage. Poussé par une sorte de fatalité, M. de Musis se transporte à l'endroit désigné avec le kaïd, l'interprète, Bel-Kassem, Bechir, M. Fournier et le capitaine Blangini, commandant une compagnie franche cachée dans les broussailles à deux cents pas de là. De son côté, Amzien s'avance, suivi de ses cavaliers dont le gros reste derrière lui, mais à distance beaucoup moindre. On s'aborde, on se donne de cordiales poignées de main, on se prodigue les compliments et les protestations amicales. Le *scheïkh-saad* surtout se montre affectueux et expansif :

— Ce jour, dit-il au commandant, met le comble à mes vœux.

Et en effet sa physionomie est radieuse; la joie éclate dans ses regards. Son allégresse s'accroît encore lorsque M. de Musis lui remet de sa main le cadeau, accessoire et préliminaire obligé de toute entrevue de ce genre. Amzien reçoit pour sa part un burnous rouge et une belle pièce de ce précieux calicot si cher aux populations kabyles. Une distribution de cotonnades et de pains de sucre est faite aux cavaliers de sa suite. Auprès du *scheïkh-saad*, se tenait un jeune homme au visage mâle et impassible, porteur d'un énorme tromblon. Le commandant, frappé de sa mine martiale, s'arrête devant lui, et tirant de sa poche une pièce de cinq francs, la lui présente avec bonté. Le jeune homme reçoit l'argent et remercie la main libérale à la manière arabe, en l'élevant jusqu'à ses lèvres.

On prend ensuite le café, et la conférence s'engage. Peu à peu cependant les cavaliers restés en arrière du scheïkh s'avancent négligemment vers le lieu de l'entretien. Une douzaine d'entre eux entourent le commandant et paraissent chercher à l'isoler de sa suite. D'un geste impératif, le capitaine Blangini coupe court à cette manœuvre. Il la fait remarquer à M. de Musis : celui-ci ne la voyait que trop bien ; il commençait enfin à comprendre tout le péril de sa situation ; mais, sentant qu'il était trop tard pour reculer, il jugeait que le mieux était de faire bonne contenance et de dissimuler sa vive anxiété. Toutefois, ses regards inquiets trahissaient son émotion. A ce moment Amzien, dont l'œil ardent, fixé sur le visage du commandant, semblait y lire sa pensée, laisse comme par distraction tomber les rênes sur le cou de son cheval. Le jour commençait à baisser. Le jeune homme au tromblon, celui qui venait de baiser la main du commandant, se glisse entre M. de Musis et les spectateurs de la conférence, appuie subitement le bout de son arme au dos du malheureux officier, et fait feu : M. de Musis tombe sur l'avant de sa selle, la colonne vertébrale coupée en deux par dix ou douze balles de calibre. Cette détonation et ce meurtre subit sont le signal d'une décharge générale faite par les gens d'Amzien, et sur le commandant déjà mort, et sur le petit groupe de sa suite. Le jeune interprète Taponi, désigné spécialement, comme M. de Musis, aux coups des assassins, est entouré, et reçoit à bout portant dans la poitrine les balles d'un fusil chargé jusqu'à la gueule. Le kaïd Medani est blessé grièvement. M. Fournier parvient à se tirer sain et sauf de la mêlée, ainsi que deux ou trois soldats du bataillon d'Afrique, qui avaient apporté les cadeaux et servi le café. Quant au capitaine Blangini, les balles sifflent autour de lui sans l'atteindre; mais un gigantesque Kabyle le jette à bas de son cheval, et lui brise à demi l'épaule d'un coup de crosse de fusil. Bien qu'étendu à terre et foulé aux pieds des chevaux, cet intrépide officier ne perd ni l'énergie ni le sang-froid. — Aux armes! en avant! crie-t-il d'une voix tonnante, qui, dominant le bruit de la mousqueterie, est entendue des premiers tirailleurs de la compagnie franche, déjà en marche pour venir porter secours au commandant. Avant que les cavaliers ennemis aient eu le temps de recharger leurs armes, nos soldats arrivent au pas de course. M. Blangini, qui s'est levé avec effort, se met à leur tête et prend à son tour l'offensive contre le perfide Amzien. Mais celui-ci, voyant atteint le but qu'il s'était proposé, ne juge point devoir attendre le choc : il tourne bride, et donne ainsi à ses gens le signal de la fuite. Le cheval du commandant et celui de l'interprète sont emmenés par les Kabyles ; les deux cadavres restent au pouvoir de la petite troupe française. Celui de M. de Musis était tout troué de blessures dont la moindre était mortelle ; l'interprète maltais Taponi, brave jeune homme que son dévouement connu à notre cause avait signalé à la rage des meurtriers, avait la poitrine broyée : comme celle de M. de Musis, sa mort avait dû être instantanée.

En apprenant ce funeste événement, la garnison de Bougie fut saisie d'une consternation et d'une fureur indicibles. On eut toutes les peines du monde à l'empêcher de massacrer l'espion Bechir, dont le langage artificieux avait entraîné à la fatale entrevue du jeudi 4 août le commandant supérieur. Embarqué le soir même pour Alger et traduit devant la justice militaire, cet homme fut reconnu coupable de complicité avec Amzien pour la perpétration du meurtre de M. de Musis, et condamné à mort. Renvoyé à Bougie pour y subir sa peine devant la population musulmane, il montra à ses derniers instants cette stoïque impassibilité qui naît chez les mahométans de la foi absolue au dogme de la prédestination, et que renforce encore chez ceux de l'Algérie le fanatisme développé au plus haut point par le voisinage et la haine des chrétiens.

Quant à Amzien, si quelques doutes subsistaient encore sur les motifs du meurtre qu'il venait d'accomplir, lui-même prit soin de les lever peu de temps après par une lettre dans laquelle il expliquait nettement au successeur de M. de Musis, M. le commandant Lapène, les motifs de son action. « Le scheïkh Mohammed-Amzien Oulid-ou-Rabah, écrivait-il, fait ses compliments au nouveau commandant de Bougie. — La présente est pour que tu saches les causes du *malheur* survenu entre moi et ton prédécesseur. Je n'ai eu envers les Français aucun mauvais procédé tant qu'eux-mêmes ont bien agi. Pourquoi ont-ils commencé l'attaque? J'avais conduit près de Bougie un marabout, un saint homme, qui était mon *naya*, et je l'avais accompagné jusqu'à la rivière la Summam. Je lui dis alors qu'il pouvait continuer son chemin en sûreté. Il arriva en effet jusqu'à la maison crénelée. Mais aussitôt la troupe française sortit, le tua, le déshabilla, et cassa le *mezrag* que je lui avais donné. Informés de ceci, les autres chefs kabyles sont venus chez moi me couvrir d'ignominie pour avoir laissé tuer mon *naya* et dérober le *mezrag*, gage de l'amitié qui nous unissait tous les deux. Après avoir reçu leurs reproches, j'ai juré trois fois par Allah que je ne laisserais point cet affront impuni, et que je tuerais, non pas un soldat, non pas un caporal, non pas un habitant, mais le commandant supérieur de Bougie. J'ai tenu parole; mais, je le répète, je n'ai commis cette action que parce que les Français m'ont attaqué les premiers dans la personne de mon *naya.* »

L'implacable Amzien avait plus que tenu parole, puisque le malheureux interprète Taponi avait succombé aux côtés du commandant supérieur, et que les autres personnes présentes à l'entrevue n'avaient échappé au massacre que par une sorte de miracle. Apparemment, il croyait avoir tué aussi le capitaine Blangini; car, de retour dans la vallée du Messaoud, qu'il parcourut triomphalement monté sur le cheval de M. de Musis, il se vanta avec une orgueilleuse emphase d'avoir immolé trois chefs français. Amzien s'attendait à exciter, par ce haut fait, l'admiration des scheïkhs kabyles qui étaient venus lui reprocher son inaction après la mort de son *naya;* mais ceux-ci ne trouvèrent pas que sa vengeance fût digne d'un homme de loyauté et de cœur. Les Mezaya lui tournèrent le dos et le qualifièrent « d'assassin, qui d'une main reçoit des présents, et de l'autre donne la mort. » Les Toudjâs, puissante tribu, ne parurent pas moins indignés du lâche guet-apens où Amzien avait attiré M. de Musis. Il n'y eut pas jusqu'aux Fenaya, dont plusieurs avaient assisté à l'assassinat du commandant, qui ne désavouassent hautement cet acte de félonie et de traîtrise. En un mot, le mépris public fut, à défaut d'un châtiment matériel, la peine infamante infligée à la perfidie d'Amzien. Tant il est vrai que ni la barbarie des mœurs, ni l'empire des préjugés, ni les haines de peuple à peuple, ni le fanatisme, ne peuvent égarer chez l'homme ce sens moral, guide droit et sûr, que Dieu a déposé dans l'âme de toute créature humaine!

XII

La vendetta kabyle.

C'est un fait digne de remarque, et depuis longtemps observé, que tous les peuples montagnards sont essentiellement orgueilleux, indépendants, vindicatifs, en un mot, infiniment plus passionnés que le reste des hommes. Les Suisses, les Écossais, les Corses, les Kabyles, aucun ne fait défaut à cette règle. Je pourrais en citer bien d'autres. Et, sans aller si loin, en France, dans les montagnes du Lyonnais, à vingt kilomètres à peine de la seconde ville du pays le plus civilisé, le plus centralisé, le plus homogène du monde, je pourrais nommer telle commune où les discussions se vident rarement sans effusion de sang, où le coup de couteau est la seule argumentation connue, où la feue Charte et le Code civil n'ont jamais régné qu'à l'état d'utopie et de rêve, où l'impôt est unanimement refusé, et où les sommations avec ou sans frais du percepteur servent à bourrer le fusil au bout duquel chaque contribuable tient à distance respectueuse les huissiers porteurs de contraintes, qui, du reste, ne s'y aventurent plus.

A quoi tient cette disparité entre la plaine et la montagne ? Aux mœurs, sans doute, dira-t-on, à leur rudesse héréditaire, à l'isolement ; cela est certain : mais les mœurs ne sont elles-mêmes qu'un résultat, si tant est que l'homme soit un, comme l'avait pressenti Buffon, et comme paraissent le démontrer les immortels travaux de la science moderne. Il faut donc chercher ailleurs la cause primitive de cette différence si caractéristique, puisqu'elle se retrouve partout, et, pour notre part, nous serions assez disposé à l'attribuer à l'influence prédominante du milieu atmosphérique. Il semble que l'air mou des plaines énerve les habitants des pays plats ; il semble que, tout en les pliant, chose sans doute fort salutaire, au joug des lois et au culte des vertus sociales, il altère en eux, par contre-coup, le sentiment de la grandeur et de la dignité humaines. Au contraire, l'homme des montagnes, qui aspire à pleine poitrine un éther pur et vivifiant, sent croître en lui tout à la fois l'instinct et la réalité de sa force ; enivré de sa propre vie, fier de sa puissance physique, il en vient à se croire presque l'égal des pics hautains qui l'environnent, et défie audacieusement le reste de la création d'empiéter d'un pas sur ses prérogatives d'homme libre et maître chez lui. D'où il suit que l'air de la liberté, comme on a coutume de l'appeler en style plus politique que littéraire, pourrait fort bien n'être, à tout prendre, qu'un fluide gazeux plus saturé de parcelles oxygénées, plus chargé de principes vitaux que ne le sont communément les basses régions de l'atmosphère, et que la terre, en repoussant elle-même les montagnes de son sein, aurait donné ainsi, tout jeu de mots à part, le signal des soulèvements. Quoi de plus fort et de plus libre que l'oiseau dont la respiration est double? Quoi de plus somnolent et de plus dégradé que le reptile, dont le poumon fonctionne à peine et n'existe qu'à l'état de lobe rudimentaire?

Nous livrons en toute humilité aux météorologistes et aux législateurs ce petit aperçu ethnographique, qui expliquerait fort bien, pour le dire en passant, pourquoi la France n'a pu être jusqu'ici républicaine, tandis que la Grèce et la Suisse l'ont été durant des siècles; et nous venons, sans plus de digression ni de préface à notre histoire, ce que peut-être nous eussions dû faire en commençant.

Parti de ce principe, que tous les montagnards se ressemblent, à quelques nuances près, il ne nous sera pas difficile d'établir le rapport frappant qui existe entre les Corses et les Kabyles. C'est d'une histoire de *vendetta* qu'il s'agit ici : le rapprochement est donc tout à fait de saison. Les Corses, naguère encore, n'étaient soumis que de nom au gouvernement de la France; la contribution foncière est à peu près nulle dans leur île, et, à certains égards, les choses y vont leur train comme au temps de la guerre avec les Génois. Les Kabyles n'ont pu être asservis par les Romains, ni par les Vandales, ni par les Arabes, ni par les Turcs (le seront-ils mieux par nous?); ils ont gardé leur langue, leurs mœurs, et n'ont jamais payé d'impôts. Les Corses sont vindicatifs; les Kabyles ne le sont pas moins. Les vendettes corses sont célèbres; il a manqué à celles des montagnards de l'Atlas d'être connues et mises en lumière par la littérature moderne: mais, cette circonstance à part, elles ne le cèdent en aucun point aux proverbiales représailles des terribles concitoyens de Napoléon, et n'ont vis-à-vis d'elles que l'infériorité ou l'avantage d'être inédites.

Déjà, dans le chapitre précédent (*le naya*), nous avons montré l'implacable ressentiment d'un fait de guerre indépendant de toute volonté comme de toute prévision humaine, coûtant la vie, dans un horrible guet-apens, à plusieurs officiers français, et, entre autres, au commandant de Bougie, l'infortuné M. Salomon de Musis. Nous avons vu alors le Kabyle en présence de l'étranger; il va nous apparaître maintenant en face de ses propres frères, et l'on verra de quelle façon il vide ses querelles intestines et venge ses injures privées.

Les deux tribus kabyles des Ouled-Abd-el-Djebbar et des Beni-Idjer, qui campent l'une et l'autre aux environs de Bougie, étaient en brouille depuis des siècles. Il y avait surtout une vive hostilité entre les familles de leurs chefs, Kaïd-Ahmed-Ben-Mohammed et

Kaïd-Hallel-Boursali. Quel avait été le principe de cette inimitié, toujours aussi envenimée, aussi ardente qu'aux premiers jours? C'est ce que nul ne pourrait dire. Les causes en étaient à peu près oubliées, ou, du moins, il y avait beaucoup de contradictions à cet égard. On était ennemi sans trop savoir pourquoi. Ce qu'il y avait de très-certain, c'est que, de part et d'autre, quantité de gens avaient été tués à chaque génération, sans parler des bestiaux pris et des villages incendiés, toujours par suite de cette haine héréditaire sur l'origine de laquelle on n'était pas même d'accord.

Or, cinq années avant l'époque où commence notre récit, la chamelle de Boursali, le kaïd des Beni-Idjer, avait mis bas un jeune mâle que son maître avait pris plaisir à dresser de ses propres mains. Maintenant l'animal, étant d'âge et de taille à supporter un cavalier, reconnaissait parfaitement celui qui l'avait dressé, élevé; il s'accroupissait de lui-même devant lui, lorsque ce dernier se disposait à le monter, et Boursali n'eût pas donné son jeune chameau pour tout le reste des troupeaux qui paissaient l'herbe de son haouch.

Kaïd-Ahmed, instruit de cette circonstance, résolut de tout faire pour enlever le jeune chameau à son ennemi. Il réunit donc quelques-uns de ses parents, leur confia son projet, et leur demanda s'ils étaient résolus à l'accompagner. Sur leur réponse affirmative, ils partirent tous bien armés. Ils arrivèrent dans la nuit sur le territoire des Beni-Idjer, se placèrent en embuscade près de l'habitation de Kaïd-Boursali, et, quand parut le jour, observèrent avec beaucoup d'attention les allées et venues des bergers et autres serviteurs du chef. Ils reconnurent sans peine l'étable où l'on remisait le chameau. Leurs yeux suivirent les pasteurs conduisant les troupeaux aux champs, et ils furent assurés que le jour même ils pourraient accomplir leur dessein.

Les bestiaux une fois dans la campagne, un seul pâtre resta à leur garde. Les autres retournèrent vaquer aux soins plus importants de la maison du maître ou à des travaux agricoles ; et, quant à l'unique berger, croyant n'avoir aucun danger à redouter, puisque sa tribu était en paix, il se laissa gagner par la chaleur du jour et engourdir par le sommeil. Les chiens haletants vinrent alors se coucher près de lui, et s'endormirent à ses pieds. Ceci se passait à environ une heure de marche de la maison de Boursali.

Le silence le plus profond régnait dans ce lieu isolé, fréquenté seulement la nuit par les lions et les chacals ; Kaïd-Ahmed et ses parents s'approchèrent doucement du troupeau, tantôt en se cachant derrière des broussailles, tantôt en rampant sur le sol, et ils voulurent prendre le chameau ; mais le bruit, si léger qu'il fût, de leur approche n'échappa point à l'oreille exercée des chiens, qui se mirent à gronder, et, par leurs aboiements, réveillèrent le pâtre endormi. Le Kaïd-Ahmed dit alors à ses parents : — Arrêtons-nous ;

êtes-vous hommes à aller en avant tout seuls? car si j'ai l'imprudence de me montrer, ce pâtre me reconnaîtra assurément; Kaïd-Boursali saura à qui il doit imputer la perte de son chameau, et portera infailliblement la guerre dans nos dacherahs.

En parlant ainsi, Kaïd-Ahmed raisonnait tout à fait à la façon des Kabyles, qui, bien que courageux et capables d'affronter au besoin l'ennemi à visage découvert, se hasardent le moins qu'ils peuvent, et estiment la ruse pour le moins à l'égal de la bravoure. Mais ses parents lui répondirent : — Ne crains rien, nous allons entourer ce pâtre et le tuer; la tombe est muette!

Ce qui fut dit fut fait : se divisant en deux bandes, et se glissant, comme des reptiles entre les herbes, jusqu'auprès du berger assoupi, ils l'environnèrent, et le malheureux n'avait pas eu le temps de dire trois fois : « Allah ! » que leurs yatagans les avaient délivrés de ce témoin importun.

Cependant les chiens, continuant d'aboyer, s'opposaient à l'enlèvement du troupeau, et s'élançaient avec furie sur les ravisseurs qu'ils mordaient; puis ils se retiraient en hurlant, et évitaient avec prestesse les coups de yatagan que voulaient leur porter le Kaïd-Ahmed et sa bande.

— Ces chiens nous feront découvrir, dit l'un de ces derniers, il faut nous en débarrasser à tout prix.

Aussitôt deux d'entre eux armèrent leurs pistolets, et, s'approchant du jeune chameau, firent mine de s'en saisir. Les chiens leur coururent sus à l'instant, comme ils s'y attendaient ; mais deux coups de feu lâchés en même temps couchèrent par terre ces trop vigilants gardiens.

— Eh ! vite, en route ! s'écria Kaïd-Ahmed. Tout ce vacarme peut attirer quelqu'un. Chassons devant nous tout ce que nous pourrons réunir du bétail de Kaïd-Boursali, et sauvons-nous. Je me chargerai, pour ma part, du jeune chameau.

Sur ces entrefaites, la pluie vint à tomber. Les Kabyles se dirent : — Voici qui est vraiment fâcheux : la terre va être détrempée, et si nous sommes poursuivis, Kaïd-Boursali reconnaîtra sans peine l'empreinte des pas de son troupeau. Que faire ?

Mais Kaïd-Ahmed leur répondit : — Ne vous inquiétez pas pour si peu. Je sais ce qu'on pratique en pareille circonstance. Au lieu de retourner chez nous directement et par la voie habituelle, nous nous engagerons dans les montagnes des Chellatah ; nous traverserons le territoire d'Amalou, celui des Tagabath ; nous suivrons ensuite les bords de l'Oued-el-Kebir, et nous atteindrons nos dacherahs sans avoir été inquiétés. Bien habiles seront les Beni-Idjer, s'ils peuvent nous suivre à la piste !

Les Kabyles applaudirent à ce discours sensé. Ils poussèrent en avant les bœufs et les chameaux de Kaïd-Ahmed, en ayant grand soin de marcher dans les traces que les pieds de ces animaux imprimaient sur la terre molle. Arrivés le soir dans la tribu des Chellatah, ils s'y reposèrent quelques heures, puis en repartirent avant le jour suivant de peur d'être vus, prirent les chemins les plus détournés, car ils étaient sur le territoire de gens alliés aux Beni-Idjer. La pluie continuait de tomber. Ils virent que, malgré la prudence de leur marche, la route qu'ils suivaient pourrait bien être décelée par les vestiges de leurs pas. Pour obvier à cet inconvénient, ils prirent les chameaux et les bœufs par la queue et les firent marcher à reculons. Leur course s'en trouva ralentie de beaucoup; mais en revanche, cet expédient compliquait singulièrement pour leurs ennemis la difficulté des poursuites.

Ils traversèrent heureusement le pays des Tagabath et ne tardèrent point à arriver aux bords de l'Oued-el-Kebir. Là, ils firent entrer leurs prises dans l'eau, afin de dépister complétement Kaïd-Ahmed, si, par impossible, celui-ci réussissait à les poursuivre jusque-là. Puis ils côtoyèrent les bords de la rivière, marchant alternativement dans son lit et sur les rochers qui la tiennent comme encaissée. C'est ainsi qu'ils franchirent les territoires neutres des Tojhamin, des Beni-Immel et des Senadjah.

Et enfin, après une longue absence, ils revirent leurs dacherahs où l'on chanta victoire, et où toute leur famille les accueillit avec des transports de joie. Le troupeau fut partagé entre tous les Kabyles qui avaient pris part au coup de main; Kaïd-Ahmed ne retint pour lui que le jeune chameau qu'il avait enlevé à son ennemi mortel.

Cependant, les gens de Boursali avaient entendu les deux coups de feu tirés par la bande d'Ahmed ; ils étaient accourus au bruit et avaient vu le berger mort, les deux chiens étendus sans vie, et le troupeau, réduit de moitié, épars le long de la colline. Ils se hâtèrent de prévenir leur maître, qui, s'étant assuré par ses yeux de la vérité de leur récit, resta muet et tout tremblant de colère et de désespoir. Il jura sur sa propre tête qu'il tirerait une vengeance éclatante de ce méfait, et s'engagea à ne point prendre de repos qu'il n'eût envoyé les âmes des meurtriers de son malheureux pâtre lui servir d'esclaves en l'autre monde.

Sans perdre de temps, il réunit ses gens et quelques-uns de ses proches, leur confia et son injure et le plan qu'il avait conçu. Sur-le-champ, ils prirent leurs longs fusils et se mirent en route avec lui. — Le démon de la vengeance, dit le conteur arabe, les guidait et hâtait leur marche.

Par l'ordre de Boursali, ses serviteurs parcoururent tous les sentiers voisins, et revinrent sur le soir annoncer qu'ils avaient trouvé les traces du troupeau volé. Le maître alla au lieu désigné et reconnut parfaitement l'empreinte du pied de son chameau, qu'il eût distinguée entre mille. La piste était nettement marquée jusqu'à l'entrée du territoire des Chellatah ; mais arrivés là, les Beni-Idjer ne surent plus quelle route suivre, car le chemin se perdait dans les rochers, et il était impossible de deviner si les ravisseurs avaient pris à droite ou à gauche, ou s'ils avaient continué de marcher en ligne droite.

Les gens que Boursali interrogea déclarèrent de bonne foi que depuis plusieurs jours il n'était venu aucun étranger dans la tribu. Et dans le fait, Kaïd-Ahmed avait pris soin de n'aborder le territoire des Chellatah que la nuit, et en était reparti avant l'aube, comme nous l'avons vu plus haut. Les mêmes gens ajoutèrent que sans doute les voleurs avaient pris le ravin de gauche qui conduit à la rivière. Cette indication était fautive; mais, chose singulière, ce fut cette erreur même qui déjoua les calculs de Kaïd-Ahmed, et contribua à mettre Boursali sur la trace des ravisseurs; car si ce dernier eût suivi la véritable direction qu'avait prise son ennemi, il serait arrivé au milieu du territoire d'Amalou, et là se serait infailliblement fourvoyé, à l'inspection des pas de son bétail que Kaïd-Ahmed, on se le rappelle, avait fait marcher à reculons.

Pénétrant donc dans le ravin, il arriva chez les Tagabath, au lieu même où les voleurs du troupeau étaient entrés dans la rivière. Parmi les marques de sabots qui se dessinaient sur le marécage du bord, l'œil perçant de Boursali reconnut sans peine celles de son chameau favori. Les mêmes traces ne se retrouvant pas sur la rive, le chef kabyle en conclut avec raison que les voleurs avaient suivi le cours du fleuve, et il marcha dans la même direction.

Sa troupe se partagea; la moitié côtoya la rive droite du fleuve, et l'autre prit à gauche. Des difficultés sans nombre l'arrêtaient presque à chaque pas : tantôt les bords de l'Oued se trouvaient hérissés de rochers à pic, il fallait ou marcher dans l'eau ou s'éloigner de la rivière, en décrivant de longs circuits, pour aller gagner souvent à une ou deux heures de distance une plage moins accidentée; tantôt ils distinguaient dans le sable de la grève, sur lequel ils avaient sans cesse l'œil fixé, quelque faible indice du passage de ceux qu'ils poursuivaient. Mais bientôt apparaissaient de nouveau les rochers, dont le dur silex n'offrait aucun vestige des fuyards. On s'arrêtait dans toutes les dacherahs, on accablait de questions chaque voyageur; mais Kaïd-Ahmed avait si bien pris ses mesures que nul dans le pays ne savait seulement ce dont Boursali voulait parler.

Il vint un moment où celui-ci, épuisé de fatigue et ne sachant où poursuivre un ennemi insaisissable, fut sur le point de se laisser aller au découragement. Ses compagnons étaient encore plus accablés. — Tu vois notre embarras, lui dirent-ils; mieux que nous, tu peux savoir qui t'a volé. Dis-nous le fond de ta pensée, et tâche de nous fournir quelque renseignement propre à nous mettre sur la voie.

— Qui voulez-vous que je soupçonne, répondit

Kaïd-Boursali, si ce n'est l'ennemi mortel de notre famille, Kaïd-Ahmed-ben-Mohammed, chef des Ouled-Abd-el-Djebbar?

— Ce n'est cependant pas la route de sa tribu que nous suivons, repartirent les parents du kaïd; mais il n'importe, ce chef rusé peut avoir mis notre sagacité en défaut par quelque tour de sa façon. Il faut vérifier le fait. Restons ici, et pendant ce temps deux de tes serviteurs, choisis parmi les plus intelligents et les plus dévoués, iront, déguisés en marchands de l'intérieur, s'informer adroitement de ce qui s'est passé dans l'arch même du Kaïd-Ahmed.

Ce conseil fut suivi, et deux des serviteurs de Boursali furent aussitôt envoyés en reconnaissance, tandis que les autres se reposaient sur les bords de l'Oued-el-Kebir. Quand revinrent les deux émissaires, du plus loin qu'on les vit paraître, chacun courut à leur rencontre, et, avant qu'ils eussent ouvert la bouche, on put voir, à l'expression triomphante de leur visage, qu'ils rapportaient une bonne nouvelle. En effet, ils annoncèrent qu'ils avaient vu le chameau et tous les bestiaux volés dans la dacherah de Kaïd-Ahmed; ils ajoutèrent qu'on préparait un grand festin pour célébrer le brillant coup de main du chef, et que la fête devait avoir lieu le soir du sixième jour après leur départ de la dacherah.

— Nous y serons! s'écria Boursali radieux. En partant à l'heure même, nous arriverons à temps pour figurer au festin d'une manière digne de nous.

Ils levèrent le camp aussitôt, et atteignirent en effet le but de leur voyage, dans la matinée du jour pour lequel la fête avait été annoncée.

La dacherah de Kaïd-Ahmed occupait le sommet d'une petite colline à pente douce, plantée d'une multitude d'arbres au milieu desquels poussaient des herbes hautes et touffues. Il ne fut donc pas difficile à Boursali et à ses compagnons de se tenir cachés jusqu'à l'heure propice pour l'exécution du plan qu'avait conçu le chef kabyle. La pluie avait cessé depuis plusieurs jours et fait place à une température brûlante qui avait desséché les herbes et grillé les feuilles des arbres. Cette vue fit sourire Boursali, qui alors seulement instruisit ses compagnons de son projet. Après le leur avoir communiqué à voix basse, il ajouta :

— Quand la zorna et le tambourin donneront ce soir le signal de la fête, ce sera le moment d'agir.

En attendant l'heure indiquée, les Kabyles se glissèrent silencieusement dans les profondeurs du massif, de façon à environner la dacherah de toutes parts ; puis, tirant leurs yatagans, ils formèrent devant eux des amas de branches sèches, de chardons à haute tige et d'arbrisseaux à demi torréfiés par le soleil.

La nuit était déjà épaisse, quand les premiers sons du tambourin et du hautbois se firent entendre. Aussitôt la flamme brilla dans toutes les directions sur le versant de la colline. En peu de minutes, la dacherah fut entourée d'un serpent de feu qui allait rétrécissant son orbe, et gagnait le sommet du mont avec une effrayante rapidité. Déjà toute voie de salut était fermée à Ahmed et à ses compagnons, que, plongés dans les délices du festin, ils ne soupçonnaient pas encore l'existence de l'incendie. Lorsqu'enfin, avertis du péril par les cris de quelques esclaves, ils quittèrent la table du festin en désordre, ils virent du haut de la colline des burnous blancs se détacher, à la lueur rouge des flammes, sur les teintes sombres de la nuit. Ahmed, d'un rapide coup d'œil, jugeant l'étendue du péril et se voyant perdu sans ressource, résolut de ne pas descendre au tombeau sans vengeance. Au sinistre jour projeté par le fléau dévastateur, il avait reconnu son ennemi mortel, qui, aidé de ses serviteurs et mû d'une haine infernale, attisait lui-même la flamme, en adressant de loin au malheureux kaïd des signes de la plus insultante et de la plus cruelle ironie. D'un bond, ce dernier s'élança vers l'incendiaire, qui, le voyant tout près de lui, et l'apostrophant avec un rire de démon, lui dit :

— Ah! ah! voleur de chameau, assassin, maraudeur, Kaïd-Boursali te salue. Il a craint pour toi l'air des nuits glaciales de la montagne, et il est venu, comme tu vois, t'allumer lui-même du feu.

Puis, faisant allusion à un usage arabe, il ajouta en ricanant :

— Le scorpion est venimeux ; mais il va périr dans les flammes [1].

— Soit ; mais auparavant le scorpion te fera sentir sa piqûre ! s'écria Ahmed furieux.

En disant ces mots, il ajusta Boursali de son long fusil, fit feu et l'étendit roide mort.

Au même moment surgit une violente rafale, la flamme mugit, s'élança vers le sommet de la colline, rapide comme un cheval de course, tourbillonna, et réduisit la dacherah en cendres. Il ne resta pas un vestige des gourbis qui la composaient, non plus que de ses habitants.

Les parents et les serviteurs de Kaïd-Boursali recueillirent son cadavre et le rapportèrent en grand deuil à son haouch, où il fut pleuré de ses femmes et de tous ses amis, comme un guerrier courageux et entreprenant. — Boursali n'ayant point laissé de fils, ajoute le chroniqueur arabe, et Kaïd-Ahmed ayant péri dans les flammes avec ses femmes, ses enfants et tous ses parents ou alliés, la querelle se trouva vidée, et l'affaire n'eut pas d'autres suites.

[1] Quand un Arabe saisit un scorpion, il s'amuse quelquefois à l'entourer d'un cercle de charbons ardents, qu'il rétrécit jusqu'à ce que l'insecte soit grillé vif. La chronique populaire ajoute que le scorpion, après avoir parcouru le cercle en tous sens et cherché vainement une issue, prend le parti de se frapper lui-même de son dard et meurt de son propre venin.

XIII

Le Tombeau de la Chrétienne.

Le *K'beur-Erroumïa*, littéralement Tombeau de la *Roumie* ou Chrétienne, est un antique monument qui s'élève à quelques lieues d'Alger, vers l'extrémité ouest de la plaine de la Métidjah, sur l'un des points culminants du Sahel. Ce mausolée fut l'un des premiers objets qui frappèrent les yeux de nos soldats lorsqu'ils débarquèrent, le 14 juin 1830, sur la plage de Sidi-Ferruch. Depuis lors il a été fréquemment exploré par les archéologues, sans qu'il ait été possible d'en déterminer au juste l'origine et même les proportions primitives. Ce qui en reste est une masse de maçonnerie quadrangulaire, reposant sur une base cylindrique, s'aiguisant vers le sommet et se terminant, à la façon des chalets suisses, en une pyramide formée par des degrés superposés, le tout assez peu régulier et fort dégradé par le temps. Près de là on remarque une pierre isolée, perpendiculairement assise, et présentant sur sa surface une croix assez mal figurée, ou, pour mieux dire, une sorte d'hiéroglyphe qui offre une certaine analogie avec le signe de Rédemption.

Telle est probablement la cause du surnom donné à ce tombeau par les Arabes, bien que leurs traditions représentent généralement ce monument comme l'antique sépulture d'une princesse du sang maure. Cette opinion s'accorde mal avec les légendes musulmanes, qui toutes assignent au mausolée une origine chrétienne ; mais la logique n'est pas précisément ce qu'il faut rechercher dans un conte arabe.

Quoi qu'il en soit, le Tombeau de la Chrétienne passe, à tort ou à raison, pour recéler d'immenses richesses. Ce gigantesque monument (il n'a pas moins de trente mètres de hauteur sur cinq de base) enferme, dit-on, dans ses flancs, des monceaux de pierres précieuses, des boisseaux de perles et de rubis, des quadruples à remuer à la pelle ; aussi les Turcs lui avaient-ils donné le nom de *trésor de la pointe.* Tout cet or et tous ces joyaux appartenaient à une princesse sarrasine chassée d'Espagne au moyen âge, et qui fut inhumée en ce lieu.

On se demande naturellement comment ce précieux trésor a pu jusqu'à présent rester intact parmi tant de populations rapaces, et comment, par exemple, les Hadjouths, ces brigands de profession, sur le territoire desquels s'élève le Tombeau de la Chrétienne, ont dérogé à leurs habitudes de pillage au point de respecter ce riche dépôt. La chose paraît incroyable en effet ; mais il faut savoir qu'un habile astrologue, ami de la famille de la défunte, avait fait des conjurations et composé un charme pour mettre le trésor à l'abri du vol. Un très-petit nombre de personnes avaient été mises dans la confidence et connaissaient les formules cabalistiques qui seules tenaient fermé le tombeau et qui seules pouvaient le rouvrir. Aucune d'elles n'ayant trahi les rits et les paroles magiques, le secret était mort avec elles. C'est là ce qui explique le mépris, ou plutôt l'étonnante délicatesse des Maures et des Arabes, gens infiniment moins scrupuleux d'habitude, à l'endroit des richesses prodigieuses enfouies sous le Tombeau de la Chrétienne.

Le puissant palladium qui protégeait le trésor n'empêcha point toutefois que diverses tentatives ne fussent faites pour s'approprier les écrins hyperboliques et la cassette de la princesse sarrasine; mais ces entreprises, qui tournèrent à la confusion de leurs auteurs, vinrent toutes du dehors, si l'on en croit les habitants de la contrée, trop prudents d'ailleurs pour s'attaquer à des conquêtes impossibles. C'est le récit de l'une de ces vaines entreprises qui forme la légende connue en Algérie sous le nom du *Hadjouth esclave*, et que nous allons mettre sous les yeux du lecteur dans toute sa naïveté.

Un certain Yousef Ben-Kassem vivait, il y a bien des années, sur le territoire des Hadjouths. Il possédait tout ce qui peut assurer le bonheur d'un croyant : sa femme était douce et belle; il avait des enfants sains, vigoureux, dont les caresses comblaient de joie son cœur paternel; son *haouch* (maison des champs) était neuf, et ses terres, d'une excellente qualité, lui rendaient cinq cent fois les grains dont il les avait ensemencées. Enfin, il n'avait rien à désirer, quand, pour son malheur, la guerre sainte vint à éclater entre les musulmans et les chrétiens. C'était un devoir pour lui de payer de sa personne dans une circonstance aussi grave; il embrassa donc sa femme et ses enfants, et leur recommandant de prier Dieu pour lui, il monta sur son cheval, prit son fusil et alla rejoindre ses compagnons d'armes.

Malheureusement, le ciel permit que les infidèles l'emportassent cette fois sur les vrais croyants : ceux-ci furent mis en déroute. Ben-Kassem, emporté par son ardeur guerrière et par son zèle religieux, ne songea à quitter le champ de bataille qu'au moment où, les ennemis l'environnant de toutes parts, la retraite lui fut impossible. Il fut fait prisonnier et emmené dans le pays des vainqueurs, où on le vendit comme esclave. Là, bien qu'il eût pour maître un homme qui ne le traitait pas trop durement, son cœur débordait d'amertume. Il ne pouvait goûter un instant de repos. Les yeux sans cesse fixés sur la mer, du côté de Koléah, la ville sainte, il poussait des sanglots déchirants en songeant qu'il ne reverrait peut-être jamais sa femme et ses enfants chéris.

« Que font-ils à présent? disait le pauvre esclave; songent-ils à moi? Hélas! ils me croient mort, sans doute, tandis que je languis loin d'eux. Peut-être, lasse de m'attendre en vain, ma femme a-t-elle déjà pris un autre époux. Et mes enfants, mes chers enfants, savent-ils encore le nom de leur père? Mon Dieu! suis-je donc condamné à ne plus les serrer dans mes bras ! »

Telles étaient ses plaintes de chaque jour, sans que le temps pût apporter le moindre soulagement à sa douleur. Il était devenu maigre et hâve à faire peur, et n'avait presque plus la force de se soutenir : il marchait ou plutôt se traînait languissamment comme un vieillard.

Un soir qu'assis au pied d'un arbre, son visage caché dans ses mains, il exhalait, comme d'habitude, sa tristesse en des soupirs et des gémissements lamentables, il sentit une main s'appuyer sur son épaule. Il releva la tête et vit debout, près de lui, un homme de visage austère qui portait le chapeau pointu et la longue robe bizarrement constellée des astrologues. Il se redressa et attendit en silence que le savant lui adressât la parole, ce que celui-ci fit en ces termes :

— Tu es Arabe ?

Yousef fit un signe affirmatif.

— De quelle tribu ?

— Je suis Hadjouth.

— Serais-tu bien aise, reprit l'étranger, de retourner parmi les tiens ?

— Retire-toi, s'écria Yousef avec colère, ô toi qui viens sans pitié insulter aux douleurs d'un malheureux esclave ! Quelle volupté peux-tu goûter à faire ainsi saigner sa plaie ? Ne vois-tu pas que je suis captif, et que jamais je ne reverrai ni ma famille ni mon pays?

— Je ne raille pas, lui répondit l'inconnu. Écoute : je puis, si je le veux, te rendre les objets de tes vœux et de tes regrets, mais à une condition.

— Laquelle? Oh! parle vite, chrétien, dit Ben-Kassem, ramené à l'espérance par le ton grave et assuré de l'étranger. Pour revoir mon pays, pour embrasser ma femme, mes enfants, je suis prêt à tout faire, à tout sacrifier... hormis mon âme, cependant.

— Je n'ai que faire de ton âme, repartit le savant, et la condition est des plus faciles à remplir. Puisque tu es Hadjouth, tu connais sans doute le Tombeau de la Chrétienne?

— Si j'étais dans mon *haouch*, il ne me faudrait pas plus d'une demi-heure pour m'y rendre. Oh! que de fois n'ai-je pas chassé le sanglier et l'hyène auprès de cette sépulture!

— Eh bien! je puis te racheter dès demain : je payerai ton passage sur le premier vaisseau qui mettra à la voile pour Alger; mais tu vas me jurer sur le salut de ton âme qu'après avoir passé trois jours avec ta famille, tu te rendras, dans la matinée du quatrième, au pied du tombeau, et que là tu allumeras vers l'orient un feu où tu consumeras le papier que voici.

Et, en même temps, il lui tendit un carré de papyrus jaunâtre semé de signes singuliers et de caractères empruntés à quelque idiome inconnu.

— Est-ce tout? dit l'Arabe.

— Tout, dit le magicien. Tu vois que je ne te demande pas un bien grand effort, en échange du bonheur que je vais te rendre. Me jures-tu d'exécuter ponctuellement cette instruction ?

Yousef, ravi de recouvrer la liberté à si bon compte, prêta de grand cœur le serment qu'exigeait de lui l'étranger. Dès le lendemain, il se vit libre, et le magicien le conduisit au port, où précisément il se trouvait un navire en partance pour Alger. Tous deux y montèrent, et le chrétien paya, comme il l'avait annoncé, le passage du Hadjouth ; après quoi le libérateur, rappelant une dernière fois sa promesse à l'émancipé, lui souhaita bon voyage et redescendit à terre, car le vaisseau allait partir.

La navigation fut heureuse. A peu de jours de là, le Hadjouth abordait à Alger, où il posa à peine le pied, tant il avait hâte de revoir son douar et ses chers enfants. Il arriva dans son *haouch*, où peu s'en fallut que les siens ne le prissent pour un fantôme, tant ils comptaient peu sur son retour; mais ce premier moment de trouble et d'incertitude passé, ses enfants et sa femme, qui n'était point remariée, se jetèrent dans ses bras en pleurant. Jamais joie ne fut comparable à la leur ; ils ne se lassaient point de l'embrasser, et, au milieu de leurs caresses mutuelles, les questions se pressaient, se heurtaient, sans qu'on pût trouver place pour une réponse. Pendant trois grands jours, ce ne furent que festins et réjouissances sous le toit de l'heureux Yousef.

Mais ce Hadjouth ne ressemblait pas à beaucoup de ses compatriotes : il était homme de parole. Le bonheur ne lui fit pas perdre la mémoire, et, le matin même du quatrième jour, il se rendit, ainsi qu'il en avait fait serment, au Tombeau de la Chrétienne, alluma du feu à l'orient, suivant l'ordre de son libérateur, et jeta dans le brasier l'écrit que lui avait remis ce dernier.

A peine ce papier fut-il réduit en cendres, que Yousef, avec une surprise indicible, vit l'enceinte de maçonnerie s'entr'ouvrir pour livrer passage à une prodigieuse quantité de larges pièces d'or et d'argent qui, se réunissant en radieuse colonne et tournoyant quelques instants au-dessus du mausolée, comme fait la fumée dans les airs, s'envolaient à la file du côté de la mer, c'est-à-dire vers le pays des chrétiens. Elles étaient si nombreuses que, pareilles à un nuage, elles interceptaient les rayons du soleil.

A cet aspect, Yousef resta d'abord immobile de stupéfaction ; mais bientôt, l'intérêt lui déliant les membres, il s'élança en l'air pour tâcher de saisir quelques pièces au passage. Vain effort ; la nuée de métal semblait se rire de ses bonds désespérés et lui échappait au moment où il croyait enfin l'atteindre. Tout essoufflé, voyant que son agilité était dépensée en pure perte, l'Arabe saisit son burnous, et d'un bras vigoureux le lança au-dessus de sa tête : aussitôt il eut la joie de voir tomber à ses pieds environ trente pièces d'or de la plus grande dimension et plus de cent douros d'argent. Il s'empressa de ramasser son manteau de laine, comptant bien recommencer le jeu lucratif qui lui avait si bien réussi; mais, au moment où il s'apprêtait à lancer de nouveau le burnous, il s'aperçut avec douleur que les pierres, un instant disjointes, du sépulcre s'étaient resserrées et qu'il n'en sortait plus le moindre ducaton. A peine les premières pièces avaient-elles touché le sol que le courant s'était tari. Ben-Kassem fit encore longtemps sentinelle près du monument, dans l'espérance que le trésor allait reprendre sa volée; après quoi, voyant bien que tout était fini et que le coffre-fort était définitivement refermé, il ramassa l'or et l'argent tombés à ses pieds et s'en retourna à sa ferme.

Longtemps Yousef garda le silence sur ce bizarre événement; mais enfin, un jour qu'il fumait sa pipe avec quelques amis, il ne put se retenir de leur conter son aventure extraordinaire. Ceux-ci, comme de raison, répétèrent l'histoire, si bien que, de proche en proche, le fait ne tarda point à arriver jusqu'aux oreilles du pacha. Ce dernier, dont la cupidité s'alluma à ce récit, envoya aussitôt un grand nombre d'hommes au Tombeau de la Chrétienne, avec ordre de démolir le mausolée et de lui rapporter le trésor qu'ils y trouveraient. Afin de stimuler leur zèle, il leur avait promis une large part dans l'or et l'argent de la morte. Les ouvriers s'apprêtent donc à travailler avec courage; ils entourent le monument; le marteau du démolisseur se lève et retombe sur la pierre avec fracas. Mais aussitôt une femme, la défunte sans doute, drapée de longs vêtements blancs, se dresse au haut de l'édifice ; elle étend ses bras vers le lac qui dort au bas de la colline, et d'une voix stridente : — El Oula ! El Oula (c'est le nom du lac) ! s'écrie-t-elle : viens à mon secours ! Les hommes veulent s'emparer de tous mes biens. — A l'aide, à l'aide !

A ces cris, une nuée de moustiques aussi gros que des scorpions sort du lac et se précipite sur les travailleurs qu'elle harcèle, déchire de ses aiguillons, et contraint de prendre la fuite. Deux fois ceux-ci, se rappelant les ordres et les promesses du pacha, tentent de revenir sur leurs pas, mais deux fois aussi la terrible légion ailée les repousse, et, les couvrant de nouvelles et horribles piqûres, achève de les mettre en déroute. Ils s'en retournent piteusement à Alger et vont présenter leurs faces meurtries et boursouflées d'érésipèles au souverain, qui, après s'être fait rendre compte de l'aventure, juge inutile de renouveler la tentative et renonce à s'emparer du trésor de la Chrétienne.

Il semble résulter de cette conclusion que le mystérieux trésor serait encore dans le mausolée, à la merci du premier ravisseur qui aura l'habileté de s'en saisir, et comme la légende porte qu'à un chrétien seul est réservée cette proie, on est fondé à s'étonner que le gouvernement français tarde tant à mettre la main sur un bien qui lui appartient, et par droit de conquête et par droit de croyance. Il fait, en effet, preuve en ceci d'un désintéressement qu'on ne saurait assez admirer, si malheureusement une seconde légende n'infirmait le dire de la première, en ce qui touche l'existence actuelle du trésor. Selon cette nouvelle et accablante autorité, le trésor de la Chrétienne aurait disparu pour aller enrichir, il y a deux siècles, un pays et un bénéficiaire restés l'un et l'autre inconnus.

Voici comment la chose se passa : Un nécromancien étranger, fort habile homme, mais aussi pervers que savant, étant venu à découvrir, par l'un des secrets de son art, l'existence du tombeau de la *Roumie* et l'immensité du trésor qu'il renfermait, résolut de se l'approprier, et pour ce faire compulsa patiemment durant des années tous les in-folio poudreux qui ont trait à la haute science de la cabale. Ayant réussi enfin à trouver la formule sacramentelle qui devait ouvrir le tombeau, il l'écrivit sur-le-champ, ainsi que l'énoncé des rits secrets à accomplir, sur un parchemin qu'il serra précieusement dans un portefeuille de cuir. Puis, s'étant muni d'un réchaud, de parfums et de tout ce qui lui était nécessaire pour la cérémonie, il s'embarqua, plein d'espérance, sur un bâtiment qui allait mettre à la voile pour Alger.

Arrivé dans le port de cette ville, il laissa débarquer tous les passagers et fit marché incontinent avec un patron de *sandale* maure pour le transporter à Sidi-Effroudj, d'où une courte marche devait le conduire au

Tombeau de la Chrétienne. Sidi-Effroudj, plus connu sous le nom de Sidi-Ferruch, était un marabout célèbre dont la mémoire était particulièrement en vénération dans le pays des Hadjouths : on voit encore son ermitage à peu de distance de la mer.

Malheureusement pour le magicien, il survint durant le trajet une rafale telle qu'à peine put-il aborder au rivage à la chute du jour, et encore une lame vint-elle faire échouer l'esquif sur la plage, et jeter le savant à l'eau au moment où il allait prendre terre. Ce petit accident était de fâcheux augure. Néanmoins le voyageur ne s'en inquiéta point; il repêcha sans peine tout son bagage, et, quant au précieux manuscrit, il s'assura avec joie qu'il n'avait point quitté la poche de sa veste. Il alluma du feu sur le rivage, mangea quelques figues de Barbarie, puis, ayant fait sécher son burnous, il s'en enveloppa philosophiquement et s'endormit, tenant de ses deux mains le bienheureux écrit qui devait le faire avant peu riche, puissant et honoré.

Les Hadjouths, sur la terre desquels le magicien venait d'échouer, ont toujours été âpres au pillage. Quelques-uns d'entre eux aperçurent, en rôdant le long de la côte, le feu du nécromancien; ils supposèrent qu'un navire s'était perdu durant la tempête de la soirée, et accoururent de toute la vitesse de leurs jambes pour dépouiller les naufragés; mais, ne trouvant qu'un homme endormi sur la plage, ils entrèrent en fureur, et jurèrent que l'étranger les payerait de leur déconvenue. En effet, malgré ses efforts et ses cris, ils lui prirent jusqu'à son dernier *mouzoun* (petite monnaie de cuivre); heureusement pour lui ils ne virent dans le parchemin cabalistique qu'un grimoire dénué de valeur et de sens, et dédaignèrent cette prise.

Reprenant courage à la pensée que le précieux manuscrit lui restait, et que bientôt, grâce à ce talisman, il serait amplement payé d'une perte insignifiante, le magicien ramassa le lendemain matin son charbon et ses parfums que les Hadjouths avaient dispersés sur le sol, et s'achemina vers le tombeau. Du plus loin qu'il le vit :

— Je vous tiens donc enfin, trésors bénis! s'écria-t-il. Salut, ô vous qui allez me faire plus riche, plus heureux qu'un roi!

Sans perdre de temps, il alluma, dès qu'il fut près du monument, son réchaud, se tourna vers l'orient, tira le manuscrit de sa poche et l'ouvrit à la première page. A ce moment, un petit nuage bleu s'éleva doucement sur le faîte du mausolée et y tint suspendue sa vapeur diaphane; mais, dans l'excès de sa joie et de son émotion, le magicien ne remarqua pas ce spectre azuré qui oscillait, bercé par une brise matinale, et semblait l'épier du haut de la pyramide funèbre.

Lorsque le brasier fut ardent, il y jeta ses aromates, puis se remit à lire. A la fin de chaque verset débité par lui à voix haute et solennelle, il voyait les pierres s'entr'ouvrir. Arrivé au milieu de la conjuration, il put contempler d'un œil radieux, à travers les larges crevasses qui déjà, sous l'empire de son enchantement, lézardaient la maçonnerie, d'énormes piles d'or et d'argent, des perles d'une eau, d'une grosseur et d'une forme incomparables, des escarboucles d'un éclat fulgurant, et mille autres pierres admirables dont la moins précieuse eût suffi à enrichir un honnête homme. Cette vue redoublant son ardeur, il précipita sa lecture ; mais au moment où d'une main convulsive il venait de tourner la dernière page du manuscrit, il s'aperçut que l'eau de la mer avait imprégné ce feuillet, au point d'en rendre l'écriture à peu près illisible. En vain il s'efforçait de déchiffrer les caractères effacés par le flot amer, ou de les recomposer par le souvenir : sa vue le trahissait, et sa mémoire non moins infidèle lui refusait tout secours.

Dans cet instant, il vit avec un désespoir, une angoisse qu'il faut renoncer à décrire, toutes les pièces d'or et d'argent s'ébranler, se choquer avec un joyeux cliquetis et s'élancer hors du tombeau par les nombreuses ouvertures que ses charmes venaient d'y opérer. Elles prirent en foule le chemin de la mer; puis les perles leur succédèrent, puis les diamants, puis les rubis, puis tout le reste se précipita à leur suite, précédé et guidé par le petit nuage bleu qui tout à l'heure se balançait à la cime du mausolée. Le malheureux magicien, hors de lui, tantôt faisait des sauts démesurés pour tâcher de saisir quelques pierres fines au passage, tantôt recourait à son grimoire, et d'un œil hagard s'efforçait d'y retrouver la formule magique, faute de laquelle tous ces biens allaient être perdus pour lui. Peine inutile, vain espoir! La dernière parcelle de l'immense trésor naguère contenu dans le tombeau disparut, sans que le magicien eût renoué le fil de sa conjuration si malheureusement brisé.

Alors l'infortuné se roula sur le sable et se tordit les bras en poussant des hurlements de désespoir. Il passa ainsi tout un jour, un de ces jours de deuil et d'agonie qui sont des éternités de souffrance; des tortures d'un autre genre l'avertirent enfin que depuis près de trente-six heures il n'avait pris aucune nourriture. Il se leva et voulut chercher quelque aliment; mais les Hadjouths, qui la veille lui avaient pris tout son argent, n'étaient pas gens à l'héberger pour le simple amour du prochain. Partout où il se présenta, implorant d'une voix dolente un peu de pain ou de légumes, on lui demanda ironiquement s'il avait sur lui de quoi payer les vivres qu'il sollicitait. Sur sa réponse négative, on le chassa de toutes parts en l'accablant de railleries et d'invectives. Il mourut de faim, dit la légende, comme un chien galeux, dans le lieu même où il avait compté recueillir plus de trésors que n'en possèdent tous les sultans de l'univers. Le nuage bleu, ajoute la chronique, n'était autre que le bon génie préposé à la garde du tombeau, et qui, après avoir sauvé le trésor des griffes du nécromancien, l'emporta au delà des mers, dans un pays connu de Dieu seul et de Mohammed son prophète. Que la bénédiction d'Allah soit sur ce dernier et s'étende à toute son illustre famille !

C'est par cette pieuse invocation que se termine la légende dont le sens transparent n'aura échappé à personne. Il faut n'y voir évidemment que l'expression du sentiment si profond, chez les Orientaux, du respect dû à la sépulture. En ce qui touche la valeur archéologique du tombeau où la légende musulmane accumule tant de richesses, les antiquaires, avons-nous dit, ne sont pas d'accord sur ce point : les uns veulent, sur la foi de l'historien Marmol, que cette sépulture soit celle de Cava, fille du comte Julien, l'un des gouverneurs de l'Afrique; les autres inclinent à penser, d'après Pomponius Méla, que ce mausolée fut le sépulcre commun de la famille royale de Numidie. A la bonne heure ! nous n'avons, pour notre part, aucune raison de préférer le témoignage de Marmol à celui de Mela; le lecteur choisira entre ces deux versions celle qui lui agréera davantage, si toutefois il en est une qui le satisfasse. Dans le cas contraire, il n'a qu'à patienter un peu, bien certain que demain Léon l'Africain, ou telle autre grave autorité mise en cause dans le débat, donnera le jour à une nouvelle variante qui elle-même sera, avec le temps, accompagnée de plusieurs autres.

XIV

La Chemise de l'homme heureux. — L'Arabe Chamba et le Serpent [1].

Il y avait, voilà bien des siècles en çà, à Tunis, un pacha nommé Hamouda, aussi célèbre par sa sage administration que par sa profonde science. Il avait un fils de vingt ans qu'il idolâtrait. Ce fils étant tombé malade, les plus habiles médecins furent appelés près de son lit. Aucun d'eux ne put reconnaître la cause du mal ni en indiquer le remède. Après les médecins, vinrent les astrologues; ils consultèrent avec soin les planètes et les étoiles, et n'y firent aucune découverte. Le pacha se désespérait. Il priait Dieu et son prophète, mais en vain. Enfin, un jour qu'il pleurait seul dans son *midjelés* (salle du conseil), un marabout à barbe blanche se présenta devant lui. — Qui es-tu? d'où viens-tu? lui demanda le sultan. — Je viens de Nef-

1 Un orientaliste des plus distingués, M. Cherbonneau, professeur de langue arabe à Constantine, qui fait en même temps avec talent et succès un cours de langue française aux indigènes, a bien voulu nous adresser les deux légendes qu'on va lire et dans lesquelles on aimera à retrouver, par un rapprochement curieux, un gracieux conte de Daru et l'une des immortelles fables du sublime *bonhomme*.

Voici, et sans plus ample exorde, ces deux contes que nous reproduisons dans toute leur naïve et ingénieuse simplicité.

saoua, répondit le vieillard; je suis le marabout de notre *zaouïa* (école ou plus exactement séminaire). J'ai entendu parler de toi et de ta peine : le désir de sauver ton fils m'amène ici. — A ces mots, le pacha se lève, presse dans ses bras le marabout, lui promet de remplir sa zaouïa de pièces d'or jusqu'au comble, s'il peut lui fournir un remède. — Il en est un, dit le vieillard. Prends la chemise d'un homme heureux, revêts-en le corps de ton fils : il guérira. — En prononçant ces mots, le marabout se retire.

Le pacha convoque ses ministres, les grands de sa cour, et leur fait part de l'ouverture du vieillard. Dès le lendemain tous se mettent en quête de l'homme désiré, dans la régence de Tunis. Des misérables, on en trouvait à chaque pas; d'homme heureux, point. Enfin, pourtant l'un d'eux crut avoir rencontré celui qu'il cherchait : c'était un négociant aussi riche à lui seul que tout un royaume; mais, examen fait, il se trouva que cet homme, rongé d'avarice, dévoré d'ambition, avait soif de toutes les richesses de l'univers. Ce n'était point là l'homme heureux. — Un autre rencontra un mufti très-sage et très-considéré dans sa ville, ayant du bien, de la santé, et veuf depuis quelques semaines. Il se trouva que cet homme était inconsolable de la perte de son épouse. — A un troisième s'offrit le kahïa (gouverneur) de Kef, qui à la puissance joignait de grandes richesses, voyait grandir à souhait une nombreuse famille, et dont le harem était peuplé des plus belles femmes de l'Orient. Pour heureux, cet homme l'était; mais il l'était trop : car à toute heure il appréhendait de mourir.

Enfin, l'un des ministres ayant poussé ses recherches jusqu'aux confins du Belad-el-Djerid (pays des dattes), arriva dans un lieu boisé, près de Touzer. Le jour tombait quand il s'arrêta à la porte du plus misérable *gourbi* (cabane) devant laquelle jouaient paisiblement plusieurs enfants. Près de cette porte était accroupie une femme filant avec activité de la laine pour les tapis. Le ministre de Hamouda demanda à entrer dans cette humble demeure pour y prendre un peu de repos, ce qui lui fut sans peine accordé ; et, pour tuer le temps, il se mit à causer avec la maîtresse du logis. Comme il jugea devoir lui adresser quelques questions bienveillantes sur son état, celle-ci, à sa grande surprise, parut contente de tout ce qu'avait fait le Seigneur pour elle, son mari et ses petits enfants. Ils n'étaient pas riches : cependant, grâce au travail du charbonnier propriétaire du gourbi, ils ne souffraient pas de la faim, et, tant bien que mal, joignaient les deux bouts de l'an. Le ministre ouvrit l'œil à ces mots et voulut attendre le retour du charbonnier pour pousser jusqu'au bout une enquête dont il n'attendait pas grand fruit, à vrai dire; mais enfin le discours optimiste de la bonne femme ne laissait pas de l'intriguer. Très-peu d'instants après le charbonnier parut. C'était un homme de haute stature, vêtu d'une gandourah rayée brun et gris, serrée et ramenée au-dessus de ses hanches à l'aide d'une ceinture de cuir.

Le *selam alik* échangé cordialement de part et d'autre, le charbonnier, d'un air de bonne humeur, offrit son souper à l'étranger. Ce dernier accepta. Le repas fut joyeux et expansif. Le charbonnier remerciait Dieu et le Prophète de ne laisser manquer de rien lui et sa petite famille, et de les tenir en santé. Tout à coup le ministre, hors de lui, s'élança sur son hôte rustique, le baisa à la tête et à l'épaule, suivant la mode musulmane, et le pressa contre son cœur en lui disant :

— Salut à l'homme heureux que nous cherchons. Le fils du pacha est sauvé ! Vite, ami, donne ta chemise : voici mille sultanis (ducats) d'or en échange.

Le charbonnier, pour toute réponse, ouvrit une large bouche et resta stupéfait.

— Ne m'as-tu donc point entendu, ami ? lui cria le ministre.

— Si fait bien, dit le charbonnier. Vous me demandez ma chemise. Je vous la donnerais bien pour rien. Mais... je n'en ai jamais porté !

Cette première légende est presque mot pour mot le charmant conte en vers de Daru, qui ne savait sans doute pas compter au nombre de ses ancêtres littéraires les Arabes du Sahara, dont ce récit fait les délices.

La seconde, qui correspond à la fable II du livre X

de la Fontaine, *l'Homme et la Couleuvre*, en diffère par quelques variantes importantes que le lecteur appréciera. Voici le conte :

La scène se passe au Sahara. Un Arabe Chamba (tribu pillarde), monté sur son dromadaire coureur (*mehari*) et armé d'une lance, se dirigeait vers l'oasis de Tuggurt. Chemin faisant, il aperçut un nuage de fumée sur le sable. Il s'approcha : c'étaient les restes d'un bivouac, du milieu desquels un serpent s'efforçait de se dégager. Il sifflait et criait : « Serviteur de Dieu, viens-moi en aide et préserve-moi de la mort ! » Le cavalier, détachant la musette de son coursier, la fixa au bout de sa lance, qu'il abaissa dans le foyer. L'animal, entrant dans ce havre sauveteur, se glissa le long de la hampe jusqu'au poignet et à l'épaule du cavalier, puis enfin au cou, qu'il entoura et serra jusqu'à l'étrangler.

— Que fais-tu ? dit l'homme suffoqué.

— Ne le sens-tu pas ? dit la bête. Je te tue.

— Et pourquoi, grand Dieu ? Ne t'ai-je pas sauvé la vie ?

— Sans doute ; mais, sur cette terre, qui ne rend le mal pour le bien ?

— C'est ton opinion ?

— C'est celle de chacun.

— J'en doute. Laisse-moi consulter trois *personnes* ; nous verrons après.

— Volontiers.

Ils se mirent en route, le cavalier portant toujours son terrible collier. Arrivés près d'une fontaine, ils s'arrêtèrent. L'homme dit :— J'ai sauvé ce serpent du feu, et il veut me tuer pour la peine. Il prétend qu'ici-bas on reconnaît toujours le bien par le mal.

— Il a raison, dit la fontaine. Vois! je possède une onde pure. Les hommes et les caravanes viennent à moi : je les désaltère et fournis à leurs ablutions. Je leur sauve la vie dans ce désert affreux, où la soif fait mourir. En me quittant, pourtant, que font-ils? Ils jettent des pierres et des immondices dans mes eaux, et ils en troublent le cristal[1].

A ces mots, le serpent serra plus fort le cou du cavalier, et celui-ci poussa un cri.

On continua la route. Un peu plus loin se balançait au bord d'une oasis, sous le souffle du vent, un magnifique palmier. Le cavalier lui exposa l'affaire. — Le serpent a raison! dit l'arbre. J'offre aux passants l'ombre et la nourriture. Quand ils se sont reposés, quand ils ont bien mangé, ils arrachent mes branches, et souvent ils m'arrachent moi-même du sol pour me changer en soliveau.

[1] Nous devons à notre conscience de voyageur et d'historien de faire remarquer qu'en ce point la fontaine n'est ni juste ni véridique. Le premier devoir, presque invariablement observé, de toute caravane, est de respecter religieusement les sources auxquelles elles s'abreuvent. Sans cette précaution, il serait impossible de voyager dans le Désert.

. . . . . L'arbre étant pris pour juge,
Ce fut bien pis encore. Il servait de refuge
Contre le chaud, la pluie et la fureur des vents;
Pour nous seul il ornait les jardins et les champs.
L'ombrage n'était pas le seul bien qu'il sût faire;
Il courbait sous les fruits; cependant pour salaire
Un rustre l'abattait; c'était là son loyer,
Quoique pendant tout l'an, libéral il nous donne,
Ou des fleurs au printemps, ou des fruits en automne;
L'ombre, l'été; l'hiver, le plaisir des foyers.
Que ne l'émondait-on sans prendre la cognée?
De son tempérament il eût encor vécu.

Après le discours du palmier, le serpent serra un peu plus fort. Comme l'homme râlait déjà, ils aperçurent un chacal fuyant à toutes jambes. Le Chamba le héla : — Eh! eh! arrête-toi, dit-il; j'ai à te parler. — N'avance pas, repartit le prudent chacal; parle de loin, ou je détale. J'ai l'oreille bonne, Dieu merci!

Le Chamba lui conta le cas. — Tu as sauvé des flammes ce serpent! dit le chacal. Le fait est difficile à croire. Comment cela s'est-il passé?

Le cavalier voulant entrer dans les détails de l'aventure :

— Non, non, interrompit le chacal, montrez-moi seulement comment cela s'est fait; je comprendrai bien mieux ainsi.

Aussitôt l'homme d'attacher sa musette au bout de sa lance, d'abaisser celle-ci vers le sable, et le serpent de s'y glisser en descendant le long du bois.

— Eh bien! fit l'homme, qu'en dis-tu?

— Imbécile, cria à tue-tête le chacal ; ton ennemi est à tes pieds et tu demandes un avis ! Descends vite de ta monture, et écrase-le sous ta botte. Adieu ! adieu !

Chose singulière, l'histoire ne dit pas si le cavalier Chamba suivit le conseil du chacal.

Il est indubitable que cette légende est celle où la Fontaine a puisé son admirable petit poëme philosophique de *l'Homme et la Couleuvre.* Est-elle réellement originaire d'Afrique, ou y a-t-elle passé à la suite des Arabes avec tant d'autres mythes et traditions de l'Orient? C'est ce que nous ne saurions dire. La seconde de ces deux hypothèses paraît la plus vraisemblable. Mais ce qui prête un intérêt réel à la version algérienne que nous avons transcrite, sans y coudre aucun de ces ornements au moins douteux que proscrivaient Phèdre et Ésope, c'est la profonde différence qu'elle présente avec l'immortel apologue de la Fontaine, non-seulement dans le détail, mais dans le fond même et quant à la moralité de l'histoire.

L'homme, dans la Fontaine, a tous les torts : c'est le moins qu'on pût attendre du *bonhomme :*

L'homme, trouvant mauvais que l'on l'eût convaincu,
Voulut à toute force avoir cause gagnée :
« Je suis bien bon, dit-il, d'écouter ces gens-là. »
Du sac et du serpent aussitôt il donna
  Contre les murs tant qu'il tua la bête.

  On en use ainsi chez les grands;
La raison les offense; ils se mettent en tête

Que tout est né pour eux, quadrupèdes et gens,
Et serpents.
Si quelqu'un desserre les dents,
C'est un sot. J'en conviens; mais que faut-il donc faire?
Parler de loin ou bien se taire.

Parler de loin ! Il semble que l'avisé chacal de la légende algérienne ait connu cette moralité. Quoi qu'il en soit, si le cavalier Chamba écrase finalement le serpent, comme il est bien permis de le supposer, il faut convenir qu'il est tout à fait dans son droit, et que cette fois du moins l'*animal pervers* n'est pas celui qu'on pourrait croire. Il ne faut pas perdre de vue que ce Chamba est un écumeur du Désert, homme de sac et de corde, vivant de pillage et quelquefois de meurtre. La naïveté que lui prête le narrateur algérien n'en est que plus méritoire et plus flatteuse pour l'espèce. Ce n'est pas *u grand*, il est vrai. Somme toute, le récit est infiniment moins philosophique et moins piquant que la belle fable II du livre X, il le faut avouer, mais il est moins amer. Il a évidemment inspiré la Fontaine; mais le *bonhomme* y a mêlé son grain misanthropique et révolutionnaire, et il en a fait un chef-d'œuvre.

XV

Les Tebibs.

On désigne sous le nom de *tebibs* en Algérie les praticiens qui exercent le difficile art de guérir. Nous n'employons cette dernière expression que pour répondre à l'idée généralement reçue sur la mission du médecin ; car l'industrie des Esculapes non gradués et non patentés, qui usent et abusent dans le nord de l'Afrique de la terrible faculté énoncée par le formulaire de la réception d'Argant, cette industrie, dis-je, n'a que faire avec la science haute et belle qui prolonge la vie de l'homme.

Pères de la médecine moderne, les Arabes ont fait comme les oiseaux du ciel qui, une fois leurs petits assez forts pour voler de leurs propres ailes, les lancent hors du nid paternel, à la garde de Dieu, et ne s'inquiètent plus de leur destinée ultérieure : ils ont laissé s'enfuir au loin leur progéniture déjà grande, et se sont si peu mis en souci de son existence que, par degrés, ils sont venus à en perdre entièrement le souvenir.

Non-seulement ils ne connaissent plus la médecine que de nom, mais ils n'ont même pas de médecins proprement dits ; car est *tebib* chez eux, sans études ni examens préalables, quiconque veut s'arroger ce titre, et les successeurs d'Avicenne, d'Aëtius et d'Averroës sont, ou des marabouts visionnaires et empiriques qui traitent les maladies par les sentences du Koran et le charlatanisme des formules magiques, ou des Figaros barbaresques qui, maniant aussi mal la lancette qu'ils apportent de dextérité à faire usage du rasoir, se montrent d'ordinaire maladroits chirurgiens autant que barbiers incomparables.

En thèse générale, il est de dogme, parmi les habitants maures ou arabes de l'Algérie, que des génies malfaisants (*djenouns*) sont, par leur soudaine et pernicieuse intromission dans le corps de l'homme, la cause déterminante, le principe, le germe de toutes les maladies humaines. Ces dangereux esprits affectent une multitude de formes, mais plus particulièrement celles de gros crapauds ou de grenouilles qui se tiennent embusqués, attendant les promeneurs, au bord des étangs et des sources, comme l'araignée au coin de sa toile. Quelquefois aussi ces esprits revêtent les écailles de venimeux reptiles qui lancent des regards malsains ou, pis encore, un fluide empoisonné, aux yeux des infortunés qu'un mauvais sort fait se trouver sur leur passage. Quelle que soit au reste la figure dont ils croient devoir s'affubler, il est bien entendu et personne ne doute qu'ils ne soient véritablement la raison d'être efficiente et souveraine de tous les désordres organiques qui affectent si douloureusement et si fréquemment notre frêle structure corporelle.

Ceci posé, toute la question, pour se préserver des

maladies comme pour s'en guérir, est premièrement de se garantir des génies par toutes les précautions et toutes les égides possibles ; et deuxièmement, si l'on n'a pu réussir à leur fermer l'entrée du sanctuaire, de les en expulser au plus vite. Procédons dans l'ordre logique et occupons-nous des préservatifs.

Les talismans ou amulettes sont l'armure communément opposée aux atteintes toujours imminentes des mauvais *djenouns*. Les Algériens s'en garnissent, eux, leurs femmes et leurs enfants, voire leur cheval et leur chameau, et prétendent ainsi de bonne foi garantir, eux et tout ce qui est leur, de malaise et de male mort. Ces talismans leur sont remis par des marabouts qui en font métier et marchandise et qui trouvent dans ce commerce une profitable branche de revenus. Ils se composent d'ordinaire de quelques grains de rosaire ou encore de carrés de papier noircis d'un indéchiffrable grimoire.

Il y en a pour tous les cas, et chaque marabout a sa spécialité. Les uns préservent de la fièvre, de l'ophthalmie, du *yaws ;* les autres, des balles : il en est même qui possèdent la vertu contraire. Rien n'étant et ne devant être impossible aux élus de Dieu, si les marabouts vendent la vie, ils peuvent aussi vendre la mort.

Le talisman se porte au cou, et il est ordinairement enfermé dans un étui de fer-blanc ou de maroquin orné d'une petite fleur d'or. Les pauvres se contentent de l'envelopper dans un morceau de toile blanche enduite de cire, ou sparadrap, que les marabouts leur délivrent avec le contenu, moyennant une rétribution modique. Sur le carré de papier ou de parchemin qui reçoit la formule magique, sont tracées des figures mystiques invariablement accompagnées de versets du Koran et d'une conjuration plus ou moins inintelligible dirigée contre l'esprit malin.

Voici le contenu d'une de ces formules recueillie par M. le docteur Furnari, médecin-oculiste distingué, qui a accompli avec succès une mission spéciale à son art, que lui avait confiée, en Algérie, le ministre de l'instruction publique. Ce talisman combat l'ophthalmie; il débute ainsi :

« Au nom du Dieu clément et miséricordieux! que Dieu soit propice à notre seigneur Mohammed, à sa famille et à ses compagnons! »

Suit le commencement de la sourate XXXVI du Koran où Dieu parle ainsi à Mohammed :

« Par le Koran sage, tu es du nombre des envoyés divins et tu marches dans une voie droite. C'est une révélation que l'être glorieux et clément t'a faite, afin que tu avertisses ton peuple de ce dont ses pères avaient été avertis et à quoi il ne songe guère. Notre parole a été prononcée contre la plupart d'entre eux, et ils ne croiront pas. Nous avons chargé leur cou de chaînes qui leur serrent le menton, et ils ne peuvent plus lever la tête. Nous avons placé une barrière devant eux et une autre derrière. *Nous avons couvert leurs yeux d'un voile, et ils ne voient pas.* » (La teneur de ce dernier passage explique le choix du morceau : il indique assez clairement qu'il s'agit ici d'ophthalmie.)

Viennent ensuite les caractères ou plutôt les hiéroglyphes formant la conjuration qui doit, en guise de collyre, éloigner de l'œil le mauvais génie, c'est-à-dire la goutte sereine, l'ectropion ou la cataracte. Cette formule est à peu près indéchiffrable ; tout ce qu'on peut en lire est le début ou l'invocation conçue en ces termes : « Au nom de Dieu, par Dieu... Il n'y a pas d'autre Dieu que Dieu ; il n'y a de force qu'en Dieu... »

Deux carrés magiques, espèces de tables pythagoréennes, sont placés au centre de l'écrit, et un troisième en bas, sur la droite. Au lieu de chiffres, on y voit des lettres arabes, lesquelles ont, comme l'on sait, une valeur numérique indépendante de leur signification vocale. L'un des deux carrés du milieu renferme neuf lettres représentant les neuf chiffres primordiaux disposés ainsi sur trois lignes :

4	9	2
3	5	7
8	1	6

On remarquera que l'addition de chacune de ces trois colonnes, dans quelque ordre que l'on procède, de haut en bas, ou de droite à gauche, donne invariablement pour total le nombre ternaire 15, qui est des plus cabalistiques.

Le lecteur attentif ne manquera pas non plus d'observer que les chiffres des quatre angles présentent une progression arithmétique figurée par le nombre 8642. C'est ce même nombre qui occupe précisément le carré du bas, où il est reproduit quatre fois dans un ordre toujours différent.

Nous nous bornons à indiquer ces ingénieuses combinaisons, sans avoir la prétention d'en révéler le sens mystique. Nous laissons à d'autres plus experts dans le grand art de la cabale le soin d'interroger et de mettre en lumière ces arcanes, et nous ne pouvons que renvoyer le lecteur curieux de les approfondir aux ouvrages sur la matière, et notamment à celui de M. Furnari, ayant pour titre : *Monuments arabes, persans et turcs, du cabinet de M. le duc de Blacas.* On verra là l'usage détaillé des carrés magiques chez les Orientaux, et l'on apprendra comme quoi l'ophthalmie ne saurait se refuser à battre en retraite devant les puissantes conjurations que nous venons de faire connaître.

Un autre amulette, transcrit par M. Rozet, capitaine d'état-major, était destiné au chameau d'un sieur Mohammed, Turc ou Maure, ainsi que l'indique l'en-tête. Il commence, comme toujours, par une invocation extraite du Koran ; puis vient la formule de conjuration, cette fois lisible, mais en revanche complétement inintelligible (et c'est ce qui en fait le mérite) :

« O Dieu, triste sévérité, malheur ou feu brûlant, du bois sec, de l'eau gelée, un esprit envieux et une faveur bienveillante! O Dieu! ôte le regard du méchant d'entre ses deux yeux; ôte-le d'entre ses deux lèvres! Tourne la vue deux fois : un cinquième regard te frappe; mais il est émoussé. — Du sang coagulé, de la chair macérée, vont s'attacher à l'envieux. Tourne encore la vue : vois-tu une ouverture? — O Dieu! prive-le de la lumière par ta force et par ta puissance! ô maître de la gloire et de la renommée! ô toi qui environnes les nuits et les jours et qui les sépares! ô toi qui es mon refuge dans l'adversité! ô toi qui es mon aide dans le malheur! ô mon maître!... »

Ici s'arrête la formule magique. Ce galimatias double dicté par le *tebib* arabe ne rappelle-t-il pas quelque peu (et tout cela pour un chameau!) le latin abracadabrant, le *mutabundus quipsa miles*, les ventricules de l'omoplate, et le *bonus*, *bona*, *bonum* de l'incomparable docteur Sganarelle? O Molière, ton génie sublime est de tous les temps et de toutes les races!

Après nombre de nouveaux versets du Koran qui succèdent, dans l'amulette que nous décrivons, à la formule magique, suit le carré inévitable. Celui-là est composé de seize lettres ou chiffres groupés en table sur quatre colonnes, dont chacune donne pour total le nombre 78, somme des quatre lettres *H K I M*, formant un mot qui veut dire : *Sage*. Ne serait-ce point une antiphrase?

Si, malgré ces puissants préservatifs, l'ennemi ainsi défié, c'est-à-dire la maladie ou le génie, se glisse traîtreusement dans la place, que fera-t-on? Le moyen curatif est bien simple : il s'agit de se procurer un autre talisman qui contraigne le diable à évacuer le logis. Le patient retourne donc auprès du marabout qui lui a vendu son premier amulette, bien persuadé qu'à peine entré dans le santon où réside le saint homme, auprès des corps de ses ancêtres dont il a hérité le renom et la puissance surnaturelle, il se sentira soulagé, sinon même totalement affranchi de son hôte incommode, le diable ne pouvant décemment se permettre de tenir en place en face d'un tel personnage. Que si, nonobstant, ce dernier, trouvant apparemment le gîte bon, s'obstine à ne point vouloir sortir et pousse l'insolence jusqu'à résister à l'application du grimoire sacré sur la partie malade, force est bien de le tolérer et d'attendre, l'amulette au cou, qu'il lui plaise choisir un autre domicile. C'est, au surplus, ce qui ne peut manquer d'arriver tôt ou tard, car le diable est capricieux et mobile de sa nature, et d'ailleurs cet esprit du mal cherche toujours, comme de raison, le mieux, qui est l'ennemi du bien.

Les amulettes sont donc la base et l'essence tant de l'hygiène que de la médecine algériennes. L'occupation française et les soins éclairés des médecins européens n'ont que peu ou point changé, sous ce rapport, les croyances des Maures et des Arabes, et l'anecdote suivante prouvera la foi naïve qu'ils continuent d'ajouter aux vertus de ces étranges médicaments :

Un médecin de notre connaissance fut appelé dernièrement à Alger auprès d'un Koulougli, qui souffrait d'une grave affection chronique dont le docteur se fit fort toutefois de triompher facilement, à l'aide d'un remède infaillible. Il écrivit une ordonnance et se retira, ne doutant pas que le malade n'éprouvât un prompt soulagement.

A quinze jours de là, il rencontre son homme plus pâle et plus défait que lorsqu'il lui avait rendu visite.

— Eh bien ! dit le docteur, comment cela va-t-il? mal, à ce qu'il paraît?

— Oh ! oui, sidi, très-mal, répondit le bon Algérien. Mes tortures deviennent de plus en plus cruelles, et j'ai bien peur que le malin ne se joue de nos communs efforts.

— Quel malin? demanda le docteur. Avez-vous suivi mon ordonnance?

— Votre ordonnance? répéta le patient d'un air ébahi.

— Oui, reprit le médecin, ce morceau de papier que je vous ai remis l'autre jour?

— Et sur lequel vous avez tracé des caractères !...

— C'est cela même. Avez-vous fait ce que je vous avais prescrit?

— Certainement, dit l'Algérien.

— Voilà qui est bizarre, pensa le docteur. Ainsi vous

ne vous trompez pas; vous êtes bien sûr d'avoir suivi de point en point l'ordonnance?

— Suivi... non, pas précisément : c'est au contraire elle qui me suit, répondit le malade.

— Que voulez-vous dire?

— Je vous jure qu'elle ne m'a pas quitté, et, pour preuve, tenez, la voici.

En disant ces mots, le pauvre Koulougli défit le haut de son kaftan et montra au médecin stupéfait l'ordonnance pliée en quatre que suspendait sur sa poitrine un ruban noué autour du col.

Le malheureux avait pris la recette du docteur pour un amulette, et se l'était bravement appliquée au sternum. Il attendait patiemment le résultat de cette belle médication, et l'attendrait sans doute encore si le docteur ne l'eût poussé de vive force chez un pharmacien où il acheta le remède dont sa guérison dépendait.

Des sacrifices au bord de certaines fontaines, en l'honneur des divinités qui hantent le cristal de ces ondes heureuses, sont un autre mode curatif fort usité en Algérie. Parmi ces sources privilégiées, l'une des plus en renom est celle des Beni-Menad, située près d'Alger, sur les bords de la mer, à une demi-lieue au delà de la porte Bab-el-Oued. Cette fontaine a la vertu de guérir les maladies de peau, très-fréquentes dans le nord de l'Afrique; les contusions, les blessures, et la plupart des lésions ou affections externes.

La propriété merveilleuse de ces eaux est due à la présence d'un géant invisible qui a le pouvoir de donner plus ou moins de valeur à l'offrande. La fontaine forme trois bassins creusés dans le roc et garantis au nord-est, par un mur à hauteur d'appui, contre les flots de la mer, qui menacent de les envahir dans les gros temps. Elle contient une eau de source très-claire et assez abondante, nullement minérale et sans saveur aucune. A toute heure du jour elle est visitée par un grand nombre de malades, hommes et femmes (ces dernières sont en majorité), qui viennent implorer le Titan et lui présenter leurs sacrifices en échange de la santé qu'ils sollicitent.

Ces sacrifices sont accomplis selon le rit ci-après : le suppliant s'agenouille près de l'un des bassins, y puise de l'eau dans un vase et procède à une ablution minutieuse de ses pieds, de ses mains, ainsi que de la partie malade ; il fait ensuite brûler un cierge d'environ quatre pouces de haut et de la grosseur du petit doigt, planté au bord de la fontaine, à côté d'un réchaud allumé, sur lequel il répand de l'encens ou d'autres parfums précieux ; il place en même temps son visage ou l'organe souffrant au-dessus de ce *brasero* aromatique, et reçoit ainsi une fumigation sacramentelle qui seule doit le purifier. Après cette cérémonie, le malade saisit une poule, dont se compose son hécatombe, saigne le malheureux volatile, et le lâche après lui avoir donné le coup mortel. Dans les convulsions qui accompagnent son agonie, la pauvre victime saute, court au hasard et parfois se précipite dans la mer. Dans ce cas seulement, le sacrifice peut être considéré comme accepté; sinon, le patient devra recommencer le mercredi suivant, jour fixé pour ces offrandes propitiatoires.

A peine la poule a-t-elle bu l'onde amère qu'elle est repêchée, plumée auprès de la naïade; puis le sacrificateur se retire, l'emportant, ainsi qu'une bouteille de l'eau de la fontaine destinée pour ses ablutions ultérieures. Naguère, les malades un peu aisés étaient dans l'habitude d'abandonner le corps de la victime sur le lieu du sacrifice; mais la proximité d'un poste de vétérans, vieux renards qui guettaient le départ des pèlerins et venaient ramasser les poules, les a dégoûtés de cette pieuse munificence vis-à-vis de la divinité locale. Qu'est-ce d'ailleurs qu'un volatile pour un géant? Les riches immolent, il est vrai, des moutons; mais le génie tutélaire de la fontaine n'y gagne rien. Aussi se venge-t-il d'ordinaire en se refusant à guérir les malades qui le visitent. Les plus pauvres se contentent d'offrir des œufs, qu'ils lancent dans la mer après les avoir trempés dans la source.

Indépendamment de son mérite curatif, la fontaine des Beni-Menad a, dit-on, une autre propriété non moins admirable : c'est celle de rendre la vertu aux femmes. Les courtisanes d'Alger y viennent accomplir de fréquents sacrifices et faire provision de cette eau quasi baptismale, qui remet aux filles d'Ève leurs péchés.

Les pèlerinages purs et simples à certains tombeaux vénérés qui passent pour avoir la vertu singulière de rendre la santé aux vivants, tels que ceux de Sidi-Ferruch, de Sidi-Abderrahman et de Sainte-Gourayah près Bougie, sont aussi en fort grand honneur. Mais en général les Arabes et les Maures, fatalistes et indolents, acceptent les maux qui leur viennent comme un arrêt de la Providence, et s'en remettent à elle seule du soin de les en délivrer. C'est dire assez qu'ils laissent agir la nature, « pourveue, comme l'assure Montaigne, de dents et de griffes pour se deffendre des assaults qui lui viennent, et pour maintenir cette contexture de quoi elle fuit la dissolution. »

Il faut en effet que la nature soit un bien puissant médecin; car, malgré cette superbe incurie et ce stoïque mépris des remèdes, il ne paraît point que la mortalité soit plus forte ni les maladies plus fréquentes parmi les Arabes ou les Maures, que chez tout autre peuple.

Ils connaissent cependant l'emploi de quelques simples et font surtout un grand usage des feuilles de morelle (*solanum nigrum*) et de mauves, dont les décoctions leur servent à laver les plaies. Pour les pansements, les Maures emploient des herbes aromatiques pilées, saupoudrées de poivre et de sel et macérées dans l'eau-de-vie. Ce singulier genre d'émollient détermine une inflammation qui parfois hâte la guérison. C'est de la médecine homéopathique Mais souvent le pansement irrite à tel point la chair endolorie, que la gangrène s'y manifeste et enlève à la fois le mal et le malade.

Les Algériens font aussi grand usage d'un électuaire composé de feuilles de *hachich* (chanvre d'Europe), pulvérisées et aromatisées avec une poudre composée de cannelle, de noix muscade, de gingembre et autres épices. Cette drogue, appelée *madjoun*, se prend au repas du soir, et l'on en favorise l'effet par l'ingestion d'une ou deux tasses de café. Sa vertu, comme médicament, n'est pas clairement définie. Ce qu'on en sait le mieux, c'est qu'elle produit une excitation passagère, mais très-violente, et accompagnée de mouvements musculaires et spasmodiques qui témoignent assez de son intensité.

Le remède auquel les Algériens recourent le plus volontiers, c'est la saignée, qui est à leurs yeux la panacée universelle. Les barbiers, qui en ont le monopole, se servent plus souvent, pour cette opération, du rasoir que de la lancette. Ils pratiquent en ce cas une forte ligature autour du cou du patient, de manière à gonfler les vaisseaux de la face; puis ils promènent légèrement, et avec une incroyable vitesse, le tranchant du rasoir le long des téguments des régions temporales, dont l'épiderme ainsi divisé livre passage à de nombreuses gouttelettes de sang. L'opérateur saisit alors un cylindre en bois qu'il roule sur la partie excoriée, de manière à précipiter l'émission sanguine et à en augmenter le volume.

Ces *scarifications* se pratiquent non-seulement aux tempes, mais dans la partie moyenne et postérieure des jambes et à l'articulation du bras. Ce sont de véritables ventouses, à cette différence près que le fer y tient la place du feu. Elles remplacent jusqu'à un certain point la saignée proprement dite, mais elles ne sauraient avoir ni la même efficacité ni la même promptitude d'action.

Pour faire suite au traitement des fièvres cérébrales par les sentences du Koran, les Algériens ont une foule de remèdes non moins ingénieux dont nous croyons devoir mentionner ici quelques-uns.

C'est ainsi qu'ils attribuent à la corne de bœuf calcinée, réduite en cendres et dissoute dans le vinaigre, puis employée en frictions, le don de guérir de la lèpre; — à la cervelle de ce ruminant, mêlée de beurre et infiltrée goutte à goutte dans l'oreille, le privilége de rendre l'ouïe aux patients qui ont eu le malheur de la perdre; — au fiel d'une vache noire appliqué au bord des paupières, la propriété de prévenir les ophthalmies (ne serait-ce point un plagiat fait à la recette de l'ange oculiste qui guérit le père de Tobie?); — au lait de vache, une vertu infaillible contre l'atteinte de la jaunisse; — enfin aux sécrétions urinaires de cet utile quadrupède, une propriété pectorale des plus efficaces.

La cervelle de l'âne, prise comme aliment, passe pour rendre la mémoire ; et la corne de son sabot, réduite en cendres et mélangée, selon le cas, d'huile ou de lait d'ânesse, peut guérir alternativement l'épilepsie et les écrouelles.

Le scorpion écrasé et appliqué sur une plaie guérit sa propre piqûre; enfin, la dent du lion est censée préserver des maladies en général et des maux de dents en particulier; son fiel guérit des maux de tête, et sa chair est réputée un spécifique souverain contre la paralysie et l'affaiblissement du corps.

Voilà pour la thérapeutique. Quant à la médecine opératoire, elle n'est guère plus avancée, ou, pour mieux dire, elle est encore à naître. Sur le champ de bataille, les Arabes et les Berbères pansent leurs blessés en appliquant sur la plaie vive des tampons ou bourrelets de laine. Ainsi calfeutrée en quelque sorte et garantie du contact de l'air, il arrive souvent que la blessure se cicatrise avec une merveilleuse rapidité; mais plus souvent encore la gangrène s'y déclare, par suite de l'inflammation que ne peut manquer d'engendrer un pareil mode de pansement. Pour peu donc que les blessures offrent de gravité, elles sont presque toujours mortelles.

Quelquefois cependant l'instinct supplée chez les Arabes à l'expérience et aux lumières. C'est ainsi que, pour guérir un membre fracassé, quelques-uns d'entre eux l'entourent d'une espèce d'*étoupade* composée de poil de chameau agglutiné avec du blanc d'œuf, qui fait merveille pour ces blessures si dangereuses. Ils soutiennent aussi le membre lésé à l'aide d'un bracelet de roseaux qui, doué de toute la légèreté et de l'élasticité désirables, protége parfaitement la partie endommagée sans la comprimer outre mesure.

D'autres emploient, pour le traitement des fractures en général, un bandage inamovible, composé de compresses et de bandes, dont un grand nombre de chirurgiens se disputaient naguère l'invention à l'Académie des sciences. Arrosé d'une eau dans laquelle est délayée de la farine, ce bandage acquiert en séchant une si grande solidité que toutes les pièces dont il est formé se trouvent réunies en une seule. A la vérité son emploi n'amène que bien rarement une guérison radicale : la plupart des blessés restent difformes après la cure ; quelques-uns conservent toute leur vie des ulcères fistuleux, d'autres périssent victimes d'accidents inflammatoires, mais l'idée de cet appareil est, au dire des gens de l'art, on ne peut plus ingénieuse, et il suffirait probablement de quelques améliorations de détail à apporter dans sa structure pour en obtenir des résultats tout à fait décisifs.

M. le docteur Sédillot, chirurgien-major de l'armée, raconte, dans sa *Relation de la campagne de Constantine*, qu'ayant été chargé, après la prise de cette ville, de donner des soins à une femme turque dont un éclat de bombe avait brisé le bras droit, il trouva sa tâche chirurgicale déjà remplie aux trois quarts par un médecin arabe appelé auprès de la blessée dans le moment de l'accident, et qui depuis avait abandonné la ville. Cette femme avait le bras entouré d'un appareil à fracture composé de treize planchettes de palmier convexes d'un côté seulement, et assujetties par leur face plane sur un morceau de peau de mouton. Trois ouvertures pratiquées entre les attelles du bandage donnaient passage à autant de lanières qui servaient à serrer l'appareil autour du membre fracturé, concurremment avec trois cordons de laine, pourvus de trois petits bâtonnets en roseau qui faisaient l'office de tourniquets et permettaient de donner au tout le degré de constriction nécessaire.

Les amputations sont bien loin d'avoir atteint chez les Arabes le même degré de perfection. Lorsque l'élimination du membre fracturé est reconnue indispensable, l'opération se fait, si toutefois le blessé consent à s'y soumettre, avec une simplicité barbare dans toute l'acception du mot. On place le blessé sur son séant, puis on passe sous le bras ou la jambe à amputer un rouleau ou billot de bois, et l'opérateur, saisissant une hache ou un yatagan, coupe le membre d'un seul coup. Pour suppléer au défaut de ligature et arrêter l'hémorragie, ses aides trempent aussitôt la partie mutilée dans un vase rempli de poix bouillante. Il est facile d'imaginer les horribles souffrances que fait endurer au patient cette cruelle opération, ou pour mieux dire ce supplice. La mort semble devoir en être le résultat inévitable ; et cependant, chose singulière ! il n'est pas sans exemple que le blessé survive à cette sauvage mutilation.

Au surplus, il est peu d'Arabes qui ne préfèrent de beaucoup la perspective d'une mort certaine aux chances de salut que peut leur offrir le sacrifice d'un de leurs membres. Ce n'est pas qu'ils craignent la douleur : peu d'hommes la supportent au contraire avec un stoïcisme plus ferme et une plus complète insensibilité apparente ; mais ils redoutent le courroux de Dieu, qui peut leur demander un compte sévère d'avoir disposé, sans son aveu, d'une portion de sa créature. M. Merle, secrétaire particulier de M. de Bourmont pendant l'expédition d'Afrique, fut témoin à Sidi-Ferruch d'une scène bien caractéristique sous ce rapport. Entre autres blessés musulmans recueillis sur le champ de bataille, on avait apporté à l'ambulance établie sous les tentes du camp français un jeune Arabe des environs d'Alger qui avait eu la jambe brisée par un éclat d'obus. Instruit de cet événement, le père du jeune homme se présente à nos avant-postes au risque de se faire tuer, sollicite et obtient la faveur de visiter son fils, et accourt à Torre-Chica auprès du chevet du malade. Après une reconnaissance touchante, dans laquelle toutefois pas une larme n'est versée, pas une plainte ne se fait entendre, le vieux Bédouin soulève d'une main ferme la couverture du lit où reposait le jeune homme, et contemple avec calme l'horrible blessure de son fils. Un interprète lui fait comprendre alors que le lendemain on doit tenter l'amputation du blessé comme l'unique moyen de lui sauver la vie. A ces mots, la physionomie du vieil Arabe trahit une vive indignation ; il lève les bras au ciel et adresse à son fils une interpellation passionnée que celui-ci paraît entendre avec beaucoup de déférence et de recueillement.

— Je te défends, lui dit-il, de te laisser faire l'opération qu'on te propose, car ce serait une action criminelle devant Dieu. Le corps que nous tenons de lui ne nous appartient pas plus que la vie dont il nous a animés, et nous ne devons disposer ni de l'un ni de l'autre. Couper une partie de notre corps, c'est un sacrilége dont nos jours ne sauraient dépendre, car ils sont à l'avance comptés, et Allah n'a donné aux hommes ni le droit de les abréger, ni le pouvoir d'en augmenter le nombre.

A part la différence des sentiments qui dictèrent les deux réponses, n'est-ce pas là véritablement le : *Qu'il mourût !* du vieil Horace? Quoi qu'il en soit, le jeune Arabe se soumit à la volonté paternelle ; il refusa de se laisser amputer, et succomba peu de jours après aux accidents inflammatoires qui furent la suite de sa blessure.

Après le mémorable combat de la Sickak, un grand nombre de blessés arabes gisaient sur le champ de bataille. Les chirurgiens militaires, ayant d'abord donné leurs soins aux blessés français, vinrent ensuite offrir les secours de leur art à ceux du parti de l'Émir. Quelques-uns avaient des plaies ou des fractures graves qui commandaient impérieusement l'amputation.

— On va te couper le bras ou la jambe, dirent à ces derniers nos officiers de santé.

— Coupe! répondirent-ils sans sourciller, prenant nos chirurgiens pour des bourreaux, à cause de leurs tabliers tachés de sang par les précédents pansements.

On s'aperçut de la méprise, et on s'empressa de tirer les pauvres patients d'erreur.

— Garde ta jambe, si tu veux, leur dit-on. Ce n'est pas pour te faire souffrir, mais uniquement pour te sauver qu'on te propose de la couper.

— En ce cas, je la garde.

— Mais si on ne te la coupe pas, tu seras mort demain!

— Qu'importe? Ce qui est écrit est écrit. Si je dois mourir de ma blessure, je mourrai tel que Dieu m'a fait.

Tous, sans exception, firent la même réponse. On respecta leur volonté. Les trois quarts succombèrent; mais chez quelques-uns la force vitale reprit le dessus, et ils survécurent à des blessures réputées mortelles par les gens de l'art, et qui probablement l'auraient été pour des constitutions européennes.

Si la maladie et la douleur échouent contre le fatalisme inébranlable de l'Arabe, la mort ne le trouve pas moins fidèle à sa foi religieuse. J'ai vu en Algérie plusieurs Arabes moribonds, outre ceux dont j'ai ci-dessus raconté la fin tragique. Tous acceptaient leur sort avec une quiétude que la philosophie seule, si haute qu'elle soit, ne donne pas toujours. A Alkantara, notamment, première oasis au sud de Constantine, mon hôte voulut absolument me conduire auprès d'un pauvre homme, gardien d'une porte de la ville, que des voleurs avaient assailli et blessé à mort peu de nuits auparavant. Ce pauvre diable, calme sur son grabat, me demanda des remèdes, et me parut n'avoir aucun besoin de consolations, seul secours que je pusse lui apporter. Les Arabes ont d'ailleurs la manie de prendre pour médecin quiconque visite leur pays sans épaulettes ni uniforme. Que de fois n'ai-je pas été requis de guérir un malheureux fiévreux qui manquait de quinine, voire un chameau ou un cheval ! Il y a une fortune certaine en Algérie pour les jeunes praticiens de talent et sans emploi qui voudraient courir cette originale, mais au total avantageuse et attrayante carrière.

XVI

Une magistrature et une fête algériennes.

Je veux parler d'une magistrature inédite, originale, qui n'est ni celle du cadi, ni celle du mufti, ni celle du mamamouchi, créée et immortalisée d'un seul coup par Molière; mais j'avoue franchement que je ne sais comment la définir.

L'histoire nous apprend que les édiles romains étaient chargés de l'organisation des jeux et des fêtes, de la réparation des voies urbaines, de l'entretien des égouts, et, si je ne me trompe, de la surveillance de ces établissements qui, dans l'édifice social, viennent se placer immédiatement au-dessous de l'égout. Cette dernière attribution appartient à Paris au préfet de police. Eh bien! c'est précisément celle dont se trouvait investi le magistrat dont je veux parler, et que l'on désignait généralement à Alger sous le nom de *mézouard*. Mais il faut ajouter que la classe soumise à ce dernier lui appartenait comme une espèce de fief, et qu'il exerçait sur elle une haute suzeraineté, une royauté comparable à celle des truands, mieux encore à celle des ribauds.

Les habitants des villes barbaresques sont à la fois les plus bigots et les plus dissolus de tous les anciens sujets du gouvernement turc. Ce bizarre mélange de débauche et de superstition, dont nous ne prétendons tirer aucune induction à l'égard des nations chrétiennes, s'explique par la faiblesse d'esprit, l'inertie et le désœuvrement des Maures qui habitent, comme on sait, les côtes de l'Afrique septentrionale. Ils enchérissent pieusement sur les vieilles pratiques religieuses, ils consacrent huit jours au lieu de trois à célébrer les fêtes du Baïram, et professent une vénération héréditaire pour leurs marabouts, cénobites intrigants et illuminés, qui ont le singulier privilége de transmettre leur titre, avec leur sainteté, à leurs descendants mâles. Comme nous l'avons déjà dit, les Maures savent fort bien concilier avec ce rigorisme étroit la satisfaction de leurs appétits sensuels. On comprend, au reste, qu'il fallût à des villes autrefois peuplées de pirates, des orgies et des odalisques. Le mézouard fut donc chargé, soit du dénombrement et de la surveillance des prêtresses de l'amour vénal, soit de la perception des taxes auxquelles elles étaient soumises à ce titre. Mais le dey interdisait sévèrement aux hommes mariés le commerce des courtisanes, et cette sage prohibition était sanctionnée par l'infliction aux délinquants d'une bastonnade équitablement calculée sur la gravité et la multiplicité des délits. Or, par une disposition assez excentrique, c'était le mézouard lui-même que le souverain chargeait de distribuer les corrections manuelles allouées aux maris qui rompaient leur ban. Ainsi, le mézouard personnifiait en lui la faute et l'expiation. Ce dernier caractère relevait la nature de ses autres fonctions aux yeux des musulmans, habitués à respecter la justice jusque dans ses instruments actifs, jusque dans la personne du bourreau.

Quoi qu'il en soit, l'autorité française, qui a trouvé cette institution dans le pays, n'a pas cru devoir tout d'abord la supprimer.

Pendant mon séjour à Alger, j'eus, avec quelques autres jeunes gens, l'occasion de voir le mézouard. C'était un jeune Grec, au nez aquilin, à la chevelure bouclée, au langage souple et obséquieux; il se nommait Nicolas. Nous lui adressâmes quelques questions sur ses tributaires; il y répondit avec empressement, et nous montra même son *catalogue*. Au nombre de ses houris figuraient cent cinquante Mauresques, environ dix juives, dix Espagnoles, dix Maltaises, dix Mahonnaises, mais heureusement peu ou point de Françaises.

Nicolas nous invita à venir assister à une fête qu'il donnait le soir même à la population musulmane, et dont plusieurs danseuses mauresques devaient faire l'ornement, à la grande joie des indigènes, qui n'ont pas de plus vif ni de plus enivrant spectacle. La curiosité s'empara de nous, et, vers les dix heures du soir, nous nous mîmes en devoir de gagner la demeure du mézouard, située dans la rue de la Casbah.

Cette rue tortueuse, étroite et sombre, prend naissance dans la partie basse de la ville, et conduit, sur un plan fort incliné, à la citadelle (Casbah), qui en domine l'amphithéâtre. Presque uniquement habitée par les Maures, elle n'a rien perdu de l'aspect morne et désolé qu'avait toute la ville avant notre conquête. A l'heure où nous la parcourions, il est rare d'y trouver âme qui vive; cependant nous y rencontrâmes un vieux Maure, pris de vin, qui chantait et battait les murs avec son corps.

Un peu plus loin, un Arabe, qui n'avait pu le soir même regagner sa tribu, s'était philosophiquement drapé dans son grand burnous, et dormait sur le seuil d'une maison. Cependant nous cherchions celle du mézouard, guidés par un bruit de tambour qui tout à coup nous sembla provenir d'une des nombreuses impasses attenant à la rue, et au fond de laquelle nous avisâmes une maison d'assez mauvaise apparence, d'où le bruit sortait évidemment, mêlé à des voix rauques et confuses. L'un de nous s'arma d'une pierre, et frappa à coups redoublés. A l'instant même, un silence de mort se fit dans la maison, mais personne ne vint nous ouvrir. La porte fut de nouveau ébranlée; enfin nous entendîmes des chuchotements, et une tête noire apparut à une lucarne ronde, située à peu près à la hauteur d'un premier étage. La lune, qui à ce moment brillait de son plus pur éclat, nous permit de voir distinctement les traits du nouveau venu. A en juger par sa peau huileuse et noire, ses cheveux crépus, ses pommettes saillantes, ses énormes lèvres et son nez parfaitement écrasé, c'était un de ces nègres originaires de Tombouctou, qui habitent Alger, au nombre de sept ou huit cents, et qui, grands et athlétiques, sont en même temps les plus laids de tous les hommes de leur couleur.

Ce personnage nous lança un regard tout blanc, et nous dit d'une voix saccadée :

— *Che vuoi ?*

Réponse : *La casa del mezouard.*

— *Non esto la casa del mezouard, esto la casa negro...*

Ce qui signifiait, en langue franque, que nous nous

étions fourvoyés, et que nous avions devant nous *la maison des nègres*, empressés, eux aussi, de se réjouir suivant leur rit sauvage. Quelles mystérieuses saturnales s'accomplissaient en ce lieu? c'est ce que nous éprouvâmes tous aussitôt l'envie d'approfondir, mais en vain nous cherchâmes à pénétrer dans la *casa;* en vain nous protestâmes de nos intentions inoffensives; en vain celui d'entre nous qui se piquait de parler le plus couramment le jargon dont nous venons de donner un spécimen, dépensa des trésors. d'éloquence pour attendrir le *negro*, ce dernier resta inflexible. Nous délibérâmes un instant pour savoir si nous ne chercherions pas à pénétrer dans la place au moyen d'effraction; mais nous réfléchîmes qu'après ce bel exploit, nous nous trouverions au milieu d'une centaine de vigoureux gaillards qui, dans leur fureur jalouse (car il y avait là réunion des deux sexes), pourraient nous faire un très-mauvais parti. Nous jugeâmes donc politique de battre en retraite, ce que nous effectuâmes, non sans avoir le déplaisir d'entendre résonner derrière nous, à mesure que nous nous éloignions, le tambour dont le bruit nous avait si infructueusement attirés.

Enfin nous découvrîmes l'objet de nos recherches, et le spectacle de la fête mauresque nous fit bientôt oublier notre mésaventure de la *casa negro*. Nous fûmes reçus par le mézouard en personne. Le centre de sa maison, comme celui de toutes les habitations orientales, était occupé par une grande cour carrée, entourée d'un cloître sur lequel donnent les appartements, et que supportent des colonnes torses. C'est là qu'on se réunissait habituellement, la maison proprement dite étant un arcane, un sanctuaire impénétrable à l'œil du profane. C'est là que nous fûmes admis.

D'abord une épaisse fumée de tabac ne nous permit de distinguer aucun objet; nous comprîmes seulement, aux coudoiements de nos voisins, que nous étions au milieu d'une grande foule. A droite et à gauche, devant et derrière nous, nous entendions les sons gutturaux et fortement aspirés qui caractérisent l'idiome arabe, et auxquels s'alliaient ceux plus rudes encore d'une musique horriblement aigre et discordante. Peu à peu nos yeux, que le contact de cette nuageuse atmosphère avait fermés convulsivement, parvinrent à s'affermir contre elle, et nous pûmes enfin promener nos regards autour de nous.

Les Maures avec leurs costumes bariolés, les Arabes enveloppés de leur invariable manteau blanc, étaient là pêle-mêle, les uns appuyés contre une colonne, la plupart accroupis, et tous effleurant des lèvres le bout d'ambre de leur chibouk, fixant avidement un petit cercle resté vide au centre de la cour, et dans lequel une Mauresque, parée de ses vêtements les plus riches et les plus dorés, exécutait la danse nationale. Singulière danse que celle-là! Les cheveux épars, l'œil étincelant, la bouche entr'ouverte, les joues enflammées, cette femme tournait lentement sur elle-même; sa tête, penchée en arrière, restait immobile, mais tout son corps était en proie à un frémissement nerveux et contenu : un ancien l'eût prise pour la sibylle de Cumes. Avec sa longue chevelure, ses grands yeux noirs, son teint chaud et coloré, elle était admirablement belle; de ses lèvres s'échappaient avec effort des chants entrecoupés : c'était une romance arabe appropriée à cette pantomime dont je vous laisse à deviner le sens. Le premier couplet commençait ainsi :

O homme! cesse d'égarer ta main sur ma poitrine!
Que cherche-t-elle? Une grenade,
Une grenade jaunie par le soleil.

A chacun des autres couplets, il était question, comme toujours, d'une fleur ou d'un fruit. Ces vers érotiques étaient psalmodiés sur un air lugubre qui, par ses chevrotements, ses intonations languissantes, et par l'absence de tout rhythme, rappelait notre plain-chant. C'était une espèce de *tremolo* brisé et plaintif, alternant, sans aucune transition, du *forte* au *piano*, et dont le mouvement rapide était aussi peu en harmonie que possible avec celui du chant.

Il semblait que le délire, si naïvement exprimé par la danseuse, eût gagné l'âme des assistants. Quelques-uns étaient plongés dans une muette extase; les autres, abjurant le flegme national, riaient, chantaient et buvaient leur café noir: plusieurs même, j'en demande pardon pour eux à Mahommet, ne s'en tenaient pas à cette libation orthodoxe, et s'en prenaient à l'eau-de-vie. Le lieu de la scène était éclairé par des chandelles de cire jaune ; au-dessus de nos têtes brillaient les étoiles, et la lune argentait les étages supérieurs.

Un Arabe qui, plus attentivement que tous les autres, observait la danse de la Mauresque, et suivait ses moindres mouvements, se leva tout à coup et lui fit signe d'approcher. Puis, tirant de son portefeuille en maroquin rouge, brodé de fils d'or, dix ou douze piécettes d'argent, il les humecta légèrement avec l'extrémité de sa langue, et les posa une à une sur le front, les joues, le nez et le menton de la danseuse, qui paraissait de plus en plus égarée et haletante, à mesure qu'augmentait le nombre de piécettes. Quand toutes furent posées, elle redressa la tête, et les fit glisser dans une pièce d'étoffe qu'elle tenait entre ses deux mains. Cette singulière cérémonie s'étant roproduite plusieurs fois dans l'espace d'une demi-heure, un jeune Maure, placé à côté de moi, et qui déjà m'avait gracieusement offert une pipe, m'apprit que tout cet argent provenait de dons faits à la Mauresque ; que c'était là une manière de lui témoigner son admiration, lorsque son jeu était trouvé réellement expressif ; enfin, que le mézouard avait une part dans le bénéfice. Aussi trouvait-il son compte à multiplier les exhibitions de danseuses, car cette peinture de l'amour des sens est toujours accueillie avec enthousiasme chez un peuple éminemment matérialiste.

Au premier étage de la maison, disposé également en cloître, étaient nonchalamment assises une cinquantaine de femmes mauresques, que leur profession plaçait sous la dépendance du mézouard. La plupart avaient de fort beaux traits ; mais pas un éclair d'intelligence ne brillait sur ces pâles physionomies. Il était facile de voir que ces pauvres créatures n'avaient ni le sentiment du bien et du mal, ni même la conscience de leur triste genre de vie.

Objet des regards de la foule, elles-mêmes soulevaient difficilement leurs longues paupières ; leur cou penchait indolemment sur leurs épaules, et tout, dans leur contenance, accusait l'abrutissement et la dégradation.

Ce spectacle avait quelque chose de pénible. Quand je redescendis, une autre Mauresque était au milieu du cercle, mais c'étaient toujours les mêmes évolutions, les mêmes chants et la même musique : cela devait durer ainsi jusqu'à l'aurore. Quant à la première danseuse, après un exercice de deux heures, elle était tombée évanouie aux acclamations de l'assemblée. Je ne jugeai pas à propos d'attendre que la seconde eût mérité les mêmes applaudissements, et ce fut avec un vif sentiment de bien-être que je respirai, en sortant, la brise qui, à cette heure de la nuit, s'élevait fraîche et pure du sein de la Méditerranée.

J'ai vu souvent répéter ces exercices en Algérie, et notamment à Biskra, pays des Oasis, où la belle

Fatma (brune Ouled-Naïl), s'était fait, du fruit de ses danses, bâtir une petite maison, et où elle partageait l'idolâtrie du public avec son agile et comme elle presque noire compagne, Oumel-Kheïr, ce qui signifie littéralement : *la Mère du bien.*

XVII

Un profil de pirate.

Le ... septembre 18.., au moment où la corvette de charge *l'Agate* appareillait afin de quitter la rade d'Alger et de faire voile pour Bone, où elle devait transporter les membres de la commission d'enquête envoyée en Afrique par le gouvernement, une petite embarcation amena contre son bord un bon vieillard, que son costume indiquait suffisamment appartenir à la nation maure, et qui, abandonnant son canot, empoigna bravement les tireveilles de tribord et se hissa jusque sur le pont avec une promptitude et une dextérité qui dénotaient un homme parfaitement habitué à ces sortes d'ascension. Puis, sans se préoccuper en aucune façon du petit mouvement de curiosité qu'excita son apparition, il alla s'accroupir au pied du grand mât, s'enveloppa de son burnous blanc pour se garantir de la brise, qui commençait à fraîchir, et se mit en devoir de fumer sa pipe avec toute la gravité et le flegme particuliers aux gens de sa race.

C'était un homme d'environ soixante ans, bien qu'il parût en avoir plus de soixante-dix : mais on sait que les peuples du Midi, ceux de l'Orient surtout, doués d'une virilité précoce, achètent cet avantage au prix d'une vieillesse hâtive et d'une mort prématurée, si on compare le nombre des années qu'ils parcourent à la longévité dont les nations septentrionales offrent encore quelques exemples. Sa barbe était toute grise, et, quant à ses cheveux, s'ils n'eussent été rasés depuis le jour de sa naissance, il est probable qu'on les eût trouvés d'un blanc de neige. « Que viens-tu faire ici, Maure? » lui dirent avec rudesse quelques matelots, en passant auprès de lui pour aller virer un cabestan ou exécuter quelques manœuvres. Mais celui qu'on interrogeait ainsi ne daigna pas même lever la tête, et continua, sans répondre, à aspirer lentement les bouffées de sa pipe, passe-temps dans lequel il paraissait complétement absorbé.

N'allez pas croire, à ce début, que nous ayons eu l'intention de mettre en scène quelque personnage mystérieux destiné à exercer une influence secrète sur la navigation à laquelle préludait l'équipage de *l'Agate*, quelqu'un de ces héros si fréquents dans la littérature moderne qui, après s'être complu longtemps dans une sorte de clair-obscur poétique, déchirent tout à coup le voile qui les environne, et apparaissent aux regards étonnés de la foule, le front ceint d'une romanesque auréole. Mon Dieu non ! je me hâte de vous dire que l'hôte musulman du bord n'avait rien des allures de l'être supérieur. Sa grosse figure ridée et toute pleine de bonhomie respirait cette inaltérable sérénité qui distingue le fataliste ; ses vêtements étaient d'étoffe grossière et de forme peu élégante ; enfin, il n'avait à sa ceinture ni yatagan à gaîne d'or, ni pistolets damasquinés, ni même un simple poignard de Damas. Or, un poignard est l'attribut indispensable de tout personnage auquel la destinée, c'est-à-dire la fantaisie de l'écrivain, réserve un rôle. Mais le nouveau venu était tout simplement, à ce que nous apprit le commandant de *l'Agate*, un pilote algérien qu'il avait jugé à propos d'embarquer à cause des difficultés que présente souvent la navigation dans quelques parages dangereux le long des côtes d'Afrique.

Toutefois, malgré son humble condition, le vénérable vieillard, que nous venons bien malgré nous de dépoétiser, ne paraissait pas tout à fait indigne de fixer l'attention d'un observateur. Il y avait dans toute sa personne quelque chose de si naïvement excentrique que le lecteur ne nous saura peut-être pas mauvais gré de lui avoir dérobé quelques instants au profit du pilote algérien de *l'Agate*. Le brave homme n'avait pas toujours rempli les fonctions infimes auxquelles le condamnaient maintenant la pauvreté et la faim ; il avait eu jadis un rang, du pouvoir, des richesses ; lui aussi avait tenu, dans des temps meilleurs, le bâton de commandement auquel son devoir le forçait aujourd'hui d'obéir. C'était une grandeur déchue ! Et certes, il eût été difficile de s'en douter à voir l'air doux et résigné dont il venait prendre possession de son nouvel emploi. Aussi, eûmes-nous quelque peine à en croire le témoignage de nos oreilles, lorsque le commandant du bord nous dit en souriant :

— Savez-vous que cet homme là-bas, assis sur le pont, est plus ancien que moi en grade ?

— Comment cela, capitaine ?

— Vous croyez peut-être que je plaisante ? Eh bien ! je vous le répète, cet homme est un ancien capitaine de frégate.

— Et peut-on savoir au service de quelle puissance était ce singulier collègue ?

— Au service du dey d'Alger, parbleu ! C'était un des plus fameux *réïs* de la flotte barbaresque, et il commandait une felouque armée de quarante bouches à feu. Rien que cela ! Aujourd'hui le commandant de la station l'emploie comme pilote à bord des bâtiments de l'État.

— Pauvre homme ! s'écria l'un de nous.

— Ma foi ! reprit le commandant, je vous conseille de le plaindre. Il aurait peut-être fallu lui donner de l'avancement pour avoir fait pendant trente ans le métier d'écumeur de mer ?

Ainsi nous avions devant nous l'un de ces terribles

forbans, l'un de ces modernes *uscoques* qui avaient fait si longtemps la terreur du commerce de la Méditerranée. Et cependant, je le répète, il n'avait pas le moindre trait de ressemblance avec le type du corsaire, tel que l'ont consacré les poëtes, tel que l'a chanté l'illustre châtelain de Newstead-Abbey. Bientôt il s'humanisa, répondit avec empressement aux questions qui lui furent adressées avec bienveillance, et pendant toute la traversée se montra fort sociable.

Nous nous plaisions à l'interroger sur sa vie passée et sur les combats auxquels il avait pris part. C'était naturellement son sujet favori. Aussi, lorsqu'une fois il était embarqué dans le récit de quelque course maritime, de quelque chasse donnée à un navire chrétien, il y en avait pour deux grandes heures à l'écouter, et il ne se décidait qu'avec une extrême répugnance à revenir au port, après tant d'expéditions aventureuses. Comme cette expression les *gente de la mar* (les marins) revenait sans cesse dans le mauvais jargon franc dont il se servait, on avait fini par lui donner ce sobriquet, et on ne le nommait plus que *Gente de la Mar*. Au reste, il répondait volontiers à ce surnom et ne s'en formalisait aucunement.

Malgré le peu de distance qui sépare Bone d'Alger, la traversée fut longue et pénible, et pendant les tristes journées de bord, la conversation du *Gente de la Mar* fut pour nous une véritable ressource. Comme nous prêtions volontiers l'oreille à ses anecdotes, nous fûmes bientôt de sa part l'objet d'une prédilection toute particulière. La langue franque, mélange de français, d'italien et d'espagnol, est facilement intelligible à toute personne à qui la latine est un peu familière. Aussi, ne perdions-nous pas une syllabe des récits de l'ex-pirate, qui, pour n'avoir pas tout le merveilleux des aventures de Sindbad le Marin, n'étaient certainement pas, à beaucoup près, dépourvus de variété et d'intérêt.

Le plus ordinairement, ses narrations contenaient des détails à faire dresser les cheveux sur la tête; il me semble que je l'entends encore, évoquant du ton le plus calme le souvenir des insignes brigandages auxquels il avait présidé tant de fois. Il y aurait eu dans sa seule biographie de quoi approvisionner largement dix romanciers maritimes de scènes épiques et lugubres. Il n'y avait pas un de ses récits où il ne fût question d'abordages sanglants, de luttes désespérées, d'hommes impitoyablement massacrés ou jetés à la mer pour avoir essayé de défendre ou leurs biens ou leur vie, de femmes jeunes et belles livrées aux plaisirs des vainqueurs. Quelque horribles que fussent de semblables *mémoires*, ils acquéraient un singulier attrait dans la bouche d'un tel narrateur, et sur le théâtre même où s'étaient accomplis les tristes exploits dont il était à la fois le héros et l'historien.

— Pourquoi, m'écriais-je, parfois indigné, toi, qui as l'air d'un homme bon et doux, as-tu laissé commettre sous tes yeux de pareilles horreurs? N'étais-tu pas le maître sur ta frégate?

A cette exclamation que chacun, je crois, eût faite à ma place, le *Gente de la Mar* ne répondait rien, mais il ouvrait de grands yeux étonnés, et sa physionomie semblait dire : — Qu'y a-t-il là d'extraordinaire?

Et, dans le fait, loin que sa poitrine fût chargée de remords, et qu'il vît se dresser autour de lui les spectres de ses nombreuses victimes, le *Gente de la Mar* passait en revue les énormités de sa vie de pirate avec autant de calme que peut en mettre un soldat de la vieille garde à énumérer ses campagnes, les batailles auxquelles il a pris part, les Prussiens ou les Russes qu'il s'enorgueillit d'avoir *descendus*. Il était à cent lieues, ma foi, de soupçonner qu'il pût y avoir dans son fait quelque chose de répréhensible. Évidemment, sa conscience ne lui reprochait rien, et il aurait pu s'écrier avec Hippolyte :

> Le jour n'est pas plus pur que le fond de mon cœur.

Ce qui prouve fort la vérité de ce centon : que le criminel ne tarde pas à trouver en lui-même le châtiment de ses forfaits.

Au surplus, le *Gente de la Mar* n'était pas un criminel, à proprement parler, car il jugeait les sauvages excès dont il s'était rendu complice d'un point de vue tout opposé au nôtre; il n'y voyait pour sa part que l'exercice d'un droit incontestable à ses yeux, celui du plus fort. Le meurtre inutile de dix ou douze chrétiens lui apparaissait tout au plus comme un de ces mille petits accidents inévitables dans une guerre, car c'est ainsi que les pirates algériens désignaient leur genre d'industrie, et, dans le fait, ils avaient raison en ce sens que leur profession n'était autre chose qu'un état d'hostilité perpétuelle contre la propriété d'autrui.

Ce n'était pas, au reste, que l'homme singulier que nous avons cru devoir introduire à nos lecteurs fût un être cruel et sanguinaire; loin de là : ou nous fûmes bien mauvais physionomiste, ou il était au demeurant le meilleur homme du monde. Seulement, la piraterie et les horreurs qui en sont inséparables lui semblaient autant de choses fort simples. Il était né dans un pays où le brigandage, passé à l'état chronique, était, à proprement parler, devenu licite et normal. Les nations civilisées rendaient elles-mêmes un hommage implicite à cette juridiction étrange, car celles qui voulaient soustraire leurs navires à la terrible suzeraineté du dey, achetaient de lui, à beaux deniers comptants, le droit de naviguer sans crainte de la visite de ses redoutables sujets. Dans de telles circonstances, il était permis à un homme simple et ignorant comme le *Gente de la Mar* de se méprendre sur la légalité du genre de vie auquel il s'était voué. S'il eût vécu à Paris au dix-neuvième siècle, notre corsaire eût été probablement notaire ou manufacturier, honnête homme du reste, excellent citoyen, et je suis sûr qu'il eût monté sa garde avec une régularité et un zèle dignes d'éloges. A Alger, le brave et digne homme s'était fait pirate, et en cela avait agi logiquement. Il s'était conformé instinctivement au vieux proverbe selon lequel il faut hurler avec les loups; de plus, il avait eu le bon esprit de choisir une profession lucrative, afin de pouvoir élever ses enfants dans l'abondance et dans la crainte de Dieu.

Je ne doute même pas que ce dernier point n'eût été de sa part l'objet d'une sollicitude toute spéciale, si j'en juge du moins par la piété et la foi sincères que tout respirait en lui. Il ne manquait jamais de s'agenouiller sur le pont à midi et au coucher du soleil, et de prier avec ferveur, le visage tourné vers l'orient. Il ne prononçait jamais le nom d'Allah qu'avec un respect infini, en lui attribuant l'épithète de grand et en levant les yeux au ciel. Il y avait aussi dans sa parole quelque chose de remarquablement solennel, ce qui formait un contraste bizarre avec le fond de ses récits. « Nous nous embarquâmes sur la grande mer, la *mar grande!* » s'écriait-il en désignant l'espace agité sur lequel nous voguions; et, à ces mots, le sentiment de l'infini semblait éclairer son regard.

Ses fonctions de pilote se réduisaient à indiquer au commandant les meilleurs mouillages, ceux où le bâtiment n'avait pas à craindre la tourmente, et où le fond était de bonne tenue. En général, ses renseignements étaient d'une merveilleuse exactitude. Une fois, cependant, sa science se trouva en défaut.

Nous approchions de la côte, et le sondeur, son instrument en main, se disposait à faire entendre le cri plaintif et indéfinissable dont il accompagne l'opération préliminaire du mouillage.

— Combien avons-nous de brasses par ici? demanda le commandant à l'ex-pirate.

— Dix-huit, répondit celui-ci sans hésiter.

Vérification faite, il s'en trouva trente-cinq.

— Eh bien! que dites-vous de cela, *Gente de la Mar?* reprit le commandant, après avoir constaté le résultat du sondage.

— Je dis que la mer a changé de niveau, repartit le pilote avec un flegme imperturbable.

— Allons donc! l'ancien, vous voulez rire! lui dit le commandant; vous savez bien que cela n'est pas possible.

— Tout est possible à Dieu! reprit gravement l'ex-forban, qui, après avoir prononcé ces paroles mémorables, reprit tranquillement sa pipe et se remit à fumer avec ce calme qui résulte d'une conviction forte.

Ses connaissances hydrographiques, assez imparfaites, comme on voit, étaient entremêlées d'une foule de traditions qu'il rattachait à certains parages ou à certains points de la côte, et qui étaient pour lui autant d'articles de foi.

Un jour, près de Bougie, il nous raconta de l'air le plus sérieux qu'un saint marabout chéri d'Allah s'étant désaltéré à une source située derrière un mamelon qu'il nous montra, cette source avait depuis lors acquis l'heureux privilége d'offrir au voyageur une eau merveilleusement sucrée. Je laisse à penser quel mouvement d'hilarité accueillit cette singulière affirmation.

— Vous voulez dire : salée, honnête *Gente de la Mar!* s'écria malicieusement un jeune midshipman.

— *Sucrada! signor, sucrada!* reprit avec feu le vieillard, outré de l'expression de doute et d'incrédulité empreinte dans les regards de son auditoire, et qui ne pardonna pas sans peine à l'élève de marine de l'avoir contredit sur un point aussi essentiel de ses croyances.

Une autre fois, il nous donna une scène non moins divertissante : un lieutenant de frégate, pour charmer les loisirs de la navigation, s'amusait à racler de je ne sais quel violon dont les sons criards dénotaient, à n'en pouvoir douter, que ni la main d'Amati ni celle de Stradivarius n'avaient coopéré à sa fabrication. Le pilote s'approcha de moi et me dit à l'oreille :

— Le lieutenant ne sait pas du tout jouer du violon.

C'était l'exacte vérité, et j'avoue que la justesse de cette appréciation musicale m'étonna un peu de la part d'un tel dilettante; mais quelle fut ma surprise lorsque je l'entendis ajouter d'un ton fier :

— Tel que tu me vois, je suis très-fort sur cet instrument.

A ces mots, je ne fus pas maître de ma curiosité, et je priai l'officier de vouloir bien prêter son violon pour quelques minutes au *Gente de la Mar*.

Jaloux de montrer son talent, ce dernier prit l'instrument d'un air de triomphe, s'accroupit, plaça le violon entre ses jambes, comme il eût fait d'un violoncelle, et commença à faire entendre un déluge de notes aigres et discordantes à provoquer des grincements de dents, un charivari à mettre en fuite l'auditeur le plus intrépide. Pendant que nous nous bouchions les oreilles, notre virtuose poursuivait bravement l'exécution de son infernal concerto et paraissait enchanté de lui-même. J'eus toutefois la cruauté de mettre un terme à son bonheur en lui arrachant le violon que je rendis à son légitime propriétaire.

— C'est un air algérien, me dit-il, sans que ma brusquerie lui eût fait perdre contenance.

— Je le vois bien, lui dis-je; mais je t'engage à ne plus le jouer devant personne.

— Et pourquoi? me répondit-il, nos airs valent bien les vôtres; votre musique, à vous, n'a point de caractère.

On pense bien que je n'eus garde d'entrer en discussion avec un musicien de cette force; seulement, j'invitai l'officier de marine à serrer son instrument avec le plus grand soin, de peur qu'il ne plût encore à mons le pirate nous donner un spécimen de son talent.

Le *Gente de la Mar* nous accompagna dans les diverses traversées que nous eûmes à faire le long des côtes de Barbarie. Dans le cours du voyage suivant, j'appris de lui, non sans de profondes réflexions sur l'instabilité des choses humaines, qu'il était fils d'un bey de Constantine; que jadis, possesseur d'une fortune considérable et d'un palais à Alger, il avait eu pour cuisinier un nommé Hussein, jeune homme récemment amené d'Asie Mineure, qui depuis s'était enrôlé dans la milice turque, était parvenu promptement aux premiers grades de l'armée et qu'une révolution avait enfin porté au trône. Cet Hussein ne fut autre que le dey vaincu par nous en 1830, et que chacun put voir à Paris en 1831. Ainsi, le maître opulent, devenu plus tard l'humble sujet de son ex-cuisinier, avait fini par tomber dans la misère, tandis que le serviteur, passé des fonctions les plus infimes à la toute-puissance, est mort dans l'exil loin du siége de sa souveraineté. Tels sont les jeux de la fortune.

Je ne quittai pas Alger pour revenir en France sans dire adieu à l'ancien pirate. Je n'eus pas de peine à le découvrir, fumant sa pipe comme à l'ordinaire dans une boutique de barbier, en attendant que le capitaine de quelque bâtiment réclamât ses services. Nous prîmes le café et fumâmes ensemble le calumet de paix; puis, nous échangeâmes en nous séparant une cordiale poignée de main. J'ai conservé son souvenir comme celui d'un type vraiment original, aujourd'hui surtout que la civilisation envahissante marche à grands pas, réduisant tout au même niveau, réformant toutes les individualités, et que l'Orient lui-même n'est plus rien qu'une pâle copie de l'Occident.

J'ai eu depuis de ses nouvelles, et j'ai appris qu'il continuait à exercer l'humble profession de pilote, toujours content de son sort ou du moins toujours résigné. Il était assez philosophe pour oublier le passé, accepter le présent et se confier à l'avenir : j'ai vu peu d'hommes aussi sages.

XVIII

L'interprète Garoué.

Vers la fin de la Restauration, au moment où se préparait l'expédition contre Alger, vivait à Paris, des produits d'un petit commerce de pipes et de parfumeries turques, le Syrien George Garoué. C'était un homme de cœur, de probité et de savoir, bien au-dessus d'une condition pour laquelle il n'était point né. Issu d'une des premières familles chrétiennes de Damas, il avait succédé à son père dans les fonctions de trésorier ou de banquier du pacha. C'était un poste lucratif, mais difficile et dangereux. La plupart des banquiers des princes d'Orient périssent victimes de l'insatiable avidité de leurs redoutables clients. Tant que leur caisse peut subvenir aux ruineuses prodigalités du maître, tout est au mieux, et celui-ci ne songe point à leur reprocher les bénéfices qu'ils ont pu faire au service de sa seigneurie. Mais il arrive presque toujours un moment où le pacha, réduit aux expédients pour satisfaire quelque luxueuse fantaisie, jette un regard de convoitise sur les biens de son intendant et s'indigne qu'un être abject, un chrétien, un chien fils de chien, n'ait cessé de faire fortune, tandis que lui, pacha, illustre rejeton de la race d'Othman, et pénombre de Dieu sur terre, par opposition au sultan qui en est l'ombre tout entière, a continuellement suivi la marche inverse. Cette comparaison tourne infailliblement à la ruine du trésorier. Si le pacha est humain, il se contente de le réduire à la mendicité en lui extorquant tout ce qu'il possède par voie de confiscation; mais le plus souvent, pour prévenir des plaintes importunes, du même coup il fait sauter la banque et tomber la tête du banquier.

Le père de Garoué eut le rare privilége d'échapper à cette terrible alternative. Ce dernier fut moins heureux. Un jour, — c'était en 1818, je crois, — un officier du pacha auquel l'unissait une étroite amitié vint le trouver secrètement pour l'engager à fuir au plus vite.

— Qu'y a-t-il donc? demanda Garoué atterré.

— Le pacha a besoin de deux millions de piastres.

— Je le sais, il me les a demandés.

— Et tu n'as pu les lui fournir?

— Mon patrimoine tout entier ne représente pas cette somme.

— N'importe! Il le prendra comme à-compte et ta tête l'indemnisera du déficit.

— O ciel! que faire?

— Suivre mon conseil, partir sur-le-champ, aujourd'hui même; demain, il ne serait plus temps.

— Mais où irai-je, grand Dieu?

— Où tu voudras, devant toi, du côté de la mer. Marche, et ne perds pas une minute; l'essentiel est de sortir du pachalik.

— Mais ma femme, mes enfants?

— Il faut t'en séparer. Laisse-les ici sous ma garde; je les protégerai de mon mieux. Plus tard, ils iront te rejoindre.

Garoué remercia l'ami fidèle qui exposait sa propre vie pour le sauver, et profita de son avis. L'officier était bien informé. A peine Garoué eut-il quitté Damas que les chiaoux du pacha firent irruption dans sa demeure, le cherchant pour le décapiter. Ils n'y trouvèrent que sa famille éplorée et glacée d'effroi, qu'ils en chassèrent brutalement, et tout ce que possédait l'infortuné chrétien alla s'engloutir dans les coffres du satrape musulman.

Pendant ce temps, Garoué fuyait à l'aventure, tremblant à chaque instant, malgré le déguisement sous lequel il s'était caché, d'être reconnu par quelqu'un des cavaliers que le pacha avait lancés à sa poursuite, et qui parcouraient la campagne dans toutes les directions. Longtemps il erra au hasard dans les forêts, sur les hautes cimes ou dans les gorges du Liban, se traînant d'une retraite à l'autre, et souvent n'ayant d'autre asile qu'une grotte, d'autre nourriture que les fruits ou les racines sauvages qui croissaient le long du chemin. Enfin, il réussit, après des traverses et des mésaventures sans nombre, à gagner la côte et un port, d'où il s'embarqua pour Marseille. Il arriva dans cette ville au commencement de 1819, et la quitta bientôt pour se rendre à Paris : là, avec l'aide de deux compatriotes, il réussit à se créer la petite industrie, alors toute nouvelle en France, de marchand de produits turcs.

Désormais à l'abri du besoin, l'ex-banquier marchand de pastilles du sérail étendit peu à peu son commerce, et, en 1830, au moment de l'expédition d'Alger, il gagnait assez pour assurer à sa femme et à ses enfants une existence convenable. Il leur avait écrit de venir le rejoindre et s'enivrait à la pensée d'une réunion si longuement et si ardemment désirée, lorsqu'on lui offrit de l'attacher au corps des interprètes qui devaient suivre l'armée expéditionnaire. On manquait de sujets pour ce service, dont le personnel, recruté à grand'peine d'un petit nombre de jeunes orientalistes et de quelques anciens mameluks de la garde impériale, voire d'un vicaire de Saint-Roch, M. Zaccar, depuis interprète principal, ne pouvait évidemment suffire aux besoins de l'expédition. George Garoué fut donc vivement sollicité d'en faire partie. Il refusa d'abord, alléguant ses infirmités, son âge déjà avancé, l'arrivée prochaine de sa famille, qu'il avait hâte d'embrasser. Des promesses, un peu exagérées peut-être par les agents officieux qui eurent mission de les transmettre, triomphèrent de sa répugnance. Il accepta, courut rejoindre l'armée à Toulon, et, le 14 juin, débarqua avec elle sur la plage de Sidi-Ferruch.

Nous n'avons pas dessein de reproduire ici les bulletins de la courte et brillante campagne qui nous rendit maîtres d'Alger. On sait que, contrairement à toutes les prévisions, notre débarquement s'opéra sans obstacle à la vue des troupes algériennes, qui avaient pris position à portée de canon du rivage. On eut depuis l'explication de cette singulière tactique suggérée au dey par la confiance présomptueuse de son gendre, Ibrahim-Agha, généralissime de l'armée, qui avait promis d'exterminer les Français *jusqu'au dernier*, s'ils mettaient le pied sur la plage. La journée du débarquement se passa donc en escarmouches, durant lesquelles le génie travaillait au camp retranché destiné à fermer l'entrée de la presqu'île choisie comme point d'abordage.

Il en fut de même les deux journées suivantes. Mais le jour d'après, la campagne, naguère couverte de cavaliers turcs et arabes qui faisaient galoper leurs chevaux en tous sens en poussant des hourras belliqueux, apparut tout à coup déserte aux regards étonnés de l'armée. Tandis que tous les yeux, fixés à l'horizon, y cherchaient vainement un ennemi, un Arabe fut aperçu qui paraissait venir à nous, en se glissant à travers les épaisses broussailles dont le sol était partout hérissé. L'étrange allure de cet homme, qui tantôt semblait se cacher, tantôt se montrait hardiment, puis recommençait à se glisser ou à ramper timidement entre les tiges de cactus et de palmiers nains, fit soupçonner quelque surprise. Pour éclaircir le doute, un officier sortit du camp et marcha au-devant de l'Arabe, après avoir quitté ostensiblement son sabre, mais en ayant soin de cacher un poignard sous ses vêtements. La précaution était inutile : le visiteur isolé était un vieillard presque septuagénaire, dont les intentions n'avaient rien d'hostile. Il était épuisé de fatigue et de faim, et semblait sur le point de défaillir. Quelques gouttes d'eau-de-vie le ranimèrent; puis on le conduisit au quartier général, au milieu d'une foule bruyante et curieuse accourue pour le contempler, et dont l'aspect ne paraissait l'émouvoir que médiocrement.

Sa tranquillité et son courage ne se démentirent pas en présence du général en chef, qui l'interrogea sur le but de son audacieuse démarche. Il répondit qu'il avait voulu voir de près ces chrétiens qui envahissaient sa patrie ; s'assurer lui-même près d'eux du motif qui les y amenait, et savoir de leur propre bouche s'ils comptaient protéger les enfants du Prophète, respecter leur religion, leurs croyances, leurs mœurs, et non point remplacer pour eux une tyrannie par une autre, en perpétuant le joug cruel auquel les Arabes étaient asservis par la race turque.

M. de Bourmont lui fit répondre que ses compatriotes et lui n'avaient rien à craindre des Français, qui, loin de vouloir les opprimer, venaient à eux en libérateurs, aspirant à les affranchir de l'odieux vasselage auquel les soumettait une horde d'aventuriers. Cette assurance parut satisfaire pleinement le vieil Arabe, qui, dès le lendemain, demanda à retourner parmi les siens pour leur faire part des intentions toutes bienveillantes et pacifiques des étrangers à cet égard. — Je ne suis pas votre prisonnier, dit-il ; c'est comme ami que je suis venu, et je suis ici de mon plein gré. — On le laissa libre de se retirer, et il partit en témoignant une vive reconnaissance des bons traitements qu'il avait reçus pendant son court séjour au camp.

La hardiesse de son action, son calme au milieu du péril auquel il s'était exposé, la dignité de son maintien, la pittoresque élévation de quelques-unes de ses réponses, avaient vivement impressionné tous ceux qui l'avaient approché. Un officier, en lui montrant nos lignes imposantes, nos batteries, nos faisceaux d'armes, lui demandait s'il était possible que les Turcs pussent résister à de telles forces militaires. — *In cha Allah*, s'il plaît à Dieu, répondit froidement l'Arabe en saisissant autour de lui de menus branchages qu'il rompit et dont il rejeta au loin les fragments, il en sera de tous les chrétiens comme de ces rameaux fragiles. — Un autre officier ayant voulu lui offrir quelques pièces de monnaie, il refusa fièrement ce présent, et se drapant dans ses haillons, fit lui-même le geste de fouiller à sa poche, comme pour témoigner qu'il avait l'habitude de donner et non de recevoir l'aumône. En effet, l'un de nos interprètes, dont il avait partagé la tente et dont les façons amicales lui avaient inspiré de la confiance, apprit de lui qu'il n'était pas si obscur ni si misérable que ses vêtements en lambeaux avaient pu le faire supposer ; mais que, marabout appartenant à une tribu importante des confins du Désert, il avait accompli, sous ces habits de mendiant et en bravant mille périls, le vœu formé par lui de voir et d'interroger ces Français dont on lui avait dit tant de mal. Le bien public, ajouta-t-il, avait été son seul mobile, et, du reste, quel autre intérêt pouvait-il avoir à affronter tant de fatigues et de dangers? Maintenant qu'il avait mené à bien cette entreprise si hasardeuse, il allait retourner auprès de ses compatriotes, heureux de pouvoir les rassurer sur les conséquences de l'invasion dont Alger était menacée, tout en les éclairant sur la ligne de conduite qu'ils avaient à suivre dans la lutte engagée entre le roi de France et le dey.

George Garoué, car c'était lui qui avait reçu le vieil Arabe sous sa tente, s'enthousiasma au récit de son hôte. Il passa une partie de la nuit à lui faire redire en détail les incidents de son pénible et audacieux pèlerinage, l'interrompant souvent pour le questionner sur les noms, l'importance et les dispositions des tribus qu'il avait traversées, insistant sur chacun de ces points et écoutant le narrateur avec un intérêt soutenu et passionné dont une vulgaire curiosité ne pouvait être l'unique source.

En effet, à peine son hôte s'était-il éloigné le lendemain, que Garoué se présenta à l'ermitage de Sidi-Ferruch, où était établi le quartier général, et demanda à parler au général en chef. Introduit non sans quelque peine en présence de M. de Bourmont, il le trouva entouré de généraux et d'aides de camp, auxquels il distribuait des ordres.

— Que me voulez-vous? Soyez bref, lui dit le chef de l'expédition.

— Monseigneur, répondit Garoué d'un ton respectueux, mais avec assurance, je viens demander à Votre Excellence la permission de passer dans le camp ennemi.

— Chez les Arabes! Êtes-vous fou? s'écria le général en chef en le regardant fixement, comme pour s'assurer que l'auteur de cette proposition inouïe avait bien toute sa raison. Ignorez-vous donc le sort des malheureux soldats qui s'aventurent, malgré mes ordres, à portée de fusil du camp? Hier encore, le fils de M. Amoros n'a-t-il pas eu la tête tranchée[1]?

— Je sais tout cela, répondit le Syrien d'une voix ferme. Je ne me dissimule aucun des périls de mon entreprise; j'en ai calculé toutes les chances.

— Mais, enfin, quel est votre projet? interrompit le général.

— Le voici, monseigneur. Vous avez, m'a-t-on dit, des proclamations à distribuer aux Arabes?

— Oui, l'imprimerie royale nous a fait ce cadeau, répliqua M. de Bourmont avec un sourire de dédain. Excellente idée, sur ma foi... si jamais nous venons à manquer de cartouches!

[1] M. Amoros, lieutenant d'artillerie, fils du colonel de ce nom, ayant eu l'imprudence de s'écarter des lignes en compagnie d'un employé aux subsistances militaires, se vit tout à coup assailli par un détachement arabe. Le commis aux vivres eut le temps de se jeter dans des broussailles, et échappa ainsi à la mort; il la vit de près toutefois, car à plusieurs reprises les cavaliers bédouins effleurèrent le buisson même où il s'était réfugié, et l'un de leurs chevaux, en se cabrant, recula jusqu'auprès de lui, le foula aux pieds et le meurtrit. De sa cachette, il assista à l'agonie et à la mort de son malheureux compagnon. Entouré, saisi, menacé par vingt ennemis à la fois, l'infortuné M. Amoros chercha en vain à apaiser la rage de ses bourreaux par ce mot : *Allah! Allah!* (Dieu! Dieu!) sans cesse dans la bouche des Arabes. Deux des cavaliers s'emparèrent de lui et le traînèrent, sans écouter ses supplications, vers le chef apparent de la troupe, qui, lui appuyant d'une main la tête sur le pommeau de sa selle, tira de l'autre son yatagan, et lui scia le cou froidement, lentement, méthodiquement, comme fait le boucher dépeçant ses viandes.

— Pardonnez-moi de ne pas être de l'avis de Votre Excellence. Dans mon humble opinion, ces proclamations peuvent nous être d'un grand secours.

— Vous croyez? Cela peut être, au fait. Il ne s'agirait pour cela que de les remettre à leur adresse !

— C'est justement la mission que je viens prier Votre Excellence de me confier.

— Encore une fois, vous êtes fou ! reprit le général en haussant les épaules avec impatience. Si vous n'aviez rien de plus sensé à nous proposer, monsieur, ce n'était vraiment pas la peine…

— Pardon, monseigneur, si j'insiste, interrompit le Syrien. Ma proposition vous semble extravagante : qu'a-t-elle donc de si anormal? L'Arabe que vous avez congédié tout à l'heure n'a-t-il pas eu, lui aussi, la hardiesse de s'aventurer seul au milieu d'un camp ennemi, dans l'espoir d'être utile aux siens? Et ce qu'un de ces gens-là a fait, l'un de nous ne saurait-il le faire?

— Mais les deux entreprises ne sont pas compaables ! s'écria le général en chef. Nous sommes une nation humaine; nous ne versons pas le sang à plaisir; nous épargnons les prisonniers, tandis que, de leur part, il n'y a ni quartier ni miséricorde à attendre.

— Ils sont fanatisés, répondit Garoué ; ils croient que la France en veut à leur religion, à leurs richesses, à leurs femmes. C'est dans cette erreur qu'ils égorgent tout ce qui tombe entre leurs mains. Raison de plus, je crois, pour les désabuser.

— Assurément; mais le moyen?

— Je n'en connais qu'un, monseigneur, et c'est celui que je vous offre.

— Mais ils vous tueront!

— Peut-être bien; cependant j'espère m'en tirer. Syrien de naissance, je connais les Arabes; j'ai été élevé au milieu d'eux. Leur langue, leurs usages me sont familiers. Je revêtirai leur costume, et me donnerai pour un des leurs.

— Mais si vous êtes reconnu? demanda le général en chef.

— En ce cas, monseigneur, c'est fait de moi; mais, qu'importe? Ma tête est grise, je suis vieux; quelques années de plus ou de moins ne sont pas une grande affaire. Pour le peu qui me reste à vivre, dois-je ne voir que le péril de l'occasion vraiment unique qui s'offre de payer ma dette à ma patrie d'adoption, à la terre hospitalière où, fugitif et sans ressources, j'ai trouvé protection, sympathie, assistance? Car, croyez-le bien, monseigneur, la démarche que je tente auprès de vous n'est point une vaine fanfaronnade. Je crois mon entreprise utile, très-utile. L'Arabe est mobile, enthousiaste, toujours prêt à abandonner le drapeau sous lequel il combattait la veille. Quelques promesses faites à propos, quelques manifestes lancés dans l'intérieur des tribus, peuvent déterminer plus d'une défection et opérer en votre faveur une diversion puissante. Tel est le but que je me pose. Si j'ai le bonheur de réussir, vous ne vous repentirez pas d'avoir profité de mon offre; si je succombe, en vérité, le malheur ne sera pas grand.

Ces simples et héroïques paroles furent accueillies par un murmure d'admiration et d'enthousiasme. Le général, qui semblait lui-même très-ému, saisit la main de Garoué, et, la pressant avec chaleur :

— Vous êtes un brave, monsieur, dit-il; je vous remercie, au nom du roi et de la France, de l'offre que vous venez de me faire; mais je ne puis ni ne dois l'accepter.

— Que dites-vous, monseigneur? s'écria Garoué, sur les traits duquel se peignit, à ces mots, la contrariété la plus vive.

— Non, je ne le dois pas. Je ne puis consentir à hasarder la vie d'un homme tel que vous sur une chance aussi incertaine.

— De grâce, messieurs, venez à mon aide, dit Garoué en s'adressant à l'état-major du général. Représentez à Son Excellence que la lutte peut être longue; que, dans tous les cas, la victoire sera chèrement achetée. Dites-lui que l'armée va avoir sur les bras toute une population guerrière à qui l'on a dépeint les Français comme des oppresseurs et les ennemis de son Dieu; que, si l'on n'y prend garde, cette animosité nous créera de sérieux obstacles. Je le répète, il est nécessaire, il est urgent de détromper les Arabes sur l'origine et sur le but de cette guerre. Il y va de l'intérêt, peut-être du salut de l'expédition.

— Mais déférer à un tel vœu, c'est vous envoyer à la mort! s'écria encore le général.

— Qu'importe, monseigneur, si cette mort vous épargne des milliers de braves soldats !

Longtemps encore M. de Bourmont combattit la résolution de Garoué. Ce n'était pas qu'il méconnût l'importance du but politique que s'était proposé d'atteindre cet homme intrépide. Au début d'une expédition aussi hasardeuse que celle dont le sort était remis entre ses mains, aucun moyen de réussite ne devait être négligé, et la plus vulgaire prévoyance commandait, au contraire, de mettre tout en œuvre pour affaiblir ou diviser les forces de l'ennemi, forces numériquement très-supérieures à celles de l'armée française, et que la renommée avait, comme toujours, singulièrement exagérées. Dans de telles circonstances, l'offre de Garoué méritait bien qu'on s'y arrêtât : elle n'était rien moins que la rodomontade d'un cerveau brûlé qui, à tout prix, veut attirer sur soi les regards. Il était en effet du plus haut intérêt, ainsi que l'interprète l'avait avancé, de démentir les bruits que n'avaient pas manqué de répandre dans les tribus, sur les intentions de la France, le dey et ses Turcs, par l'organe de prédicateurs fanatiques. Cette nécessité, bien qu'il eût dit d'abord, n'échappait pas à M. de Bourmont, et un scrupule des plus honorables l'empêchait seul d'accéder à la proposition du brave Syrien. Il lui répugnait d'accepter un si admirable dévouement et d'envoyer, suivant sa propre expression, un homme de cette trempe à la mort, car il n'admettait guère la possibilité que Garoué pût sortir vivant d'une si dangereuse épreuve. Aussi n'épargna-t-il aucune objection, aucune instance, pour le détourner de son projet. Plusieurs des officiers présents se joignirent à M. de Bourmont pour représenter au vieillard toute l'étendue du péril auquel il voulait s'exposer. Il y avait, lui dit-on d'une commune voix, non point folie (personne maintenant n'était tenté de le regarder comme un fou), mais plus que de la témérité à affronter tant de chances de mort pour un succès si incertain. L'émotion était générale : on entourait le vieil interprète, on le pressait, on l'adjurait, on le suppliait presque de renoncer à son entreprise. Rien ne put vaincre l'énergique résolution de Garoué. A toutes les représentations qui lui furent faites, il répondit avec le plus grand calme que son parti était irrévocablement pris, qu'il accomplirait son dessein, à moins d'une défense formelle de M. le comte de Bourmont ; mais qu'il croyait Son Excellence trop amie de son pays, trop pénétrée de ses devoirs comme général d'armée, pour ne point accueillir sa demande.

Il fallut enfin se soumettre à cette conviction inébranlable, à cette volonté de fer, à ce dévouement opiniâtre.

— Partez donc, puisque tel est votre dessein arrêté, dit le général à Garoué ; je ne vous en refuse plus l'autorisation ; mais c'est à regret, je l'avoue, que je me rends à votre prière.

— Je vous remercie, monseigneur, s'écria Garoué avec enthousiasme. A la joie qui brillait dans ses yeux, on eût pu croire qu'il venait d'obtenir une grâce insigne. — Monseigneur, reprit-il après avoir reçu de la main du général les proclamations à distribuer aux Arabes, il me reste une demande à vous faire.

— Laquelle ? répondit M. de Bourmont.

— J'ai laissé à Damas, dans ma ville natale, continua Garoué d'une voix moins assurée, ma femme, mes enfants, dont je suis l'unique soutien. Naguère je leur avais écrit de venir me rejoindre, et sous peu ils seront en France. Si ma destinée est de périr dans l'entreprise que je tente, daignez les prendre, monseigneur, sous votre haute protection ; recommandez-les aux bontés du gouvernement du roi.

— Je vous le promets, s'écria le général avec chaleur. Puis, se reprenant aussitôt : — Quoi ! vous êtes père de famille, ajouta-t-il, et vous persistez à courir tant de chances de mort ! Renoncez à votre projet pendant qu'il en est temps encore ; réfléchissez !

Mais déjà, et comme honteux de laisser voir son émotion, le vieillard, dont une grosse larme venait de sillonner la joue, s'était incliné et avait franchi le seuil de l'ermitage.

De retour sous sa tente, il revêtit à la hâte un costume complet d'Arabe. Il se drapa du *haïk* en homme familier avec ce genre de vêtement, entoura sa tête grisonnante de la blanche étoffe de laine et, d'une main exercée, enroula sur cette coiffure la longue corde en poil de chameau. Dans le capuchon de son burnous il serra, à la manière arabe, les proclamations que venait de lui remettre le général. Puis il se rendit aux avant-postes, franchit les lignes et s'engagea résolûment dans la campagne.

On le suivit de l'œil et de la longue-vue, tant qu'il fut possible de distinguer ses vêtements blancs au milieu de la végétation et des accidents de terrain qui parfois le cachaient aux regards. D'autres formes humaines ne tardèrent pas à se dessiner dans le lointain. On le vit s'avancer vers un groupe d'Arabes, l'aborder avec assurance et lui distribuer des proclamations en discourant avec chaleur, à en juger par l'extrême animation de ses gestes. Après une assez courte halte qui succéda à cette rencontre, les Bédouins, qui avaient paru tendre d'abord à se rapprocher du camp français, reprirent le chemin conduisant à la plaine de Staoueli. Garoué les suivit en continuant de leur parler avec beaucoup de véhémence, et bientôt il eut disparu avec eux dans les méandres du massif.

Pendant tout le reste de la journée, on ne s'entretint dans le camp que de l'incroyable action dont on venait d'être témoin, et peut-être on en eût parlé encore le lendemain, si, dès les premières clartés de l'aube, une vive fusillade, éclatant sur toute l'étendue des lignes, ne fût venue éveiller les troupes en sursaut et les tirer de l'inaction dont elles commençaient à se plaindre. Cette mousqueterie n'était rien moins que le prélude et le signal d'une attaque en masse de l'ennemi, qui, à la faveur d'une nuit brumeuse, s'était glissé jusqu'à demi-portée de fusil des retranchements et se ruait sur nos avant-postes en poussant des hourras sauvages. Aussitôt plusieurs compagnies s'élancent au-devant des Arabes; elles sont d'abord repoussées, mais des renforts qui leur arrivent les aident à reprendre l'offensive; l'ennemi est refoulé à son tour; une batterie d'obusiers, dont il a vainement tenté de s'emparer, le prend en flanc et lui fait essuyer des pertes énormes. Cependant, il combat avec acharnement; deux divisions lui tiennent tête; elles gagnent peu à peu du terrain et, poussant les Algériens devant elles, parviennent jusqu'à l'entrée d'une plaine dont la pente rapide aboutit au plateau sur lequel est assis le camp de l'Agha. Là, cessant de poursuivre l'ennemi, elles font halte et attendent, l'arme au pied, les ordres du général en chef. Arrivé sur le champ de bataille, celui-ci reconnaît combien il importe de profiter du succès déjà obtenu. Il commande de continuer le mouvement si bien commencé. Les colonnes s'ébranlent de nouveau et marchent sur le camp algérien, dont on commence à distinguer les groupes de tentes irrégulières. Échelonnés en masses confuses autour de leurs retranchements, les Turcs et les Arabes, dont le nombre semble dix fois supérieur au nôtre, font d'abord mine de nous attendre ; mais l'artillerie les foudroie; et les fusées à la congrève, avec leur longue traînée de flamme et leur terrible sifflement, achèvent de porter le trouble et l'épouvante dans leurs rangs. Bientôt ils se débandent et s'enfuient pêle-mêle vers leur camp, qu'ils dépassent sans s'y arrêter pour se précipiter en désordre dans la direction d'Alger. En peu d'instants il ne reste plus, de toute l'armée algérienne, d'autres traces que les cadavres, les armes, les bagages dont le sol est partout jonché. Les tentes de l'ennemi, abandonnées, demeurent en notre pouvoir, et cette prise de possession est, après six heures de combat, le premier fruit de la décisive et brillante victoire de Staoueli.

Dès lors, l'issue de la campagne put être facilement prévue. Le 24 eut lieu le combat de Sidi-Khalef, où fut blessé à mort le jeune Amédée de Bourmont, second fils du général en chef, et où l'armée resta de nouveau maîtresse du champ de bataille. Le 1er juillet fut investi le fort l'Empereur, dernier boulevard de la puissance de Hussein-Dey ; trois jours après, cette citadelle s'écroulait sous le feu de nos batteries, et le lendemain l'armée française faisait son entrée dans Alger.

Au milieu de ces grands événements de guerre, de ces triomphes répétés dont la rapide succession dépassait toutes les espérances, qu'était devenu George

Garoué? C'est ce que nul ne pouvait dire; car il n'avait pas reparu depuis son départ de Sidi-Ferruch, et il était déjà à peu près oublié lorsqu'Alger nous ouvrit ses portes. Cependant, après la victoire, quelques personnes se ressouvinrent du pauvre interprète syrien et voulurent connaître son sort. Elles questionnèrent à ce sujet différents officiers ou chiaoux de l'ancienne maison du dey, et voici ce qu'elles apprirent :

Le lendemain de la bataille de Staoueli, plusieurs Arabes venant du dehors se présentèrent à la Kasbah et demandèrent à parler au dey, en annonçant qu'ils amenaient une capture des plus importantes. En ce moment même le souverain donnait audience à Ibrahim-Agha, son gendre, le généralissime vaincu, dont le camp venait de tomber au pouvoir de l'armée française.

C'était, comme nous l'avons dit, ce dernier qui avait conseillé au pacha de laisser débarquer les Français, afin que pas un seul d'entre eux ne retournât dans sa patrie. Un rapport adressé par lui à son beau-père et qui fut retrouvé, après la prise d'Alger, dans les papiers de ce dernier, fait foi de cette rodomontade. « Ces infidèles, écrivait-il, veulent, je crois, nous attaquer par terre. S'ils débarquent, *ils périront tous.* » Ce farouche exterminateur venait aujourd'hui, le front bas et la rougeur sur le visage, rendre compte de sa défaite. Il aborda le dey avec la contenance troublée et inquiète du criminel qui apparaît devant son juge. L'accueil de celui-ci fut terrible.

— Eh bien! s'écria-t-il d'une voix tremblante de colère, du plus loin qu'il vit venir son gendre, quelles nouvelles apporte notre invincible agha? Les Français ont sans doute regagné leurs navires, à moins qu'il ne les ait précipités à la mer, comme il s'en est fait fort tant de fois? Le trésor de la Casbah sera-t-il assez vaste pour contenir toutes leurs dépouilles? Les bagnes déserts vont-ils enfin se repeupler de prisonniers? Les pyramides de têtes humaines s'élèveront-elles jusqu'au ciel devant chaque porte de la ville?

Et comme l'agha, terrifié, gardait un morne silence :

— Parle donc! dit le pacha hors de lui, parle! Est-il vrai que mon gendre, le janissaire-agha, le généralissime de notre sainte milice, ait pris honteusement la fuite devant les hordes d'infidèles?

— Eh! que voulais-tu donc que je fisse? dit enfin l'agha avec effort. Je me suis rué sur les chrétiens, et ils sont restés immobiles. Par Allah! il faut, comme on le dit, qu'on les ait ferrés les uns aux autres [1]!

Loin de s'apaiser de cette excuse, le courroux du dey, à ces mots, fit explosion et atteignit au plus effrayant paroxysme.

— Être vil, chien, esclave, poltron! s'écria-t-il avec

[1] L'aspect de nos lignes toujours compactes, que ne pouvaient rompre ni le feu des tirailleurs de l'ennemi ni les charges de sa cavalerie, firent dire, en effet, aux Arabes que *le sultan de France avait enchaîné ses soldats pour les empêcher de prendre la fuite*.

rage, en s'élançant contre l'agha et en lui crachant au visage, va-t'en, ôte ta face maudite de devant mes yeux, et garde-toi de reparaître dans ce palais. Si tu n'étais l'époux de ma fille, le plus ignominieux supplice me ferait raison de ta lâcheté !

Ibrahim, atterré, se hâta d'obéir. Il sortit en silence, et alla cacher sa honte au fond de sa villa mauresque, où il ne tarda pas, du reste, à recevoir l'avis de sa grâce, obtenue par l'intercession de sa femme, toute-puissante sur l'esprit du dey.

Ce dernier, sous le coup de la scène violente que nous venons de rapporter, était encore tout haletant d'indignation et de fureur, lorsque fut amené en sa présence George Garoué, qu'on a sans doute déjà deviné dans le prisonnier introduit à la Casbah. Après s'être inclinés jusqu'à terre devant le menaçant despote, les Arabes qui s'étaient emparés de l'interprète syrien exposèrent les circonstances toutes particulières dans lesquelles ils avaient fait cette capture.

— Seigneur, dit le plus âgé d'entre eux, nous parcourions la campagne aux alentours de Sidi-Ferruch, dans l'espoir de surprendre quelques-uns de ces chiens afin de leur couper la tête, lorsque cet homme, venant à nous, nous a assuré qu'il venait de visiter le camp ennemi, et que les Français, loin de vouloir opprimer les Arabes, s'annonçaient comme leurs amis, promettant de les protéger et de respecter leur religion. A l'en croire, il aurait fallu mettre bas les armes et accueillir ces chiens comme des libérateurs. Il se disait Arabe comme nous, et d'une tribu de Tittery. Mais bien qu'il porte le burnous, nous avons bien vite connu qu'il n'était pas de ce pays. Et d'abord, son accent étranger nous a donné quelques soupçons (Garoué parlait l'arabe syrien, qui s'écarte notablement du dialecte barbaresque). Ensuite, nous lui avons fait différentes questions sur plusieurs grands de Tittery, et il n'a trop su que nous répondre. Mais ce qui a achevé de nous mettre en défiance contre les paroles de cet homme, c'est son insistance auprès de nous pour nous rallier aux Français; car il est clair qu'un tel langage ne peut être celui d'un vrai croyant. Nous nous sommes donc saisis de lui, et, en le fouillant, nous avons trouvé dans le capuchon de son burnous des écrits adressés par les infidèles aux gens de son pays, pour les soulever contre notre glorieux souverain. Dès lors, nous n'avons pu douter que cet homme ne fût un imposteur, un chrétien déguisé, sans doute. Nous te l'amenons donc, ô notre auguste maître! pour que tu t'assures par toi-même de la vérité de nos paroles, et afin que tu nous fasses compter, suivant ta magnanime promesse, la prime due à tes serviteurs pour la tête de ce chien, fils de chien.

— Qui es-tu? parle, et ne cherche pas à déguiser la vérité, dit Hussein-Dey à Garoué en abaissant sur lui deux fauves prunelles où brillait un éclair sinistre.

Si tu es Arabe, nomme ta tribu, ton douar, ton scheïkh. Si tu es chrétien, qui t'a rendu si audacieux que de venir exciter sur notre territoire nos fidèles sujets à la révolte?

— Le désir d'épargner l'effusion du sang, répondit Garoué avec calme. Ces gens t'ont dit la vérité : je suis chrétien, je suis Français, non par la naissance, il est vrai, mais par le choix et par le cœur. Je connais le sort qui m'attend : je l'ai affronté pour payer ma dette de reconnaissance à ma patrie d'adoption. Pourtant la cause que je sers n'est pas seulement celle de la France : elle est celle de l'humanité, et ces Arabes qui me livrent au yatagan de tes chiaoux ne savent pas que de maux ils auraient évités, en se rendant à mes conseils.

— Qu'ose-t-il dire? Explique-toi! s'écria Hussein, piqué au vif et bondissant sur son siége.

— Je veux dire, repartit hardiment Garoué, que des flots de sang couleront inutilement de part et d'autre sans pouvoir détourner le coup dont ta puissance est menacée.

— Tu crois? demanda le vieux dey en souriant amèrement.

— J'en suis sûr, répondit le brave Syrien. Tu ne sais pas de quels ennemis tu t'es attiré la colère. Les Français ont vaincu hier : ils vaincront demain et toujours. Cesse donc, ô Hussein, de jouer dans cette lutte inégale ton royaume, ta vie peut-être : car, je te le dis, ils briseront ta résistance comme un verre.

— Par Allah ! voilà un effronté *roumi !* Qui eût pu croire un de ces chiens capable d'une telle audace? murmura Hussein immobile, et comme frappé de surprise et de dépit, en jouant d'une main convulsive avec son manche de poignard. — C'est bien, dit-il à Garoué après un instant de silence durant lequel son front plissé et rembruni avait eu le temps de reprendre l'expression de calme impérieux qui lui était habituelle, je réfléchirai à ton conseil. Tu peux te retirer maintenant. Qu'on l'emmène !

En prononçant ces mots, le dey fit de la main un signe presque imperceptible. Aussitôt les chiaoux, attentifs aux moindres mouvements du maître, entourèrent Garoué et l'entraînèrent hors de la salle d'audience.

A l'entrée de la Casbah, entre le porche et l'avant-corps de cette sombre résidence, il existe une vaste cour entourée d'une colonnade au centre de laquelle un jet d'eau s'élève en gerbe aérienne d'une élégante coupe de marbre. Une lumière éblouissante se joue à travers les mille prismes de ce panache diamanté et sous les pilastres rouges, verts, blancs, qui soutiennent le cloître mauresque; des citronniers au noir feuillage étendent leurs rameaux tout chargés de fruits d'or sur ce magique fond de théâtre qui semble fait pour encadrer les ébats des jeunes sultanes. Étrange et funèbre contraste avec les scènes d'épouvante que chaque jour voyait ce lieu! C'est dans cette cour que se faisaient les exécutions à mort ordonnées par le dey Hussein; cette fontaine est celle des Lions, qui a reçu plus de sang peut-être que le fameux bassin de marbre où roulèrent, à l'Alhambra, les têtes des Abencerrages.

C'est là que Garoué fut amené; c'est au bord de cette fontaine que les chiaoux, trop serviles interprètes du geste de Hussein, lui ordonnèrent de s'agenouiller, tandis que l'un d'eux tirait son *flissi* et en examinait la lame.

— Allons, dit le vieillard en pliant les genoux et en levant au ciel le regard résigné d'un véritable fataliste, il était écrit là-haut que je devais périr sous le tranchant du sabre d'un prince musulman. O ma femme! ô mes chers enfants! que ma mort soit votre héritage!

L'instant d'après, sa tête tombait sous le damas de l'exécuteur, et son noble sang rougissait l'onde pure de la fontaine.

Tel fut le dévouement obscur et inutile de cet homme; inutile, non pas seulement à la cause qu'il voulait servir, mais à sa famille, qui ne devait pas profiter de son sacrifice. Les Arabes qui l'avaient livré recueillirent seuls le prix de son sang. Son action héroïque eut le sort de tout ce qui avorte ici-bas, élans prématurés du génie méconnu, téméraires efforts du courage malheureux, tentatives désespérées que ne justifie pas le succès; elle fut oubliée aussitôt qu'accomplie, ou, pour mieux dire, elle fut et resta ignorée. Nous avons feuilleté toutes les histoires, tous les bulletins, tous les journaux de l'expédition d'Alger : le nom de Garoué n'y est même pas cité, et c'est à peine si deux ou trois de ces comptes rendus ont consacré quelques lignes au dévouement et à la gloire anonymes de ce dernier martyr de la chrétienté.

Quant à M. de Bourmont, accablé par plusieurs pertes douloureuses, notamment celle de son fils, il oublia peut-être une promesse que d'ailleurs il n'était plus à même de tenir, celle qu'il avait faite au brave interprète syrien d'assurer le sort de sa famille. Tandis qu'il remportait sur la côte d'Afrique une victoire mémorable, la monarchie de droit divin perdait sa dernière bataille, et le gouvernement élevé sur les ruines du pouvoir déchu ignora, selon toute apparence, la dette de sang qui, entre autres charges, grevait l'héritage du vaincu. Un interprète de l'armée d'Afrique, à l'obligeance duquel nous devons une partie des détails qu'on vient de lire, nous a assuré que les enfants de George Garoué languissent aujourd'hui à Londres dans la plus profonde misère. Puisse-t-il se tromper! Mais s'il avait dit vrai, ne serait-ce pas pour notre pays un devoir impérieux et sacré d'accomplir, en venant au secours de cette famille malheureuse, le dernier vœu du père mourant pour l'amour de la France et le triomphe de ses armes?

XIX

La chasse, *le Tueur* et les mœurs du lion.

Un jeune homme de petite taille, au visage doux, à la structure un peu frêle, que l'Europe entière et l'Afrique surtout connaissent sous le nom du *Tueur de lions*, a accompli ce que personne n'avait tenté avant lui et ne fera après lui. Il a attaqué seul, pied à pied, front à front, l'animal le plus redoutable de la création, le *seigneur à la grosse tête*, le *maître*, comme le nomme l'Arabe éperdu quand il l'entend rugir au loin, un *maître* dont les griffes valent une compagnie, et qui bien souvent est sorti vainqueur d'une battue de quatre ou cinq cents hommes, faisant des victimes et emportant des balles qui n'altéraient point sa santé. Voilà à quel ennemi M. Jules Gérard s'en est pris, non point une fois, non point deux, ni dix, ni douze : il en est aujourd'hui, ou bien peu s'en faut, à son trentième lion.

Tuer un lion à dix pas, cela peut paraître simple, surtout si l'on ne juge l'espèce du gibier que sur ces animaux domestiques et engourdis que la ménagerie a pris au berceau, pour les élever et nous les montrer dans toutes les corruptions, tous les abâtardissements d'une vie molle, esclave, et de la satiété sans travail. Avec du sang-froid, une bonne carabine et le coup d'œil juste, cela semble praticable. Effectivement, cela est possible, et, en moins de dix ans, M. Jules Gérard nous l'a vingt-sept fois prouvé. Seulement, veut-on savoir quel est le dilemme engagé entre le chasseur et sa proie? « De deux choses l'une, ou le lion est tué instantanément, ou bien, avant que vous ayez pu juger de votre coup, vous êtes couché sur le dos, sous le ventre du lion, qui vous couvre de son corps et vous tient enlacé dans ses griffes puissantes. » *Mais vous n'êtes pas mort pour cela*, ajoute M. Jules Gérard. Non, pas tout à fait, mais je crois que vous n'en valez guère mieux. Pour votre gouverne, sachez qu'on ne revient pas une fois sur dix des horribles blessures que font la griffe et la dent du lion.

Il n'y a que deux endroits où l'on puisse frapper sûrement le lion : la tête et le cœur. Dans les autres parties du corps, les balles ne font que doubler sa fureur et sa force prodigieuse. Le front du lion adulte a beau présenter l'énorme développement d'une *coudée*, mesurée du coude à l'extrémité de la main : il n'est guère plus facile à viser pour cela; car le lion, s'il ne fuit jamais devant le chasseur, comprend toutefois à merveille ce qu'on lui veut. Il voit les armes, et aucun des mouvements de l'homme ne lui échappe. Magnanime, il attend le premier coup de feu. Quand on l'ajuste, il s'accroupit et se couche à la manière des chats, de façon à ne présenter que le haut de sa tête au fusil, et il est plus que périlleux de le tirer ainsi. Si le chasseur tourne autour de lui, la carabine toujours épaulée, comme pour chercher un meilleur point de mire, le lion tourne aussi sur lui-même, et la position n'a pas changé. Il faut donc se borner à deux ou trois pas sur la gauche ou sur la droite, découvrir la tempe, ajuster bien et vite, faire feu et tuer, sans quoi vous êtes un homme mort, ou presque mort, avant d'avoir poussé un cri.

C'est la nuit seulement qu'on chasse le lion de cette façon solitaire, qui est, sauf le danger de l'homme, la meilleure : seulement, avant Jules Gérard, personne ne s'en était avisé en Afrique, et ne l'eût crue même possible. Cependant il s'en faut de tout que les Arabes soient des lâches. — Le lion est paresseuxet dormeur : il fait de la nuit le jour. Quand le soleil se lève, il va dans le repaire qu'il s'est choisi aux flancs de la montagne faire sa digestion laborieuse. Quand la nuit survient, l'appétit le réveille, et il s'en va dans les douars voisins chercher pour son souper, soit un mouton, soit un bœuf, voire un cheval qu'il étrangle d'un coup de dent, et emporte au galop dans sa gueule, souvent à de très-grandes distances. Il y a des lions gastronomes ou valétudinaires qui tuent plusieurs bœufs, uniquement à cette fin d'en boire le sang. Il s'agit d'étudier les mœurs particulières de l'animal signalé qui désole une tribu ; de recueillir les renseignements qu'apportent à l'envi les Arabes, de reconnaître l'emplacement de son gîte, et de s'embusquer, la nuit venue, dans l'axe du repaire, et dans le sentier que le Seigneur à la grosse tête paraît hanter de préférence. Souvent, plusieurs nuits s'écoulent vainement, dans une attente pleine d'anxiété, de périls, dans des gorges effroyables que parcourent aussi les maraudeurs, cherchant une proie plus commode que le lion, voyageant par troupes, et d'une rencontre infiniment peu rassurante. Puis, une belle nuit, au moment où le chasseur, fatigué de ses longues veilles d'armes, commence à désespérer, il entend des craquements de branches brisées dans le taillis voisin ; le bruit se rapproche ; puis deux yeux brillants émergent du fourré, et le lion paraît. Son premier mouvement est la surprise de voir un être si frêle oser lui barrer le passage ; son second, la mise en défense. C'est alors qu'il convient d'avoir le coup d'œil bon, des nerfs d'acier et le cœur ferme.

Si un homme était rencontré par un lion, la nuit, inopinément et sans armes, ou sans avoir le temps de se mettre en défense, il serait perdu sans ressources. Le *lion noir* surtout, qui est, des trois espèces habitant l'Algérie, la plus vaillante et la plus forte, ne fera jamais de quartier. Cette observation, vérifiée par mainte aventure tragique, détruit l'opinion générale où l'on est que le lion n'attaque pas l'homme. La peur, dont il est difficile de se défendre en une semblable occurrence, ne fait qu'ajouter au péril. L'émir Abd-el-Kader, dans un très-curieux et très-intéressant chapitre sur les mœurs du lion, fait une saisissante peinture des espèces de lignes de circonvallation que décrit le terrible animal, et qu'il va sans cesse resserrant autour de l'homme, jusqu'à ce qu'enfin il le saisisse et le dévore. Il raconte aussi que certains maraudeurs de nuit (ces gens étant les seuls qui battent les champs à pareille heure) ont réussi à se sauver à force d'audace et de présence d'esprit, en interpellant le lion hardiment et en lui disant d'une voix forte : — Qui es-tu? Que me demandes-tu? Passe ton chemin : je suis un voleur comme toi! — Et autres vociférations semblables. Mais il est douteux que même ce mouvement oratoire *ex abrupto* prévalût sur un lion noir. Il y a des gens qui, étant à âne ou à cheval, quand le lion est venu à eux, se sont tirés d'affaire en mettant pied à terre et en abandonnant leur monture à la dent du roi des animaux. Le lion, satisfait de cette marque de déférence, a accepté le sacrifice et a laissé l'homme partir. Mais, encore une fois, à cheval ou à pied, il est plus que téméraire de s'exposer à telles rencontres, et les Arabes, qui le savent bien, évitent par-dessus toutes choses de voyager seuls la nuit.

Ce qui précède peut donner une très-insuffisante idée des périls qu'a volontairement et tant de fois affrontés M. Jules Gérard. Les Arabes, malgré leur soumission forcée, et quoi qu'il nous plaise d'en dire ou d'en croire, méprisent et détestent leurs maîtres chrétiens. Jules Gérard a pris à tâche de leur prouver, en leur rendant les plus signalés services, que les Français les valent et sont même au-dessus d'eux par la bravoure, aussi bien que par les lumières et la tactique. Il les a forcés de rendre hommage en lui à toute la nation : aussi est-il passé pour eux à l'état de demi-dieu. Arabe ou Français, il n'est pas un second nom comparable en Algérie à la popularité du sien. On vient le chercher avec supplications de tous les districts où le lion a paru, et ce qu'une tribu entière n'ose faire, un seul homme l'accomplit, avec l'aide de son énergique sang-froid et de son patron saint Hubert.

Pour comprendre l'importance du service que le *Tueur de lions* rend à la tribu qu'il délivre d'un de ces hôtes incommodes et ruineux, il est bon de faire un peu de statistique. Un lion ne vit pas de peu. Outre qu'il a l'appétit bon, il revient rarement plusieurs fois de suite au même morceau, et laisse, en grand seigneur qu'il est, ses restes aux chacals et autres animaux inférieurs qui le suivent à la piste dans ses expéditions, comme le requin nage derrière le navire, ou comme le vautour plane sur la caravane. La durée de l'existence du lion est de trente à quarante ans. Il tue ou consomme une valeur annuelle de *six mille francs* en chevaux, mulets, bœufs, chameaux et moutons. En prenant la moyenne de sa vie, qui est de trente-cinq ans, on trouve que chaque lion coûte aux Arabes *deux cent dix mille francs.* Ainsi, les trente lions que contient actuellement la province de Constantine, se font à eux tous, en nature, aux dépens des Arabes, cent quatre-vingt mille francs de rente. C'est un peu cher, et les indigènes calculent que là où l'État les frappe d'une contribution de cinq francs, ils en payent cinquante au lion.

Trois fractions de tribus chassent ou chassaient jadis cet onéreux consommateur. Elles le faisaient en masse, après un long conseil, et, quelque soin que l'on prît, il y avait toujours mort d'homme. Comme compensation et encouragement, l'ancien gouvernement de la régence payait une prime très-forte pour chaque peau de lion qui lui était portée. On a abandonné cet usage, comme beaucoup de traditions excellentes, et les Arabes n'ont plus, à vrai dire, maintenant, d'autre protection contre le mangeur de bétail que la carabine Devismes et le courage de Gérard.

A force de se livrer à ce métier public d'Hercule, destructeur de monstres, notre vaillant compatriote s'est passionné non-seulement pour l'état en lui-même, mais pour l'ennemi contre lequel il engage sans cesse et si généreusement sa vie. Il lui est arrivé quelquefois d'hésiter avant de frapper un lion, non par défaillance, mais par un sentiment étrange d'admiration et d'estime que lui causait la vue de ce noble animal. Nul ne le connaît mieux que lui. Il a eu le temps en effet et toute occasion d'en étudier les mœurs, et je n'imagine pas qu'on puisse désormais réimprimer Buffon sans tenir compte et sans accompagner le texte de l'illustre naturaliste des observations rectificatives ou complémentaires de Gérard. Il n'y a rien d'exagéré dans ce qu'on a dit du courage et de la fierté du lion. Cette dernière vertu se manifeste avec une résignation touchante, quand la noble bête est tombée dans une de ces fosses que de certains Arabes, n'osant pas l'attaquer en face, creusent au milieu de leurs douars, et où le lion, sautant par-dessus les clôtures, vient parfois se précipiter. Quand il se voit là, il fait d'abord quelques bonds immenses pour tâcher de quitter sa prison; mais, en reconnaissant bientôt l'inutilité, il se résigne et il attend.

Il entend le tumulte de voix qui se fait autour de lui: « il a compris qu'il est perdu, qu'il mourra là d'une mort honteuse et sans défense; mais il recevra les injures et les balles sans se plaindre et sans sourciller. »

Le jour venu, on se presse en effet, hommes, femmes, enfants, à l'orifice de la fosse. On accable le prisonnier d'imprécations, de sarcasmes, et chacun lui jette sa pierre. Puis à ces projectiles les balles succèdent, et l'on tire sur lui sans danger jusqu'à ce qu'il ne donne plus aucun signe de vie.

« C'est ordinairement après qu'il a reçu une dizaine de balles, sans bouger, sans se plaindre, que le lion lève majestueusement sa belle tête pour jeter un regard de mépris sur les Arabes qui lui ont envoyé leurs dernières balles, et qu'il se couche pour mourir! »

Il est chevaleresque et capable de tout pour ses amours et sa lionne. « Arrivent-ils près d'un douar qui doit fournir le souper, la lionne se couche, tandis que son époux s'élance bravement au milieu du parc et lui apporte ce qu'il a trouvé de meilleur. Il la regarde manger avec un plaisir infini, tout en veillant à ce que rien ne puisse la déranger ni la troubler pendant son repas; et il ne pense à assouvir sa faim que lorsque sa compagne est repue. En un mot, il n'y a pas de tendresse qu'il n'ait pour elle pendant et après la saison des amours. »

Ce n'est pas un homme comme Jules Gérard qui irait tuer ce magnanime animal du haut d'une fosse ou perché au sommet d'un arbre, comme un Arabe peureux. C'est à peine s'il se reconnaît le droit de le chasser à l'affût, en lui présentant pour appât un animal mort ou vivant qui l'arrête et permette de l'ajuster mieux.. Il respecte trop son héroïque profession pour descendre à de si inégales et de si infimes tueries. Il veut combattre le lion, non l'assassiner; c'est un duel où il a gagné vingt-sept fois. Gagnera-t-il toujours? Ce n'est pas absolument son opinion. « Mais j'irai jusqu'au bout quand même, dit-il, trop heureux si saint Hubert m'accorde la faveur de mourir sous la griffe et la gueule du lion. » Ceci, monsieur Gérard, est trop ambitieux et tourne au fanatisme des martyrs. Saint Hubert, ne l'exaucez pas!

Toute plaisanterie à part, le *Tueur de lions*, qui a si noblement payé sa dette à la grande vénerie et fait aimer le nom français en Afrique, sent que trois cents nuits passées au champ d'honneur ont altéré la sûreté de sa main, l'acuité de son regard, et porté atteinte à ses forces. Il demande un remplaçant, et lui donne, pour se conduire en ce *sport* d'une si formidable espèce, les plus belles, les plus précises et les plus sages instructions. J'ai néanmoins grand'peur qu'il ne le trouve pas. Je crois qu'en tout état de cause, M. Gérard a acquis le droit de déposer sa carabine. Il a assez fait pour la gloire et les Arabes. Périssent mille bœufs plutôt qu'un brave et digne officier dont le pays peut attendre de si bons services! Épargnez-nous, je vous en prie, incomparable Nemrod, l'horreur et le chagrin d'apprendre que vous avez péri en lambeaux sous la dent d'un épouvantable ennemi!

XX

Abd-el-Kader à Amboise.

— Et pour qui donc, madame, dis-je, en arrivant à Amboise, à mon hôtesse, l'aimable directrice du *Lion d'Or*, ces beaux fruits, ces raisins vermeils égrenés de votre main blanche avec un soin si patient?

— Ah! ne m'en parlez pas, monsieur. Voyez plutôt! s'écria *Madame l'Auberge* en me tendant une grappe humide de rosée, où le pinceau des Van-Huysum et des Saint-Jean semblait avoir distillé quelques-uns des pleurs de l'Aurore; il fait si mauvais temps, il a plu hier encore. Je voudrais qu'il fussent contents; mais...

— Ils! lui dis-je; qui, ils?

— Les prisonniers, monsieur.

— Ceux du château?

— Oui, monsieur. Pauvres gens! on tiendrait à les bien servir; mais la saison est si mauvaise... Ils vont croire qu'on les néglige, et pourtant on fait de son mieux...

— J'en suis témoin, madame.

Cette sollicitude pour des prisonniers d'État, pour des hommes d'une autre race, venus de si loin, pour *des Barbares*, me fit plaisir, et je songeai, à l'honneur de notre pays, avec une sorte de triomphe, que nous étions bien loin du temps où le farouche *droit d'aubaine* dépouillait chez nous l'étranger, et où Yorick se lamentait à cette idée assombrissante, que, s'il mourait parmi nous, d'avides agents d'un fisc inhospitalier et inhumain feraient main basse, non-seulement sur ses six chemises et sa culotte de soie noire, mais sur le portrait d'Élisa qu'il portait très-poétiquement pressé entre son gilet de flanelle et son cœur, un peu vagabond, de sentimental *passenger*.

Au reste (ceci dit sans vouloir déprécier ni le mérite de l'action ni la bonté proverbiale des habitants de la Touraine), il est juste de convenir que le séjour d'Abd-el-Kader à Amboise était, depuis deux ans, pour cette petite ville, et en particulier pour l'auberge du *Lion d'Or*, la plus confortable du lieu, une source de bénéfices, l'occasion d'une recrudescence de prospérité inconnue depuis les beaux temps du domaine de Chanteloup et de la disgrâce des Choiseul. Le nom d'Abd-el-Kader, oblitéré dans les orages de notre politique, reprenait tout son prestige à soixante lieues de Paris, sur la rive gauche de la Loire. Il était une bonne fortune pour les touristes, et pas un des nombreux Anglais qui d'un printemps à l'autre envahissent le mol et plantureux jardin de France ne fût venu à passer, comme le veut la riche poésie de M. Scribe,

Non loin des murs altiers de la cité d'Amboise,

sans *payer* une petite *visite* de curiosité et d'admiration à l'homme remarquable que l'on a quelquefois comparé à Tippo-Saëb, et qui, sur un théâtre plus restreint que l'Asie, n'en a pas moins eu l'honneur de balancer pendant une longue suite d'années les forces, le génie, la civilisation d'une puissance de premier ordre.

Ce n'est pas que les espérances des touristes anglais ou autres ne fussent complétement déçues. Le prisonnier était invisible, et le château lui-même, longtemps fermé aux curieux, était à peine entr'ouvert depuis un mois ou deux à quelques rares visiteurs. On en murmurait bien un peu; mais ce mécompte était sans effet marqué sur la recette et ne tarissait pas l'affluence. Quelques faces bronzées d'Arabes, apparaissant de loin en loin au sommet des donjons, aux fenêtres des tours, et contemplant de là mélancoliquement les îles verdoyantes et le doux paysage baignés par deux bras de la Loire... *super flumina flentes...* suffisaient d'ailleurs à défrayer, faute de mieux, la curiosité touriste, habituée qu'elle est par tous pays à vivre et à se contenter de peu.

Le costume bédouin, par parenthèse, me sembla obtenir fort peu de succès. Il y eut évidemment grande déception. L'une de nos commensales, qui avait sans doute rêvé Malek-Adel et Sultan Saladin, déclara sentencieusement à table que le costume arabe n'était nullement de son goût; qu'il n'était *point du tout coquet*, et toutes les dames de la réunion dînante, qui était nombreuse, firent chorus à qui mieux mieux.

Du reste, — et ceci donnera aux étrangers une haute idée du goût de nos compatriotes, — il fut dit à la même table que l'on n'éprouvait nul dépit ni même aucun étonnement de ne point voir Abd-el-Kader; que l'on concevait à merveille qu'un homme de son importance fût peu soucieux de se laisser contempler comme une bête fauve; et autres propos empreints du même esprit de convenance qui me charmèrent, en me semblant aller de pair avec le beau panier à fruits de l'hôtesse du *Lion d'Or*.

L'avouerai-je, durant ce colloque si plein de tact et de réserve, moi seul rêvais d'être indiscret. Comme je suis un peu Africain, que j'ai, comme on voit, noirci beaucoup de papier à propos des choses et des hommes de notre colonie, et qu'une grande revue parisienne a longtemps annoncé de moi un travail historique sur

Abd-el-Kader, tâche considérable devant laquelle plus tard j'ai reculé faute de documents suffisants, je me flattais à tous ces titres que l'illustre prisonnier voudrait bien en ma faveur transgresser sa règle claustrale, et qu'il consentirait à recevoir un homme qui a failli être son biographe. C'est dans cette espérance qu'au nom de plusieurs amis communs j'adressai requête à M. le capitaine, aujourd'hui chef d'escadron, Boissonnet, commandant du château d'Amboise, l'un des officiers les plus distingués de l'armée d'Afrique, et dans lequel Abd-el-Kader a eu certainement bien plus un ami délicat et compatissant qu'un gardien, quelle que fût la sévérité des devoirs attachés au poste de confiance qu'occupait M. Boissonnet.

Mais ce n'était pas la volonté d'Abd-el-Kader qui le confinait de la sorte; c'était la raison d'État, et des ordres formels, n'admettant ni exception ni interprétation, s'opposaient à ce qu'on le laissât approcher. Cette extrême rigueur était motivée, non point, comme on l'a imprimé, sur une prétendue *conjuration d'Amboise* qui aurait eu pour but de le faire évader et aurait failli réussir, mais du moins sur certaines allées et venues suspectes à proximité du château, pouvant donner à supposer que quelque trame de ce genre s'ourdissait au profit d'Albion, qui n'était point alors notre alliée et que l'on supposait devoir être enchantée de nous susciter un embarras de plus, en rendant aux Arabes un chef puissant et regretté.

Ces appréhensions étaient peut-être excessives : il ne m'appartint point de les contrôler. En me notifiant la mesure à laquelle elles donnaient lieu, M. le capitaine Boissonnet voulut bien, avec une courtoisie parfaite, me dédommager du mécompte résultant pour moi d'une consigne si rigide, en m'admettant à visiter en sa société les parties du château qu'il est permis de voir, et c'est grâce aux détails que je tiens de lui-même sur les prisonniers confiés à ses soins vigilants, mais tout paternels, que je suis en mesure de donner au public les particularités qu'on va lire sur la tenue, les habitudes, l'entourage du célèbre captif d'Amboise. Je pense d'autant moins commettre une indiscrétion en ceci que les traitements de la France envers l'ex-Émir n'eurent rien que d'honorable en tous points et de parfaitement avouable.

Abd-el-Kader était alors âgé de quarante-quatre ans ; c'est donc dans la force de l'âge qu'il s'est remis entre nos mains, après avoir prolongé une lutte disproportionnée au delà du vraisemblable et du possible. De sa personne, il lui était facile de nous échapper : il pouvait se jeter au sud, dans le Désert, ou chercher refuge au Maroc. Mais, las d'une vie errante, inquiète, nécessiteuse, il préféra en finir par une action chevaleresque. Elle était dans son caractère, car il a hérité l'esprit des Arabes de l'Alhambra. Il voulut finir dignement, par un acte de confiance magnanime en ses ennemis, une carrière commencée et suivie avec tant d'éclat. Il y avait de la grandeur dans cette détermination, ce genre de grandeur que puisent les esprits véritablement élevés dans les circonstances difficiles et dans leur infortune même.

Abd-el-Kader avait compté que la France lui saurait gré de cette soumission, qui, pour être tardive, n'en avait que plus de valeur. Il se flattait d'impressionner vivement parmi nous l'opinion publique dont il s'était toujours préoccupé ardemment, en véritable politique, du fond de ses steppes et de sa tente nomade. Mais déjà des événements graves, l'approche des tempêtes et des révolutions qui préludaient et s'annonçaient par plus d'un alarmant symptôme, avaient distrait l'attention de l'Afrique pour la concentrer sur ce qui se passait en France. Abd-el-Kader comptait d'ailleurs sans son importance personnelle, sans les rudes combats qu'il nous avait livrés, et dont le souvenir encore trop récent devait être un obstacle à l'élargissement pur et simple qu'il avait stipulé en mettant bas les armes. Abd-el-Kader, à qui l'on pouvait d'ailleurs reprocher d'avoir le premier enfreint, sans motif sérieux ni valable, la fameuse paix de la Tafna, fut donc, au lieu d'être dirigé sur un pays mahométan, ainsi qu'il l'avait désiré, conduit en France et interné au château de Pau.

La température rigoureuse de ce point élevé ayant été bientôt reconnue de nature à compromettre la santé et la vie du prisonnier, l'ordre intervint de le transférer, lui et sa suite, à Amboise. Là du moins les captifs devaient trouver, sous le climat le plus tempéré de la France, un ciel doux, une atmosphère très-égale. Ni grandes chaleurs ni grands froids, c'est le lot de l'heureuse et placide Touraine. Chose singulière, pour la deuxième fois, cette province, à onze cents ans de distance, devenait le tombeau des espérances, des rêves et des armes de l'islamisme. C'était à Tours que Charles Martel avait arrêté Abdérame et l'invasion sarrasine. C'était à Amboise que la tentative de recomposition arabe venait s'ensevelir en la personne de son représentant le plus illustre.

Bien que, hygiéniquement, le séjour d'Amboise soit infiniment préférable à celui du château de Pau, et qu'en général la santé des prisonniers y fût assez bonne, ils n'en sentaient pas moins amèrement parfois la privation de ce soleil éblouissant de leur pays, qui fait battre le cœur si vite et *anime jusqu'aux pierres.* L'une des femmes d'Abd-el-Kader (la plus jeune) mourut là phthisique : or, cette affection terrible est aussi inconnue des Arabes d'Afrique que spéciale au climat doux, souvent brumeux, de la Touraine. Le cas dont il s'agit n'a pu donc être que l'effet de la transplantation dans un milieu si différent de l'air natal. On dit même un instant que l'ex-Émir était dangereusement malade : il n'en fut rien. Il était seulement atteint d'une névralgie faciale, très-douloureuse, mais peu grave comme tous les maux de cette nature.

Après avoir eu quelque peine à se résigner à son sort, à accepter comme infligé par Dieu même le cruel mécompte qui changea en une prison d'État le paisible et pieux asile en terre sainte rêvé par lui, Abd-el-Kader, sous l'influence des traitements les plus humains, des plus affectueux conseils, parut prendre son parti des loisirs tristes et pesants que lui faisait la politique. Il exerçait sur tous ses compagnons d'exil, au nombre de quatre-vingts environ, une suprématie aussi incontestée qu'aux jours de sa plus grande puissance. Il était à la fois leur prince et leur pontife ; c'est lui qui leur récitait les textes sacrés, aux assemblées pour la prière, qui ont lieu deux fois par semaine. En tout temps, il lit, écrit, médite et travaille sans cesse. J'ai vu de lui deux manuscrits tout entiers écrits de sa main : ce sont ceux d'ouvrages qu'il a composés à Amboise. L'un est son *Autobiographie*, ou mémoire justificatif de sa politique, dans lequel, sans s'astreindre à l'ordre des faits ni des dates, il se montre volontiers insoucieux des détails, pour n'aborder que les considérations générales et les questions de principe. L'autre écrit témoigne qu'il ne perdait point l'espoir de sa mise en liberté; il est intitulé : *De la fidélité des Musulmans à observer leurs serments d'alliance ou autres*. Par cet ouvrage, laborieusement appuyé de citations et de documents historiques, et qui, chez son auteur, révèle une érudition remarquable, Abd-el-Kader entendait prouver que la France ne courait de risque d'aucun genre en lui rendant cette liberté qu'on lui avait promise, et qu'il a acceptée, sous serment de ne plus porter les armes contre ce pays.

L'entourage d'Abd-el-Kader était moins résigné que lui-même. Les femmes surtout battaient en brèche, par leurs plaintes réitérées, sa résolution virile. Il faut mettre à part cependant sa mère *Zohra*, intelligence supérieure, *cœur d'homme*, comme disait Marot, sous une enveloppe féminine, qui, malgré son grand âge, portait sans trop plier le poids de la mauvaise fortune. Sorte de Fidès barbaresque, mère de sultan et de prophète, elle puisait dans le sentiment de sa dignité maternelle et dans le juste orgueil d'avoir donné le jour à un tel fils la force d'endurer l'exil, la prison et la déchéance. Consolatrice des affligés, vénérée de tous les Arabes, c'est elle qui accourait au chevet des malades, leur donnait ses soins, les réconfortait, récitait sur eux les prières, et, mourants, leur faisait les adieux d'une prêtresse et d'une mère. Ses belles-filles, naguère au nombre de trois, et dont deux seulement survivent, se laissaient au contraire facilement gagner par le chagrin et l'amertume de leur condition présente. Elles ne cessaient de représenter à l'Émir qu'on s'était joué de lui, et qu'en se livrant à nous inconsidérément il avait fait un marché de dupe. Elles lui reprochaient d'avoir tout à la fois manqué d'énergie et de prévoyance. Par la reproduction de cet éternel thème dans les épanchements et les rapports constants d'une vie toute d'intérieur, elles arrivaient quelquefois à troubler la mélancolique sérénité de l'ex-Émir ; mais ce n'étaient que des éclairs, ou, pour parler plus justement, des nuages passagers de plainte et de tristesse, et la forte nature du prisonnier reprenait bientôt le dessus sur les fâcheuses et énervantes influences de ces lamentations de femmes.

Les captives avaient cependant bien moins à souffrir que les hommes de la perturbation que la chute, l'exil et même l'emprisonnement avaient jetée dans la vie commune. Elles n'avaient fait qu'échanger la vie claustrale d'une tente contre celle d'un château fort, et leur condition était la même à Amboise qu'à Mascara ou à Tagdemt. En Touraine comme en Afrique, en prison comme en liberté, elles continuaient d'être enfermées et invisibles à tout autre qu'à leur maître et époux. Chaque ménage formait une caste inviolable, Abd-el-Kader même et ses frères s'interdisant toute relation avec leurs propres belles-sœurs. Je me demande comment on parviendra jamais à établir la sociabilité dans un milieu arabe. Le rôle des femmes dans la colonie d'Amboise était tout aussi borné, mais ne l'était pas plus qu'au temps de la splendeur passée et au sein du pays natal. Elles s'occupaient des enfants, les paraient, les parfumaient, sans omettre, je pense, ce grave soin pour elles-mêmes ; elles surveillaient les détails et les apprêts fort simples de la vie domestique, qui était tout arabe. Le kouskous national était préparé chaque jour par les négresses et formait l'ordinaire de chaque table. Le café et les fruits entraient dans ce régime pour une large proportion, mais non l'usage du tabac, qu'Abd-el-Kader proscrit (il ne fume jamais) comme un luxe inutile et irréligieux, puisqu'il n'est d'aucune valeur hygiénique. Quelques serviteurs seulement fumaient en contrebande, mais loin, bien loin de l'œil du maître.

Quatre-vingts personnes environ formaient, avons-nous dit déjà, l'effectif de cette cour déchue. Ce nombre peut paraître excessif, et pourtant la smala d'Ab-el-Kader, qui autrefois se composait de cinq ou six mille personnes, se trouvait alors réduite à son expression la plus simple. Elle se composait uniquement des ménages de l'ex-Émir, de ses frères, de ses neveux, pour la plupart chefs de famille, et de deux de ses khalifahs qui lui sont demeurés fidèles ; l'un, *Ben-Allal*, le successeur et le neveu du fameux Sidi-Embarek, surnommé *le Borgne*, qui joua un grand rôle dans la guerre d'Afrique et fut tué il y a douze ans au combat de l'Oued-Malah dans des circonstances dramatiques ; l'autre, le fanatique et lettré *Ben-Thami*, qui, sans afficher contre nous de haine systématique et personnelle, se retranche dans la légalité divine, et à tous les efforts de persuasion tentés pour le ramener à des sentiments moins farouches, répond invariablement : « Je ne demanderais pas mieux que de devenir votre ami ; mais trouvez-moi un texte, une glose, une simple ligne du livre saint qui me permette de faire la paix avec vous, et à l'instant même je la signe! »

A tout ce personnel, déjà considérable en y comprenant femmes et enfants, il faut joindre le domestique, peu nombreux si on le compare à toute l'armée féodale d'esclaves et de serviteurs qui vit en Algérie, comme en Orient, autour des princes, des dignitaires ou même des simples *douaoudi* (littéralement *gentilshommes*), et l'on complétera facilement le total de cette petite cour familière, de cet Holy-Rood africain.

Une grande joie, un véritable événement vinrent faire un jour diversion à l'humeur sombre et animer l'existence un peu monotone de la captive colonie. L'un des neveux d'Abd-el-Kader, le fils de son frère aîné, beau jeune homme, nommé *Saddok* (*le Sincère*), n'avait pu se joindre, au moment de la reddition, à son oncle ni à son père. Il avait dû chercher un refuge au Maroc, où, par ordre du souverain, on l'avait enrégimenté avec bon nombre de ses coreligionnaires, fugitifs comme lui, dans un corps spécial dont il ne tarda pas à déserter, au désespoir d'être séparé des siens. Il n'eut d'autre parti alors que de se jeter dans le sud, où il courait beaucoup moins de chances que sur le littoral d'être atteint et repris. Il arriva ainsi jusqu'à l'Oued-Sous, l'une des premières oasis du Sahara moghrebin. Là, il eut le bonheur de rencontrer un Français, hardi négociant, que ses affaires avaient conduit dans ces régions lointaines. Il s'ouvrit à lui du désir persévérant où il était de se réunir à sa famille, et il trouva en lui sympathie et appui pour l'accomplissement de ce pieux dessein. Notre compatriote ramena le jeune homme à Ou-Rabbat en le faisant passer pour un domestique à lui. Là, en attendant qu'un navire partant pour France pût le recevoir à son bord, Saddok, prenant le caractère d'un pèlerin, se réfugia dans les dépendances d'une mosquée, ainsi qu'il arrive tous les jours à bon nombre de croyants, car il eût couru de grands risques si son identité eût été reconnue ; mais la sage précaution dont il usa éloigna de lui les soupçons de la méticuleuse police marocaine, et il put, avec le concours et l'attache du consul de France, prendre passage, quand vint le moment favorable, pour Marseille, d'où le gouvernement averti ne fit aucune difficulté d'autoriser immédiatement son transfèrement à Amboise.

L'arrivée de ce bon et courageux jeune homme causa à l'Émir personnellement une allégresse d'autant plus vive que depuis longtemps il était le fiancé de sa propre fille. Le mariage eut lieu aussitôt, et ce fut l'heureuse occasion de réjouissances patriarcales qui dilatèrent tous les cœurs.

J'ai eu le plaisir de voir à Amboise les deux jeunes fils d'Abd-el-Kader jouant humblement à la toupie, au seuil de la belle chapelle de Charles VIII, bien différent de Cocambo, qui trouva les enfants des pâtres jouant avec des palets d'or. — Les enfants sont peu inventifs, me disait un homme d'esprit ; voilà cinquante ans que je hante les Champs-Élysées et les Tuileries, j'y vois toujours les mêmes jeux, et je serais presque tenté d'ajouter : les mêmes enfants. — C'est la même pensée qu'exprime plus franchement Cadet Roussel, quand, harcelé à coups de pierres par les polissons du faubourg, il s'écrie : — Je connais ces méchants enfants; voilà quarante ans qu'ils me poursuivent ! — Toujours est-il que la constance du jeune âge à ses passe-temps nous fait grande honte, et dément mieux que toute apologie le mot de la Bruyère : *Ils sont déjà des hommes!* La toupie en particulier, dont l'origine se perd sans doute dans la nuit des temps, est aussi le jeu le plus cosmopolite. Je l'ai retrouvé en pleine vigueur de rotation à Sidi-Okba, l'une des oasis les plus reculées dans le *désert* de la province de Constantine.

Interrompant leurs jeux, les deux jeunes enfants vinrent, sur quelques mots de mon aimable guide, me donner la main aussitôt, et me demander, non sans un peu d'hésitation timide : — *Ech hal Si-Chadli?* — Comment va Si-Chadli ? (C'est un Arabe de la province de Constantine que j'ai connu en Algérie et à Paris, et qui obtint l'hiver d'avant de passer plusieurs mois près de l'ex-Émir.) Je ne suis pas beaucoup plus fort sur l'idiome algérien que n'était notre pauvre et charmant confrère Gérard de Nerval sur le dialecte d'Égypte ; mais enfin j'avais comme lui mon *taïeb*, fond de la langue, grâce auquel on se tire, avec quelque sang-froid, d'affaire en toute circonstance, et je répondis : *Melièh!* c'est-à-dire : *Bien!* ce qui, pour être un peu hasardé, j'en conviens, n'en avait pas moins, eu égard à la question, un certain mérite d'à-propos.

Ce qui me frappa surtout dans l'aspect et dans la contenance de mes deux jeunes interlocuteurs, qui m'occupaient plus, je l'avoue, que la santé de Si-Chadli, ce fut leur grand air et la précoce dignité répandue dans toute leur personne. Ils étaient noblement et chaudement vêtus d'un double burnous blanc et violet, et portaient avec grâce, avec l'aisance d'hommes faits, ce vêtement majestueux. L'un était âgé de huit ans, l'autre de six ans environ. L'aîné se nomme *Mohammed;* il est d'une beauté remarquable, et est, dit-on, tout le portrait de l'ex-Émir. Son visage est ovale; il a le teint fort blanc, le nez busqué, des yeux immenses et d'un extraordinaire éclat. L'autre, beaucoup moins bien doué physiquement, a reçu le nom de *Mahi-Eddin*, son grand-père, illustre marabout, dont le renoncement et le dévouement paternels ont beaucoup fait pour assurer la fortune de son plus jeune fils, le captif du château d'Amboise.

Les deux pauvres petits princes déchus avaient pour compagnons de leurs jeux cinq ou six autres jeunes Arabes, plus âgés qu'eux pour la plupart, fils de leurs oncles ou des khalifahs de leur père : tous, grands et petits, fort ardents au maniement de l'humble jouet que la munificence de notre gouvernement dispensait à la bande enfantine. Il me parut que la toupie faisait fanatisme à Amboise, sans distinction de rang ni d'âge. A peine avions-nous quitté les enfants, qu'un grand Nubien athlétique d'au moins vingt-cinq ou trente ans, qui semblait guetter au passage le capitaine Boissonnet, accourt à nous et l'interpelle avec une grande vivacité. — Que vous veut celui-là? lui dis-je. — Il me demande une toupie! — Les nègres, et c'est ce qui, bien plus que l'absence de cartilages et de mollets, distingue leur race, vivent et meurent de grands enfants. Aux uns, il faut des habits rouges, aux autres des brochettes de croix, à d'autres, une simple toupie. L'avantage me paraît rester aux nègres de la vie sauvage.

Puisque j'ai prononcé le nom de Si-Chadli, je dirai quelques mots de ce personnage lettré et intelligent, qui remplit à Constantine des fonctions importantes, celles de cadi du bureau arabe, et dont le long séjour à Amboise paraît avoir été non-seulement agréable, mais très-utile à l'ex-Émir. Abd-el-Kader était tombé dans une sorte d'abattement morne : peu et mal instruit des circonstances graves où se trouvait notre pays, il s'indignait et s'affligeait de l'espèce d'oubli où le laissait la France, au fond d'une prison d'État. Si-Chadli, qui a par deux fois longtemps résidé à Paris, et qui s'est familiarisé à nos instincts et à nos mœurs, ne contribua pas peu à relever le moral d'Abd-el-Kader, en lui donnant une idée plus nette de la France, dont l'ex-Émir n'avait encore qu'une aperception confuse. Il lui apprit combien la France est un pays grand, et peuplé, et affairé, et peu capable de se préoccuper longtemps d'un objet quelconque, homme ou chose. Ce que paraissait donc avoir d'injurieux pour l'ex-Émir le peu d'émoi et de souci causé par sa captivité disparut, grâce à ces explications opportunes, et il comprit qu'il subissait le sort commun à tous les hommes, grands ou petits, qui ont joué un rôle, soit pour, soit contre ce pays. Il se résigna donc, et attendit plus patiemment le jour qu'il plairait à Dieu de marquer comme terme de son emprisonnement, et qui, grâce à une initiative que nous louons sans restriction, était alors fort prochain. Il désirait beaucoup voir Paris, et cette faveur, que l'on a magnifiquement prodiguée à tant de musulmans, sinon obscurs, du moins d'une importance secondaire, devait faire plus que l'exil et les rigueurs sur un homme de l'intelligence et de la trempe d'Abd-el-Kader, pour le convaincre de la suprême inégalité de la lutte qu'il avait osé entreprendre, et le dissuader à jamais de la renouveler, dussent les circonstances lui redevenir aussi propices qu'elles lui étaient maintenant contraires. L'événement a tout à fait justifié cette prévision.

Puissamment assis sur le roc du côté de la Loire, et, de l'autre, adossé à la verte colline qui domine la ville et le cours du fleuve, le vieux château d'Amboise, avec son gigantesque périmètre et ses trois énormes tours

Dont les créneaux touchent le ciel,

apparaît au dehors une prison terrible, une doublure de Plessis-lez-Tours; mais, à l'intérieur, c'est un château de plaisance, c'est un moderne Kenilworth. A peine a-t-on franchi le tunnel formidable que Louis-Philippe fit percer sous les remparts, à titre de poterne et d'entrée usuelle, que l'œil s'épanouit, que l'âme s'ouvre à des impressions meilleures, à l'aspect des *bowling-greens* et des jardins anglais qu'a plantés le duc de Penthièvre. Là, du moins, les prisonniers, outre l'espace, la verdure, l'ombrage et le parfum des fleurs, avaient la consolation suprême de n'être point gardés à vue, de se croire chez eux et de jouir d'une liberté apparente. Aucun appareil d'armes n'attristait leurs regards : par un élan d'humanité, par un instinct de convenance qui honorent au plus haut point cet officier, M. le capitaine Boissonnet avait demandé et obtenu, sous sa responsabilité, que la garde d'Abd-el-Kader et de ses compagnons fût purement extérieure. Les factionnaires veillaient au dehors assidûment, mais ni baïonnettes ni uniformes ne pénétraient dans les appartements ni dans les jardins suspendus d'Amboise, et l'ex-Émir, quelle que fût l'amertume profonde de sa captivité, était plus heureux du moins que le prisonnier de Sainte-Hélène, qui ne pouvait se mouvoir sans tomber sous l'axe visuel d'une sentinelle ennemie.

J'ai vu Abd-el-Kader à Paris, peu après sa mise en liberté et pendant l'espèce d'ovation que lui fit à l'envi ce peuple vraiment magnanime. Il était assiégé d'audiences à donner, comme le serait un prince tout-puissant en voyage. Il ne pouvait pourtant recevoir tout le monde. Je fus du nombre des élus. J'ai compris, en le voyant, la fascination irrésistible qu'il exerça si longtemps sur le peuple arabe. C'est le plus beau des hommes, et, chose étrange, ni les fatigues de la guerre, ni les soucis du pouvoir, ni les ennuis de l'exil, ni la captivité, n'ont altéré sa forte et radieuse nature. Aujourd'hui, âgé de près de cinquante ans, il en paraît moins de quarante. Sa barbe est noire et magnifique, sa stature moyenne et bien prise, son teint blanc, ses traits majestueux et de lignes irréprochables, ses yeux doux, immenses, humides à force d'éclat, impossibles à oublier; ses mains petites, blanches, patriciennes, soignées. J'ai tenu ces mains-là dans les miennes, et ne compte pas cet honneur au nombre des moindres qu'il m'ait été donné d'obtenir, dans les relations que j'ai eues avec nombre d'illustrations contemporaines. L'Émir se souvint de ma visite à Amboise, dont il avait été instruit, et m'en témoigna du gré. Je lui appris que de tous ceux qui l'entouraient, j'étais peut-être sa plus ancienne connaissance; car je l'avais vu à cheval en Algérie au commencement de sa carrière politique, mais, cette fois, galopant devant ses escadrons irréguliers, et commandant le feu sur la petite colonne à laquelle j'étais mêlé. C'était dans la province d'Oran, près de la ville, un soir, et non loin du lac de Misserghin : le jeune Émir avait tenté de prendre d'un coup de filet la haute commission d'enquête envoyée en Afrique par le gouvernement, qui explorait alors la colonie naissante, et moi, j'eusse été pris par-dessus le marché, en qualité de secrétaire. Abd-el-Kader, qui rit beaucoup de la réminiscence, se rappela parfaitement cet épisode de ses guerres, et ajouta lui-même des détails à ceux que je lui remettais en mémoire. J'étais bien loin alors de me douter qu'un jour nous causerions amicalement, lui et moi, de toutes ces choses, rue de Rivoli, à Paris, et que je presserais cette main vaillante qui nous a si longtemps et si habilement fait échec en Algérie. Mais tout arrive, surtout ce qu'on ne prévoit pas. S'il eût été possible qu'Abd-el-Kader vînt en France quinze années plus tôt, bien du sang et des luttes eussent été épargnés, car il est un homme trop supérieur pour n'avoir pas jugé dès lors que la victoire sur nous était impossible, par conséquent la résistance inutile et répréhensible, même au point de vue religieux.

FIN

TABLE.

Paris. — Typ. de Mme Ve Dondey-Dupré, rue Saint-Louis, 46.

www.ingramcontent.com/pod-product-compliance
Ingram Content Group UK Ltd.
Pitfield, Milton Keynes, MK11 3LW, UK
UKHW020433200726
13857UKWH00002B/405